W0233241

50 JAHRE
Gebietsreform
Landkreis Erding

LANDKREIS
ERDING

Impressum

Herausgeber:

Herausgegeben in Zusammenarbeit mit dem Landratsamt Erding

WIKOMmedia Verlag
für Kommunale- und Wirtschaftsmedien GmbH
Blaumeisenstr. 9, 82140 Olching
Registergericht München HRB Nr. 216280; USt.IdNr.: DE 298734057

Geschäftsführung:
Peter F. Schneider
Telefon: +49 8142 4 22 29 54 • Fax: + 49 8142 4 22 29 55
E-Mail: info@wikom-media.de • Web: www.wikom-media.de

Redaktion:
Nicole Tietze M. A., Landratsamt Erding,
Thomas Tjiang, Nürnberg

Grafik & Satz:
Karola Kennerknecht; QuerFormat Werbeagentur, München

Druck:
Gutenberg Beuys Feindruckerei GmbH
Hans-Böckler-Straße 52, 30851 Langenhagen

Titel, Umschlaggestaltung sowie Art und Anordnung des Inhalts sind zugunsten des jeweiligen
Inhabers dieser Rechte urheberrechtlich geschützt.

Bildnachweis Umschlagfoto: www.seeholzer-luftaufnahmen.de
Bildnachweise Innenteil: Rechte der Bilder in den Firmenportraits liegen, wenn nicht anders vermerkt,
bei den jeweiligen Institutionen und Gemeinden sowie beim Landratsamt Erding
Seite 12 und 16: Bildarchiv Museum Erding, Sammlung Eugen Press
Seite 13: AdobeStock_54068299_lesniewski.eps
Seite 60: AdobeStock 448381606, EuroVisionMedia Ltd. , Seite 64: AdobeStock 66324609, esiewert
Seite 90: AdobeStock 448381596, EuroVisionMedia Ltd. .jpeg
Seite 91: AdobeStock_425074780.jpeg, Seite 92: AdobeStock_363231780.jpeg
Seite 5: https://commons.wikimedia.org/wiki/File: Bayern-Erding-Wartenberg_Mittlerer_
Isarkanal_from_south_IMG_9017.JPG, Bjoertvedt, CC BY-SA 3.0
Sollten unwissentlich Bildrechte verletzt worden sein, wird um Kontaktaufnahme mit dem Verlag gebeten.

Nachdruck und Übersetzungen in Print und Online sind, auch auszugsweise, nicht gestattet.

1. Auflage 2022
ISBN 978-3-98223-089-4

Das Buch verwendet das generische Maskulinum, ohne Frauen und Diverse mit ihren geschlechtsspezifischen
Interessen auszuschließen oder abzuwerten. Sie sind immer gleichwertig gemeint und angesprochen.

Inhalt

Liebe Leserinnen und Leser,

die Landkreisgebietsreform von 1972 war ein tiefgreifender Einschnitt in die bayerische Landkreisstruktur. Aus dem kleinteiligen Fleckerlteppich der vielzähligen bayerischen Landkreise sollten größere, effizientere Verwaltungseinheiten geschaffen werden. Einen noch weitreichenderen Einschnitt brachte die Gemeindegebietsreform, die im gleichen Zeitraum stattfand, aber wesentlich länger dauerte.

Diese Jubiläumschronik stellt auf anschauliche Weise die Entwicklung ab Anfang der 1970er-Jahre dar. Sie berichtet über das damalige Vorhaben – die Auflösung des Landkreises Erding, dem damit verbundenen Ringen den Landkreis Erding zu erhalten und über sein Fortbestehen, denn glücklicherweise endete der ursprüngliche Plan zu Gunsten des Landkreises Erding, der erhalten blieb und sich seitdem prächtig entwickelt hat. Seine neu hinzugekommenen Gemeinden und Gemeindeteile – Isen mit Mittbach, Schnaupping und Westach, Sankt Wolfgang, Schiltern und Schwindkirchen – haben sich nicht nur homogen in das neue Landkreisgebiet eingefügt, sondern sind auch ein Teil des Landkreises geworden und nicht mehr wegzudenken.

Der gesamte Landkreis ist durch die damaligen Reformen noch mehr gewachsen, nicht nur hinsichtlich der Gebietsgröße von 772 qm² auf 871 qm², sondern auch hinsichtlich seiner Bevölkerung. Ebenso ist er mit seinen Kommunen als Gemeinschaft gewachsen und mit seinen Aufgaben. So wurden unter anderem weiterführende Schulen errichtet, die Gesundheitsversorgung durch den Bau des Kranken-

hauses Landkreis Erding mit der Klinik Dorfen verbessert, das Straßen- und Wegenetz ausgebaut, Busverbindungen erweitert. Die Steuerkraft hat sich erhöht, die Arbeitslosigkeit liegt auf einem stabil niedrigen Niveau. Zahlreiche Firmenansiedlungen und Baulandausweisungen zeigen bis heute, dass der Landkreis Erding als attraktiver Standort gilt und sich als beliebte Region auszeichnet.

Rückblickend ist der Landkreis Erding aus der Landkreisreform gestärkt als eine Einheit hervorgegangen. Auch die Gemeinden haben sich neu gefunden und sind durch die Gemeindegebietsreform selbstbewusster geworden und mit Blick in die Zukunft in ihrer Struktur gewachsen. Mit Stolz können wir daher in diesem Jahr auf die vergangenen 50 Jahre zurückschauen und uns über die Existenz und den Fortbestand unseres Landkreises Erding freuen.

Mit diesem Jubiläumsband möchten wir den Leserinnen und Lesern einen Überblick über die Landkreisgeschichte der letzten fünf Jahrzehnte geben. Mein Dank gilt allen Mitwirkenden und Firmen, die dieses Buch ermöglicht haben. Für die Zukunft wünsche ich mir, dass unsere Gemeinschaft auch weiterhin zusammenhält und der Landkreis Erding ein beliebter Wohn-, Arbeits- und Urlaubsort sowie Lebensmittelpunkt für die Bürgerinnen und Bürger bleibt.

Ihr Landrat

Martin Bayerstorfer

Liebe Landkreisbürgerinnen und Bürger,

Gebietsreformen sind schon seit dem 13. Jahrhundert bekannt, seither wurden sie nicht immer nur erfreut von den Bürgerinnen und Bürgern aufgenommen!
Dabei haben sie ein recht einfach klingendes Ziel: Sie sollen kleinteilige Flurstücke zu Gunsten einer besseren Bewirtschaftung in größere Einheiten zusammenbringen.

Angesichts der herrschenden Hungersnöte nach dem 2. Weltkrieg wurde speziell die Flurbereinigung in der fast brachliegenden Landwirtschaft zu einer dringenden nationalen Aufgabe erklärt. Seitdem beschränken sich die Maßnahmen nicht nur auf eine effizientere Bewirtschaftung der landwirtschaftlichen Flächen, es finden sich auch viele Projekte zur Verbesserung der Infrastruktur, der Dorferneuerung und zum Gewässer- und Umweltschutz.

Insgesamt können wir zweifelsfrei festhalten, die Gebietsreformen haben wesentlich zur Stärkung des ländlichen Raumes beigetragen.

Ich freue mich sehr über diese gelungene und informative Jubiläumschronik „50 Jahre Landkreisgebietsreform Landkreis Erding" und wünsche Ihnen, liebe Bürgerinnen und Bürger unseres schönen Heimatlandkreises viel Vergnügen beim Schmökern,

Ihre

Ulrike Scharf, MdL

Bayerische Staatsministerin für Familie, Arbeit & und Soziales
Landesvorsitzende der Frauen-Union Bayern

Sehr geehrte Damen und Herren,
liebe Erdingerinnen und Erdinger,
liebe Bürgerinnen und Bürger,

der Landkreis Erding ist ein schöner Landkreis, das weiß jeder. Aber dass der Landkreis noch nicht immer in der jetzigen Form existiert hat, das wissen gerade die Jüngeren gar nicht mehr unbedingt. Dabei sind einige Teile, einige Gemeinden des heutigen Landkreises, noch gar nicht so lange Teil desselbigen.

Ziel der Reform war es, die Verwaltung zu vereinfachen, sie schlagkräftiger und wirtschaftlicher zu machen, durch größere Einheiten die Mittel besser einzusetzen und die kommunale Selbstverwaltung zu stärken. Aus den 143 Landkreisen vor 1972 wurden 71 und aus 48 kreisfreien Städten wurden 25 in Bayern – die jetzige Zahl an Landkreisen und kreisfreien Städten. Der Landkreis Erding selbst umfasste vor der Gebietsreform 47 Gemeinden und nachher 26 Kommunen. Gleichzeitig wurde das Gebiet des Kreises erweitert.

Man kann sich lebhaft vorstellen, wie emotional, wie hitzig die Debatte teilweise geführt wurde. Schließlich ging es um regionale Identitäten, die teilweise über Jahrhunderte gewachsen waren. Vieles hat sich hier mittlerweile in Wohlgefallen aufgelöst.

Es ist ein Glück, dass der Landkreis Erding erhalten blieb. Die hinzugekommenen Teile des Landkreises – Isen mit Mittbach, Schnaupping und Westach, Sankt Wolfgang, Schiltern und Schwindkirchen fügen sich im südöstlichen Landkreisteil passend ein und bereichern die gewachsenen Strukturen. Und trotzdem sind Begrifflichkeiten wie „die damalige Altgemeinde" noch geläufig, sind teilweise Vereins- und gesellschaftliche Strukturen noch an die damaligen Gemeinden angepasst. Meiner Ansicht nach kann man aber mit Fug und Recht sagen, dass sich alles gut eingefunden hat. Die Gebietsreform hat kleinere Gemeinden nicht insgesamt aufgelöst. Durch das Konstrukt von Verwaltungsgemeinschaften haben sich zahlreiche kleinere Gemeinden mit leistungsfähigen Verwaltungen erhalten können.

50 Jahre Gebietsreform haben vieles verändert, aber trotzdem – gerade am Beispiel des Landkreises Erding – Identität gefestigt und Strukturen gestärkt. Alles Gute weiterhin – den Menschen, den Kommunen und dem Landkreis!

Ihr

Andreas Lenz, MdB

Hartwig Sattelmair
Kreisheimatpfleger Landkreis Erding

Das Erdinger Land im Wandel der Geschichte

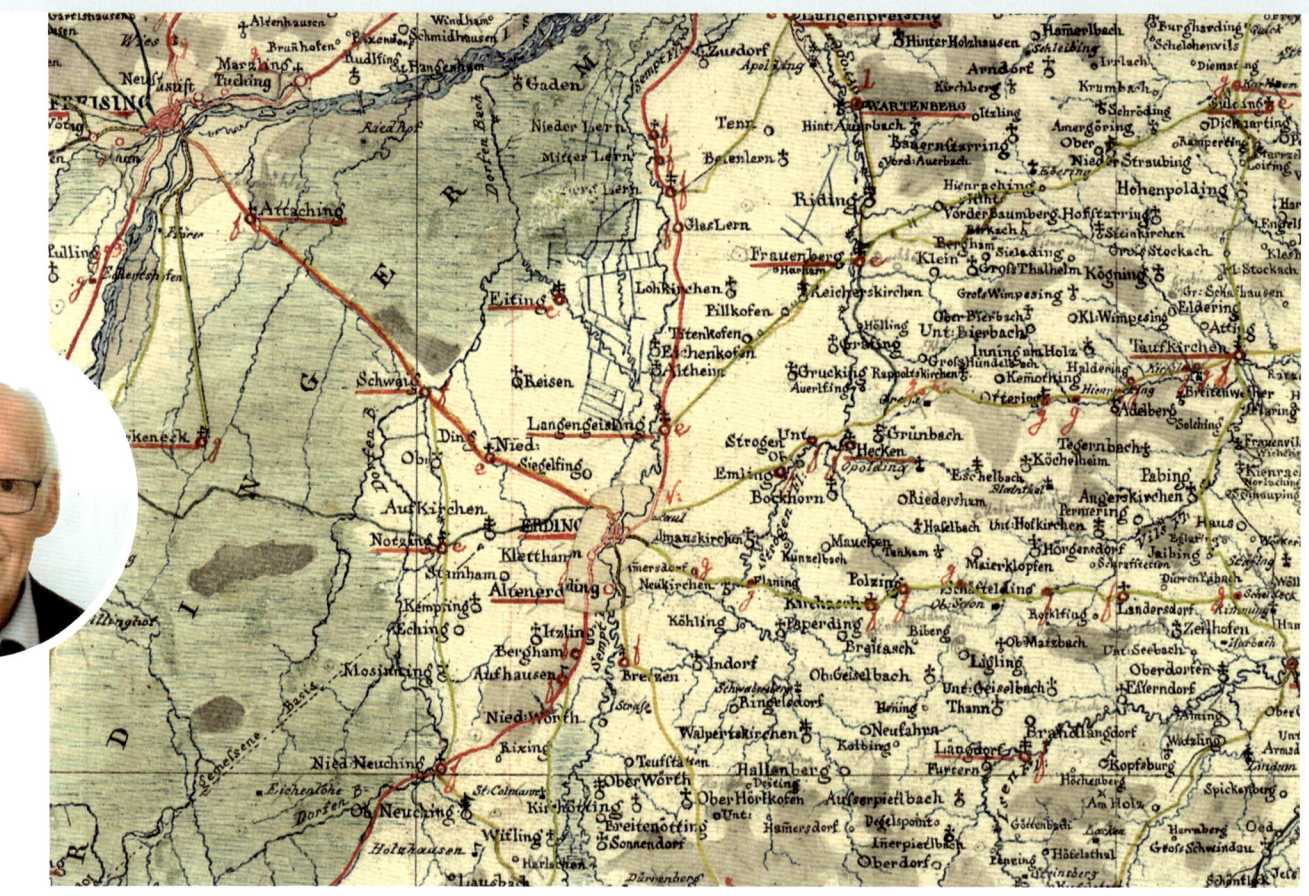

Karte 1857, © Bayerische Vermessungsverwaltung

Strukturen in früherer Zeit

Der moderne Staat, wie wir ihn ge-
wohnt sind, ist ganz wesentlich
durch Institutionen bestimmt. Während das Leben früherer Jahrhunderte durch vielfältige Beziehungen
von Personen gekennzeichnet ist. Somit
geht die Entwicklung vom Personenver-
bandsstand des Mittelalters zum institutionellen
Flächenstaat der Neuzeit. Bayern, das nach dem Ende
der Römerzeit ins Licht der Geschichte tritt, kannte viele
Jahrhunderte lang keinen Staat im modernen Sinn. Über
Land und Leute geboten adelige Grundherren.

Die vielen Rechte, die wir heute dem Staat zuordnen, la-
gen in den Händen des Königs, des Herzogs, des Adels
und der Kirche. Der Lauf der Geschichte brachte eine
fortschreitende Schwächung der Königsgewalt und damit eine Stärkung des Landesfürstentums mit sich.

In Bayern bestimmten die Wittelsbacher seit 1180 die
Geschichte unseres Heimatlandes. So etwa kamen Erding und Dorfen bei der Teilung Bayerns im Jahr 1255
zu Niederbayern. Der herzogliche Pfleger nahm alle Aufgaben wahr, die heute auf viele Behörden verteilt sind:
Gerichtswesen, die Steuern, das Kriegswesen und den
Friedensschutz!

Ein markanter Einschnitt erfolgte erst 1862 mit der Trennung von Justiz und Verwaltung. Die
lange Zugehörigkeit des Erdinger Landes zu Niederbayern hat auf künstlerischem Gebiet bis
heute erkennbare Spuren hinterlassen, da viele Werke der Architektur, Bildhauerei und Malerei
dazu beigetragen haben.

Diese Welt hat Michael Wening in vielen Bildern Ober- und Niederbayerns am Beginn des
18. Jahrhunderts festgehalten: Städte, Märkte, Klöster und Schlösser zur Zeit des Kurfürsten
Max Emanuel (1679 bis 1726).

Das Zeitalter der Aufklärung, die Französische Revolution und die Politik Napoleons haben tief
in die Lebensverhältnisse Europas, Deutschlands, Bayerns und damit auch unserer engeren
Heimat eingegriffen.

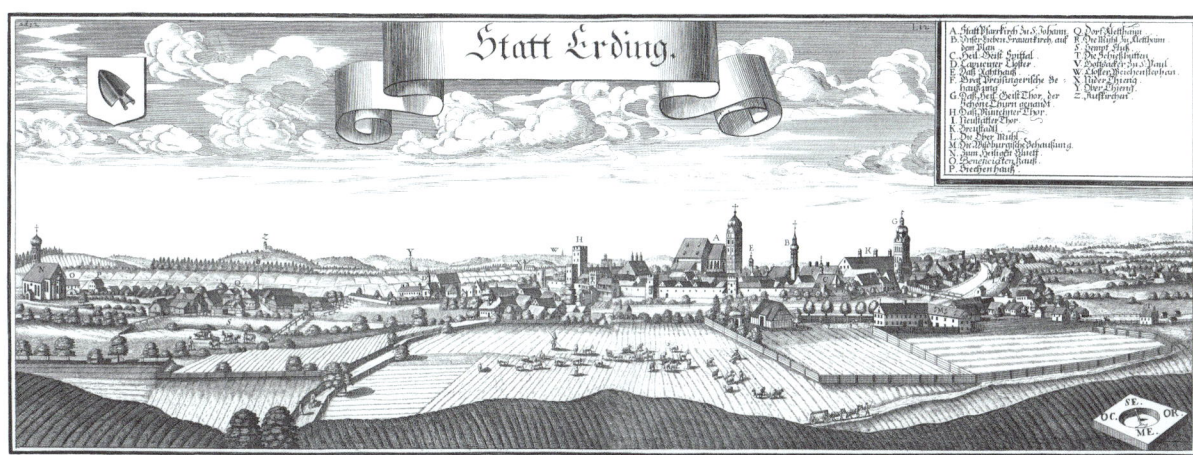

Kupferstich der Stadt Erding von Michael Wening um 1700

Bereits am Ende des 18. Jahrhunderts und besonders zu Beginn des 19. Jahrhunderts wird ein Zug von Rationalismus spürbar, der nichts mehr von geschichtlicher Überlieferung wissen will. Schon 1779 wird das Rentamt – dem heutigen Finanzamt vergleichbar – Landshut aufgelöst: Erding und Dorfen werden dem Rentamt München zugeschlagen. 1808 wird Bayern in 15 Kreise gegliedert, die wie in Frankreich nach Flüssen benannt sind. Demnach kommt Erding zum Isarkreis.

Erst Ludwig I. gibt den Kreisen 1837 ihre historischen Namen zurück und Erding kommt endgültig zu Oberbayern. Durch das Gemeindeedikt von 1808 und die Gemeindeordnung von 1818 bekamen die Gemeinden das Recht auf eine gewisse Selbstverwaltung.

Nach der Auflösung der Adelsgerichte, der sogenannten Patrimonialgerichte, im Jahr 1848 konnten die Voraussetzungen für die späteren Landkreise geschaffen werden. Sie hießen zunächst Bezirksämter, an deren Spitze der Bezirksamtsmann, der seit 1938 Landrat heißt, stand.

Nach dem Ende der Monarchie 1918 wurde die gemeindliche Selbstverwaltung gestärkt (1927). Alle politischen Errungenschaften wurden durch die Gemeindeverordnung von 1935 wieder zunichte gemacht.

Die Bürgermeister und Gemeinderäte wurden von der NSDAP ernannt. Eine Wahl durch die Bürgerinnen und Bürger fand nicht statt.

Die Bayerische Verfassung von 1946 baute in den Nachkriegsjahren den Staat dann von unten nach oben auf. Von diesem Gedanken war auch die Gemeindeordnung von 1952 getragen sowie die Landkreisordnung vom selben Jahr. Landrat und Landratsamt haben eine Doppelfunktion: Beide wirken in der internen staatlichen Verwaltung sowie in der Kommunalverwaltung des Kreises, wozu der Landrat von den Bürgerinnen und Bürgern des Kreises direkt gewählt wird.

Bereits in den Jahren davor wurde über Verwaltungsvereinfachung und Staatsvereinfachung nachgedacht und in diesem Zusammenhang auch eine Gebietsreform ins Auge gefasst.

In den 1950er-Jahren hat eine entsprechende Arbeitsgemeinschaft die Thematik erneut aufgegriffen: Besonders den Gedanken der territorialen Vereinfachung hat Alfons Goppel, der damalige Innenminister (1958 bis 1962) und spätere Ministerpräsident (1962 bis 1978), sich zu eigen gemacht.

Auf dem Weg zum heutigen Landkreis Erding

Zu den bedeutendsten Themen dieser Zeit gehören die beiden großen Gebietsreformen, die im Zusammenhang mit einer umfassenden Verwaltungsreform in Bayern standen. Getragen wurden die Reformpläne von drei Zielen: Stärkung der kommunalen Selbstverwaltung auf allen Ebenen, Steigerung der Wirksamkeit, Wirtschaftlichkeit und Bürgernähe der gesamten Verwaltung sowie Abbau des Leistungsgefälles zwischen Stadt und Land. Die Maßnahmen sollten insgesamt zur Verbesserung der Lebensverhältnisse beitragen.

Kern der kommunalen Gebietsreform war die Landkreisgebietsreform. Federführend war das Innenministerium unter Innenminister Bruno Merk, der dieses Amt von 1966 bis 1977 innehatte. Die Reform beruhte auf mehreren Gutachten und Stellungnahmen verschiedener Vertreter aus Politik, Wirtschaft, Verwaltung und Wissenschaft.

Bereits in den ersten Nachkriegsjahren hatten sich die Lebensverhältnisse in Bayern insoweit gebessert, dass die Bürger und Bürgerinnen gestiegene Ansprüche stellten. Der Umfang der öffentlichen Aufgaben hatte deutlich zugenommen, was insbesondere kleine Gemeinden an die Grenzen ihrer Möglichkeiten brachte. Durch den Einsatz moderner Hilfsmittel und die finanzielle Besserstellung könnte eine größere Bürgernähe erzielt werden. Damit würde auf allen Ebenen die kommunale Selbstverwaltung gestärkt werden.

Die Bürger und Bürgerinnen sollten in Stadt und Land gleichwertige Lebensbedingungen bekommen. Dies betraf insbesondere Bildungseinrichtungen wie Kindergärten und Schulen aller Art, Versorgungswesen für Wasser und Abwasser sowie Sportstätten und die gesamte Verkehrsinfrastruktur. Um diese Maßnahmen erfolgreich umsetzen zu können, war eine umfassende Gebietsreform unumgänglich, wie

Minister Alfons Goppel in seiner Regierungserklärung vom 27. Januar 1971 darlegte. Praktisch sollten die Reformen von den Einwohnerzahlen ausgehen. Für die Landkreise war eine Einwohnerzahl von 80 000 vorgesehen und bei den kreisfreien Städten eine Einwohnerzahl zwischen 25 000 und 50 000. Eigenständige Gemeinden sollten 5000 Einwohner haben, Mitgliedsgemeinden von Verwaltungsgemeinschaften wenigstens 1000. Die Mitgliedsgemeinden einer Verwaltungsgemeinschaft sollten rechtlich und politisch eigenständig bleiben sowie Bürgermeister und Gemeinderat behalten. Die Verwaltungsgeschäfte der jeweiligen Gemeinden sollten fortan in der Verwaltungsgemeinschaft hauptamtliche Kräfte erledigen.

In der Bürgermeisterdienstbesprechung vom 18. Juli 1969 wurde ausführlich und eindringlich über die Möglichkeiten einer Verwaltungsreform auch hinsichtlich des Gesetzes über kommunale Zusammenarbeit informiert und für diese geworben. Folgende Argumente wurden vorgebracht: „Die Gemeinden müssen beginnen, von sich aus aktiv die gemeindliche Verwaltungsreform zu betreiben. ... Die Gemeinden riskieren auf weite Sicht wegen der immer mehr absinkenden Verwaltungskraft ihre Selbstverwaltungshoheit überhaupt. ... Wenn verwaltungsschwache Gemeinden sichergehen wollen, daß sie sich nicht eines Tages überleben und die Entwicklung zum Schaden ihrer Bürger über sie hinweggeht, dann müssen sie alles in ihrer Macht Stehende tun, um von sich aus ihre Verwaltungskraft zu stärken und vorausschauende Planung in größeren Räumen zu betreiben. Jede Gemeinde soll sich überlegen, in welchen größeren Rahmen sie sich in Zukunft einordnen will, wo sie jetzt hingehört und wo sie später hingehören will. Danach soll sie aktive Zusammenschluß- und Raumordnungspolitik betreiben. ... Es schließe sich zusammen, was schon jetzt zusammengehört oder im Sinne einer vorausschauenden Planung zusammengehören sollte."

Simon Weinhuber (1918 – 1995), (Bayernpartei) war von 1964 bis 1978 Landrat des Landkreises Erding.

Das bayerische Staatsgebiet war 1970 in 48 kreisfreie Städte und 143 Landkreise eingeteilt.

Bayern nach der Gebietsreform 1972

Auch bei der Bürgermeisterdienstbesprechung vom 2. September 1969 wurde das Thema hinsichtlich eines geplanten Gesetzesentwurfs über die Verwaltungsgemeinschaft und zur Vorbereitung einer kommunalen Neugliederung wieder aufgegriffen: „Es kann ein Schritt nach vorne sein, wenn sich die angesprochenen Gebietskörperschaften aufraffen und ohne Druck von oben an die Lösung ihrer eigenen Probleme herangehen. Die inzwischen verkündeten Richtlinien über Zuschüsse zur Förderung des Zusammenschlusses von Gemeinden (Ministerialamtsblatt Nr. 20) mögen hierfür eine gewisse Würze bieten. ... Die Gemeinden sollten beginnen, von sich aus aktiv die gemeindliche Verwaltungsreform zu betreiben, ohne auf staatliche Eingriffe oder Lösungen zu warten ... Ein gemeinsam erarbeiteter, zunächst verbindlicher Landkreisentwicklungsplan könnte helfen, einer Kräftezersplitterung vorzubeugen, die Entwicklung nicht dem Zufall zu überlassen und eine gezielte Arbeit in die Zukunft zu leisten."

Der Landkreis Erding hatte vor 1970 insgesamt 47 selbstständige Gemeinden. Nicht nur durch die Landkreisgebietsreform 1972, sondern auch durch die Gemeindegebietsreform, die in den 1970er-Jahren für viele Diskussionen und Wirbel in den einzelnen Orten sorgte, verringerte sich die Zahl auf die heutigen 26 Gemeinden, wovon sich sechs Verwaltungsgemeinschaften gebildet haben. Die nachfolgende Aufzählung zeigt die Gemeinden (**gefettete Schrift**), die heute als selbstständige Gemeinden bestehen; alle anderen (nicht gefettete Schrift) wurden aufgelöst bzw. eingemeindet:

Altenerding, Auerbach, **Berglern, Bockhorn, Buch am Buchrain, Dorfen,** Eibach, **Eitting, Stadt Erding,** Eschlbach, **Finsing, Forstern, Fraunberg,** Gebensbach, Grünbach, Grüntegernbach, Hausmehring, Hofkirchen, Hofstarring, **Hohenpolding, Inning am Holz, Kirchberg,** Langengeisling, **Langenpreising, Lengdorf,** Matzbach, Moosen (Vils), **Moosinning,** Niederneuching, Notzing, **Oberding,** Oberneuching, **Ottenhofen** (wissenswert: Die Gemeinde Ottenhofen kam 1928 vom damals sogenannten Bezirksamt Ebersberg zum Bezirksamt Erding), **Pastetten,** Reichenkirchen, Salmannskirchen, **Steinkirchen,** Sulding, Thalheim, **Taufkirchen (Vils), Walpertskirchen,** Wambach, **Wartenberg,** Wasentegernbach, Watzling, **Wörth,** Zeilhofen.

Die Gemeinden Ober- und Niederneuching schlossen sich bereits 1970 zu **Neuching** zusammen.

* Die Gemeinden St. Wolfgang , Isen, Schiltern sowie Mittbach gingen am 1. Juli 1972 aus dem aufgelösten Landkreis Wasserburg in den Landkreis Erding über. Schiltern wurde unmittelbar in die Stadt Dorfen eingemeindet, Mittbach erst 1978 in den Markt Isen.

Am 1. Januar 1972 kam die Gemeinde Schwindkirchen aus dem Landkreis Mühldorf zur Stadt Dorfen.

Goldach, ehemaliger Ortsteil von Notzing, gehört seit dem 1. Mai 1978 zur Gemeinde Hallbergmoos, Landkreis Freising.

Das ehemals zum Landkreis gehörende Pfrombach wurde 1927 in das damals sogenannte Bezirksamt Freising, heutiger Landkreis Freising, eingegliedert und ist seit 1978 Teil der Stadt Moosburg.

Karte der Gemeinden vor der Gebietsreform

Ehemalige Amtsträger seit der Landkreisgebietsreform:
Altlandrat Simon Weinhuber (1964 – 1978),
Altlandrat Dr. Hans Zehetmair (1978 – 1986),
Altlandrat Xaver Bauer (1987 – 2002),
Gemälde von Prof. Hannes Döllel

Die geplante Landkreisgebietsreform hatte für den Landkreis Erding existentielle Bedeutung. Bereits am 11. Februar 1971 legte die Regierung von Oberbayern die Reformvorschläge vor. Zwei Varianten standen dabei im Raum:

Variante 1: Der bisherige Landkreis Erding sollte erweitert werden und zwar um Markt Schwaben mit Nahbereich aus dem Landkreis Ebersberg, den Raum St. Wolfgang aus dem Landkreis Wasserburg, um Ismaning, Aschheim, Kirchheim, Heimstetten, Feldkirchen aus dem Landkreis München sowie um Schwindkirchen aus dem Landkreis Mühldorf. Der Markt Isen wäre dem Landkreis Ebersberg zugeordnet worden. Bei dieser Variante hätte der Landkreis Wasserburg aufgelöst werden sollen.

Variante 2: Diese Variante hätte sich von der Variante 1 dadurch unterschieden, dass die Gemeinde Schiltern aus dem Landkreis Wasserburg dazu gekommen wäre, jedoch die Gemeinde St. Wolfgang beim Landkreis Wasserburg verblieben wäre, der er-

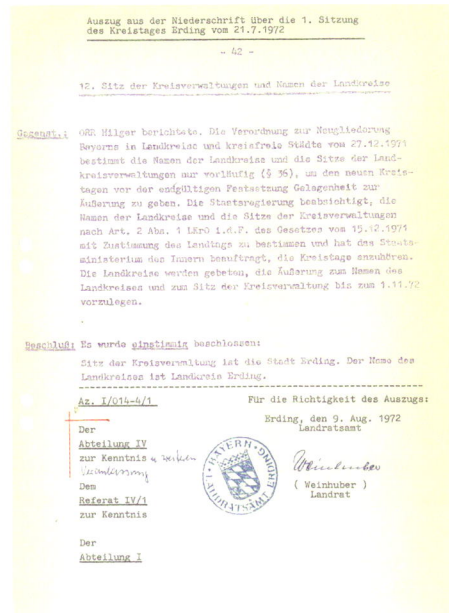

*Beschluss der
Sitzung des Kreistages
21.7.1972*

Verwaltungsgemeinschaften

halten werden sollte. Bei der Variante 2 wäre der Landkreis Ebersberg aufgelöst worden.

Wie eine Bombe schlug dann die Meldung ein, über die der Erdinger Anzeiger am 26. April 1971 berichtet: „Nach den Vorstellungen von Innenminister Bruno Merk soll der Landkreis Erding nicht mehr weiterbestehen." Es war vorgesehen den Landkreis Erding aufzuteilen und den Landkreisen Freising, Landshut, Mühldorf, Ebersberg und München einzugliedern.

Dieser Plan hatte im Landkreis Erding stürmische Proteste bei der Bevölkerung ausgelöst. Der Erdinger Anzeiger vom 4. Mai 1971 schrieb dazu unter der Überschrift „CSU kämpft um Erhaltung des Landkreises": „Die Chancen für die Erhaltung des Landkreises Erding stehen weiter schlecht. Zwar operierten die Erdinger und Freisinger CSU-Kreisverbände bei der CSU-Bezirksversammlung am Montag in München einträchtig gegen die Pläne des Innenministeriums, aber Minister Merk wird weiter für seine Vorstellungen kämpfen. Das wurde

Folgende Gemeinden im Landkreis Erding haben sich zu Verwaltungsgemeinschaften (VG) zusammengeschlossen:

VG Hörlkofen
Walpertskirchen und Wörth

VG Oberding
Eitting und Oberding

VG Oberneuching
Neuching und Ottenhofen

VG Pastetten
Buch am Buchrain und Pastetten

VG Steinkirchen
Hohenpolding, Inning a.Holz, Kirchberg und Steinkirchen

VG Wartenberg
Berglern, Langenpreising und der Markt Wartenberg

15

am Montagabend bekannt. Abgeordneter Stuhlberger, CSU-Kreis-
vorsitzender Zehetmair und Bürgermeister Schießl wiesen bei der
Versammlung, an der die Minister Merk und Streibl teilnahmen,
darauf hin, dass schon im Hinblick auf den Großflughafen die
Opferbereitschaft der Bevölkerung nicht weiter strapaziert werden
dürfe. Außerdem seien die beiden Landkreise Erding und Freising für
sich allein entwicklungsfähig.

Bei Staatssekretär Kiesl vom Innenministerium hatten Stuhlberger,
Zehetmair und Schießl schon am Freitag interveniert, ohne dass es
zu einer Annäherung der Standpunkte kam.

„Bürgermeister Schießl wird auf einer Stadtratssitzung am kommenden Donnerstag eine Stellungnahme zur Landkreisreform abgeben.
Stuhlberger und Zehetmair werden heute Nachmittag oder am Mitt-
wochvormittag direkte Verhandlungen mit Minister Merk führen.“

Auch die 46 Bürgermeister des Landkreises Erding zeigten sich in ihrer
außerordentlichen Mitgliederversammlung am 6. Mai 1971 entsetzt
über das Vorhaben des Innenministeriums, den Landkreis Erding aufzulösen und verschiedenen Nachbarlandkreisen zuzuschlagen.

Durch den unermüdlichen Einsatz und das vorbildliche Engagement
politisch verantwortlicher Kräfte im Landkreis Erding und einen großartigen Vertrauensbeweis aller Landkreisgemeinden, die sich einstimmig für den Erhalt des Landkreises aussprachen, sowie der gesamten Bevölkerung, gelang es schließlich, die drohende Auflösung
des Landkreises abzuwenden. Der Entwurf der Bayerischen Staatsregierung vom 17./18. Mai 1971 wies jedenfalls den Landkreis Erding
in seiner heutigen Form aus. Der Verordnungsentwurf wurde schließlich zur Verordnung. Am 16. Dezember 1971 hat der Bayerische Land-

*Matthias Stuhlberger
(1919 – 1995) (CSU).*

*1948 bis 1984 Bürger-
meister von Wartenberg.
1958 bis 1974 Mitglied
des Bayerischen Landtages.
1960 bis 1990 Mitglied
des Kreistages in Erding.*

tag der Neugliederung Bayerns in Landkreise und kreisfreie Städte
zugestimmt. Die Verordnung wurde am 27. Dezember 1971 von der
Bayerischen Staatsregierung erlassen und trat am 1. Juli 1972 in Kraft.

Danach erfolgte bayernweit, so natürlich auch im Landkreis Erding, die
sogenannte Freiwilligkeitsphase zur Gemeindegebietsreform, die bis zum
1. Januar 1976 lief. Während dieser Zeit konnten sich die Gemeinden freiwillig zusammenschließen und mit einer finanziellen Zuwendung rechnen.

Durch den Druck der Gemeinden auf die Politik wurde schließlich die sogenannte Nachkorrekturphase ab 1978 durch den neuen Ministerpräsidenten
Franz Josef Strauß (Ministerpräsident 1978 bis 1988) eingeleitet. Bereits im
Wahlkampf hatte Franz Josef Strauß den Bürgerinnen und Bürgern zugesi-
chert, ihrem Anliegen Rechnung zu tragen. Die Gemeindegröße wurde von
5000 auf 2000 Einwohner gesenkt.

Für den Landkreis Erding stellte sich die Reform schließlich folgendermaßen
dar: Während es im Landkreis Erding 1966 insgesamt 47 selbstständige Gemeinden gab, verringerten sich diese 1975 auf 33. Heute umfasst der Landkreis
Erding 26 Gemeinden mit vielen hundert Gemeindeteilen. Obwohl der Kreis
durch die Landkreisreform erheblich gewachsen ist, ging die Zahl der Gemeinden stark zurück (siehe Kasten aufgelöste und bestehende Gemeinden).

Damit hat der Landkreis Erding nicht nur seine Selbstständigkeit bewahrt,
sondern er hat sogar eine Gebietsvergrößerung erfahren. Unser Landkreis
wurde um wunderschöne landschaftliche Gebiete aus dem ehemaligen Wasserburg am Inn (die Gemeinden Mittbach, Isen, Schiltern und St. Wolfgang)
und dem Landkreis Mühldorf (die Gemeinde Schwindkirchen) bereichert.
Der Zuwachs an Einwohnern betrug damals etwa 8500 und der Flächenzu-
wachs rund 100 km^2, sodass die Fläche des Landkreises Erding heute 871 km^2
beträgt.

Wenn wir auf die zurückliegenden 50 Jahre blicken, die seit der Landkreisgebietsreform vergangen sind, können wir feststellen, dass die Ziele der Bayerischen
Staatsregierung, die mit der Gebietsreform erreicht werden sollten, Stück für Stück
umgesetzt worden sind. Der Landkreis Erding hat die großen Aufgaben, die immer
wieder auf ihn zugekommen sind, erfolgreich gemeistert zum Wohle der Landkreisbürgerinnen und -bürger. Die Reform hat sich insgesamt bewährt.

*Innenminister Bruno Merk
erläutert die Planungen zur
Landkreisreform.
Abgebildet sind (v.l.n.r.):
Max Streibl (1932 – 1998),
Bruno Merk, Franz Josef
Strauß (1915 – 1988) und
Alfons Goppel (1905 – 1991)*

Foto: Rolf Sanzenbacher, München;
Quelle: Archiv für Christlich-Soziale Politik

WAPPEN DER AUFGELÖSTEN GEMEINDEN IM LANDKREIS ERDING

Im Zuge der Landkreisgebietsreform und der Gemeindegebietsreform wurden Gemeinden mit anderen Gemeinden zusammengelegt. Durch diese Fusionen sind manche Gemeindewappen in den neuen Wappen aufgegangen oder ganz verschwunden:

Altenerding Langengeisling

Altenerding und Langengeisling schlossen sich mit der Stadt
Erding zusammen. Die fusionierte Stadt Erding durfte das alte
Wappen der Stadt Erding nach Zustimmung der Regierung
von Oberbayern am 4. August 1978 weiterverwenden.

Grünbach Bockhorn

Eschlbach, Salmannskirchen, Grünbach und Bockhorn wurden zur
neuen Gemeinde Bockhorn zusammengelegt. Letztere Gemeinden führten eigene Wappen. Durch eine Kombination der beiden
alten Wappen entstand das neue Wappen von Bockhorn.

Hausmehring Grün- Zeilhofen
tegernbach

Hausmehring kam am 1. Januar 1972 zur Stadt Dorfen,
die Gemeinden Grüntegernbach und Zeilhofen wurden
am 1. Mai 1972 nach Dorfen eingegliedert. Alle drei verloren
dadurch ihr Wappen.

Reichenkirchen

Am 1. Juli 1974 wurde die Gemeinde Reichenkirchen und
damit ihr Wappen aufgelöst, da sich Fraunberg, Reichenkirchen und Thalheim zur Großgemeinde Fraunberg verei-
nigten.

Niederneuching Oberneuching

Bereits im 1. Januar 1970 schlossen sich die Gemeinden
Niederneuching und Oberneuching zur Gemeinde Neuching
zusammen. Das neue Wappen gründete sich aus den früheren
Wappenmotiven.

Notzing

Mit der Rechtsverordnung der Regierung von Oberbayern
vom 12. April 1976 wurde die Gemeinde Notzing nach
Oberding eingemeindet und das Notzinger Wappen ging
unter.

Westach

Mit der Eingemeindung am 1. April 1971 verlor Westach
das Gemeinde-Wappen, das allerdings bis heute in der
Freiwilligen Feuerwehr Westach Bestand hat.

*Quelle: Wappen und nachfolgende Literatur zu den Wappen aus „Die Wappen des Landkreises Erding", Heft 10, 1986, Kreisverein für Heimat-
schutz und Denkmalpflege Landkreis Erding e.V.; Quelle zum Wappen Westach: Gemeinde Isen*

Altlandrat Dr. Hans Zehetmair und sein Nachfolger Xaver Bauer erinnern sich

Rückblick in die 1970er-Jahre

Protestkundgebung gegen die Landkreisauflösung auf dem Schrannenplatz mit rund 3500 Teilnehmern
Bildquelle: Erdinger Anzeiger vom 17. Mai 1971

Der heutige Landkreis Erding wurde vor 50 Jahren durch die Landkreisgebietsreform in seiner Größe neu geformt und durch die Gemeindegebietsreform von innen heraus neu strukturiert. Die Diskussionen begannen für die Gemeindegebietsreform bereits 1969 und für die Landkreisgebietsreform 1971. Die Entscheidung und Umsetzung der beiden Reformen erfolgten dann in den darauffolgenden Jahren bis 1978.

Nach 50 Jahren ist es nicht selbstverständlich, noch ehemalige Kreispolitiker zu finden, die von den Anfangsjahren berichten können. Viele Zeitzeugen, die das Geschehen politisch mitbestimmt haben, leben nicht mehr. Das Wirken des zur Zeit der Landkreisgebietsreform amtierenden Landrats Simon Weinhuber (1964 bis 1978) und dessen Stellvertreter und damaligen MdL Matthias Stuhlberger lässt sich nur noch anhand von Zeitungsberichten und Archivmaterial widerspiegeln. Ein Ereignis beispielsweise war, dass beide Politiker zur Teilnahme an einer Kundgebung und Protestaktion auf dem Erdinger Schrannenplatz am 16. Mai 1971 aufgerufen hatten. Einem Zeitungsbericht im Erdinger Anzeiger vom 17. Mai 1971 zufolge haben daran über 3500 Menschen teilgenommen, um gegen die Auflösung des Landkreises Erding zu demonstrieren.

Zwei politische Größen – Altlandrat Dr. Hans Zehetmair und sein Nachfolger Altlandrat Xaver Bauer – erinnern sich an die Zeit rund um die Landkreisgebietsreform.

Es ist erfreulich, dass es noch Politiker wie Staatsminister a.D. Prof. Dr. h.c. Hans Zehetmair gibt, Kreistagsmitglied von 1972 bis 1978, Kreisvorsitzender der CSU von 1970 bis 2001, stellvertretender Landrat von 1972 bis 1978 sowie Landrat von 1978 bis 1986. Auch Xaver Bauer, der 1978 in den Erdinger Stadtrat und zeitgleich in den Kreistag gewählt worden und von 1987 bis 2002 Landrat des Landkreises Erding war, weiß noch einiges über die Zeit der Reformen zu berichten.

„Die Landkreis- und die Gebietsreform waren fest miteinander verknüpft", betont Hans Zehetmair. „Zuerst mussten die groben Landkreisgrenzen gezogen und eine Struktur geschaffen werden, weil man wusste, dass die Gemeindegebietsreform noch schwieriger als die Landkreisgebietsreform werden und länger dauern würde. Die Reformen wurden unterschiedlich wahrgenommen. Die Landkreisbevölkerung interessierte sich nicht so sehr für den Landkreis, aber dafür, was mit ihrer Gemeinde passiert. Bei einigen Gemeinden ging es schneller als bei anderen."

„Es war eine sehr turbulente Zeit", erinnert er sich weiter. „Mit einem solchen Reformwerk war zwangsläufig eine erhebliche Geräuschkulisse verbunden, vornehmlich und verständlicherweise aus Richtung jener Landkreise, deren Auflösung zur Debatte stand. Als damaliger Kreis-

Dr. Hans Zehetmair

vorsitzender der CSU hatte ich mir das Ziel gesetzt, mit allen Möglichkeiten um den Erhalt des Landkreises Erding zu kämpfen. Und meine Besuche bei unserem damaligen CSU-Parteivorsitzenden Franz Josef Strauß und Innenminister Bruno Merk haben dann doch viel in Bewegung gebracht. Bruno Merk war für die große Lösung – Erding und Freising sozusagen als Flughafen-Region zusammenzulegen. Aber ich habe argumentiert, dass das gegen den Heimatgedanken sei; wir bräuchten vor Ort verantwortliche Frauen und Männer. Gleichzeitig war von Seiten der SPD das Vorhaben einer Planungsregion und nicht einer Landkreisreform erkennbar. Aus dieser Sicht war Erding kein Mandant, den es zu halten galt, da Freising größer war und von einem CSU-Landrat geleitet wurde. Freising hatte also mehr Chancen. Es wurde mit harten Bandagen gekämpft und mein guter Draht zu Franz Josef Strauß war in vielerlei Hinsicht hilfreich – letztendlich auch bei der kommunalen Reform."

Auf die Frage, ob er die Zeit entscheidend mitgeprägt hat, antwortet Hans Zehetmair: „Es klingt immer etwas selbstgefällig. Aber mitgeprägt habe ich die Landkreisreform sicherlich dank meiner politischen Position, zunächst als Kreisvorsitzender der CSU und ab 1972 als stellvertretender Landrat. Der damalige Landrat Simon Weinhuber (Bayernpartei) – man muss hier die politische Gesinnung nennen, um zu sehen, dass hier zwei Antipoden aufeinandertrafen – war eine markante Persönlichkeit. Er hatte mich zwar nolens volens als seinen Stellvertreter akzeptiert, dennoch hatte er mich einmal gefragt, warum ich mich so ‚reinhängen' würde für Strauß, da er der einzige sei, der sie immer ärgern würde. Hier war viel Emotion dabei und meine Antwort darauf war, dass man der Sache dienen muss und nicht der Person", so Zehetmair.

Das vorrangige Ziel dieser Reformen war, geschlossene Einheiten zu schaffen, die auch im späten 20. Jahrhundert und darüber hinaus leistungsfähig sein konnten. Daher wurde ein schlüssiges Reformkonzept entwickelt, das leistungsstarke, kooperative, aber auch wettbewerbsfähige Verwaltungseinheiten mit der Nähe zu den Bürgerinnen und Bürgern des Landkreises schuf. „Für mich ist Demokratie auch immer eine Vorzeigemöglichkeit. Die Sanierung kann nur von unten beginnen – die kleine Einheit vor der großen. Wichtig war hier, dass man die Landkreisbevölkerung zu essentiellen Fragen mitnehmen musste. Man musste die Menschen im Bewusstsein der Verantwortung mitnehmen, sei es in der Familie, in der Gemeinde und für unser Land!", wie Hans Zehetmair sagt.

Dass die Reformen nicht von heute auf morgen und ohne Gegenwehr durchgeführt werden konnten, das zeigten immer wieder teils heftige Diskussionen innerhalb der Bevölkerung und auch in Politikerkreisen.

Altenerding Bild: Robin Bauersachs

Nach langem Streit stoßen die Bürgermeister Sepp Brenninger, Gerd Vogt und Sepp Kaiser auf die Fusion an (v.l.).
Bildquelle: Erdinger Anzeiger

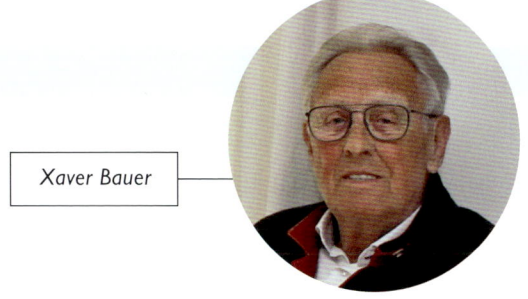

Xaver Bauer

Altlandrat Xaver Bauer erinnert sich: „Mitte der 1970er-Jahre hatte der Parteivorsitzende der CSU, Franz Josef Strauß, alle Kreisvorsitzenden der CSU nach München in die Parteizentrale eingeladen. Der damalige Kreisvorsitzende Hans Zehetmair hat mich gebeten, dort als Stellvertreter daran teilzunehmen. Es ging hoch her mit teils hoch emotionalen Diskussionen: Etliche Kreisvorsitzende schilderten ihre Probleme und ihren Ärger mit der Gebietsreform in ihren Landkreisen. Einer der Teilnehmer formulierte es sogar sehr drastisch und sagte damals: „Herr Strauß, Sie wissen ja gar nicht, was draußen vorgeht". Ein anderer wurde noch deutlicher: „Herr Strauß, Sie haben keine blasse Ahnung, was bei uns los ist". Daraufhin antwortete Strauß: „Ob die Anwesenden der Meinung seien, dass er von früh bis spät im Tegernsee mit dem U-Boot herumtauche? Dieser Satz wird nur verständlich, wenn man sich daran erinnert, dass Strauß am Tegernsee seinen Wohnsitz hatte. Daraufhin wurde die Diskussion sachlicher."

Auch im Landkreis Erding war es bei einigen Gemeinden ein Ringen um ihre Selbstständigkeit. Am Beispiel von Erding, Altenerding und Langengeisling (vor der Fusion 1978) berichtet Xaver Bauer weiter, dass es damals einen großen Aufschrei in Altenerding gegeben habe,

weil die Gemeinde unbedingt selbstständig bleiben wollte. „Allerdings gab es in Indorf, Gemeinde Altenerding, bei einer Wahlveranstaltung zur damaligen Kommunalwahl keine einzige Wortmeldung zur Fusion. Die meisten CSU-Mitglieder waren nämlich für den Zusammenschluss, da die drei Gemeinden optisch gar nicht mehr zu trennen und bereits zusammengewachsen waren. Das Wahlergebnis bestätigte das, denn die CSU erzielte die absolute Mehrheit der Sitze im Stadtrat. Letztendlich erfolgte der Zusammenschluss der drei Kommunen zur Stadt Erding am 1. Mai 1978. So konnte sich die Gemeinde, die heute große Kreisstadt ist, bestens entwickeln", fügt Xaver Bauer hinzu.

Beide ehemaligen Politiker sind sich sicher, dass die Landkreisgebietsreform und die Gemeindereform absolut notwendig waren – hinsichtlich der Kompetenz der Verwaltung und ihre Umsetzung insgesamt gelungen ist. „Der Landkreis Erding ist gestärkt aus der Reform hervorgegangen. Die neu hinzugekommenen Gebietsteile haben von der Reform profitiert und eine gleichrangige Stellung durch den Kreistag und die Verwaltung erfahren. Die Bürgermeister sind dadurch selbstsicherer geworden. Es wurde das Bewusstsein gestärkt, dass eine komplizierte Demokratie gefestigte Strukturen braucht. Und dass diese letztlich mit der Verantwortung von Personen zu tun haben", betont Zehetmair.

Daraufhin Xaver Bauer: „Verantwortung von Personen ist ein gutes Stichwort, lieber Hans Zehetmair. Denn du hast dich ganz massiv für die Landkreisgebietsreform eingesetzt."

Jakob Schwimmer

Interview mit Jakob Schwimmer und Hans Wiesmaier

Reformen ermöglichten leistungs-fähigere Landkreise und Kommunen

Jakob Schwimmer, MdL a.D., Altbürgermeister von St. Wolfgang (1983 bis 2014) und ehemaliger Vorsitzender des Bayerischen Gemeindetages Kreisverband Erding (1990 bis 2008)
Hans Wiesmaier, 1. Bürgermeister der Gemeinde Fraunberg (seit 1996) und Vorsitzender des Bayerischen Gemeindetages Kreisverband Erding (seit 2008)

Herr Schwimmer, die Landkreisgebietsreform formte den Landkreis Erding an einigen Gebietsstellen neu und vergrößerte ihn dadurch. Die Gemeindereform brachte zudem einen tiefen Einschnitt in die Strukturen der Kommunen. Inwieweit hingen damals Landkreisgebietsreform und Gemeindegebietsreform zusammen?

Es war damals die Zeit der Reformen. Alles sollte einfacher, einheitlicher und zentraler gemacht werden. Hinzu kam noch die Funktionalreform. Alle drei Reformen fanden innerhalb einer Zeitspanne von circa zehn Jahren statt.

Die Reformen gingen Hand in Hand, sie bedingten sich gegenseitig hinsichtlich der Eingliederungen der neu hinkommenden Gemeinden und Gemeindeteile sowie hinsichtlich der Zusammenlegungen zahlreicher Landkreisgemeinden. Die Umsetzung bzw. Umverteilung der Aufgabenbereiche erfolgte dann im weiteren Verlauf, wie beispielsweise die Übertragung des Pass- und Ausweiswesens auf die Gemeinden und Verwaltungsgemeinschaften, die mit dem Abschluss der kommunalen Gebietsreform vollständig an die Gemeinden übergegangen war.

Über zehn Jahre – das war ein langwieriger Prozess.
Wie stellte sich die Situation der Gemeinden damals dar?

Besonders die Gemeindereform stellte alle Landkreisgemeinden vor eine große Herausforderung. Bereits im Vorfeld der Landkreisgebietsreform wurde über die geplante Gemeindegebietsreform in mehreren Bürgermeisterdienstbesprechungen im Juli und September 1969 diskutiert – immer mit der Aufforderung, eigenständig die gemeindliche Verwaltungsreform zu betreiben. In der Folgezeit wurde in unzähligen Gesprächen mit Bürgermeistern, Kreisräten, Gemeinderäten, bei Sitzungen und in Bürgerversammlungen um die bestmöglichen Lösungen gerungen. Die Gemeinden unter sich standen in ständigem

Austausch. Jede Gemeinde wollte überleben. Dabei erkannten einige, dass sie auf lange Sicht allein nicht lebensfähig gewesen wären. So kam es, dass sich die Zahl der Landkreisgemeinden von 47 auf zunächst 32 reduzierten und es am 1. Mai 1978 letztendlich noch 26 Gemeinden gab.

Dann erfolgten die Zusammenschlüsse nicht freiwillig?

Es gab darüber Unmut innerhalb einzelner Gemeinden, wie Franz Fischer, damals Mitglied im St. Wolfganger Gemeinderat (1978 bis 2008), noch zu berichten weiß. Und wie gesagt, einzelne Gemeinden konnten nur bestehen bleiben, wenn sie sich zusammenschlossen. Durch die Gemeindereform sollten ja Zwerggemeinden aufgelöst und starke, stabile Einheitsgemeinden gebildet werden. Hinzukam, dass die Bayerische Staatsregierung Richtlinien über Zuschüsse zur Förderung des Zusammenschlusses für Gemeinden erließ (Ministerialamtsblatt Nr. 20, 1969). Diesen finanziellen Anreiz ließen sich viele Gemeinden nicht entgehen.

Und wie verhielten sich die Gemeinden bei der
Landkreisgebietsreform?

Die Landkreisgebietsreform erregte nur Aufsehen bei dem ursprünglichen Vorhaben, den Landkreis Erding zu zerteilen. Hier gab es massive Proteste. Auch der Bayerische Gemeindetag Kreisverband Erding schaltete sich damals ein, um gegen die Auflösung des Landkreises zu protestieren. So zeigten sich die 46 im Kreisverband Erding des Bayerischen Gemeindetages vertretenen Bürgermeister in ihrer außerordentlichen Mitgliederversammlung am 6. Mai 1971 bestürzt, dass das Innenministerium beabsichtigt, den Landkreis Erding aufzulösen und den verschiedenen Nachbarlandkreisen zuzuordnen. Daher hat sich der Bayerische Gemein-

Jakob Schwimmer wird zum 2008 zum Ehrenvorsitzenden des Gemeindetages Kreisverband Erding ernannt.

detag Kreisverband Erding in einem Schreiben vom 6. Mai 1971 an Staatsminister Merk, Staatsminister Streibl, Staatssekretär Kiesl und an den Fraktionsvorsitzenden Huber gewandt. Darin informierten sie über das einstimmige Ergebnis der Beratungen. Unter anderem wurden darin folgende Argumente angeführt, ich zitiere: „Der Landkreis Erding bildet in seinem jetzigen Bestand eine geschlossene Verwaltungs- und Wirtschaftseinheit. Er besitzt bereits heute die vom Innenministerium angestrebte Einwohnerrichtzahl (80 000); von den 143 Landkreisen Bayerns liegt Erding an 19. Stelle, in Oberbayern an 11. Stelle; die erforderlichen Gemeinschaftseinrichtungen sind bereits vorhanden, im Bau oder in der Planung, damit werden auch Bewohner außerhalb des Landkreises versorgt. Der drohende Großflughafen München II würde den Teil des Landkreises Erding, der dem Landkreis Freising zugeschlagen werden soll, abschneiden und in seiner Entwicklung isolieren. Der Landkreis Erding erfüllt alle Kriterien, die das Konzept des Bayerischen Staatsministerium des Innern (BStMdI) für erforderlich hält (Veröffentlichung des BStMdI „Die richtige Ordnung"). Die Bürgermeister des Landkreises erheben gegen die Auflösung des Landkreises Erding schärfsten Protest. Sie werden für die Erhaltung des Landkreises Erding mit den ihnen zur Verfügung stehenden Mitteln vorbehaltlos eintreten."

Als klar war, dass der Landkreis Erding erhalten blieb, stand hauptsächlich die Gemeindereform und deren Umsetzung im Vordergrund.

Hans Wiesmaier

Herr Wiesmaier, und wie beurteilen Sie die Reformen aus heutiger Sicht?

Es war ein tiefgreifender und teils langwieriger Reformprozess, wie Sie anhand der Ausführungen meines Vorgängers im Bayerischen Gemeindetag, Jakob Schwimmer, nachvollziehen können.

Aber genau diese Reformen haben seit fünf Jahrzehnten weitgehend stabile Strukturen für die Kommunalverwaltungen und die gesamte Bürgerschaft in den Städten, Märkten und Gemeinden im Landkreis Erding hervorgebracht.

Denn die Gemeindegebietsreform hatte damals – bis heute hinein – eine ganz wichtige politische Zielsetzung, und zwar die Schaffung von gleichwertigen Lebensverhältnissen zwischen Stadt und Land. Damit wurden die besten Voraussetzungen in der Kinderbetreuung, im Gesundheitswesen, bei Erholungs-, Freizeit- und Kultureinrichtungen geschaffen, um diese zu erhalten und weiterzuentwickeln. Ebenso ist es uns gelungen, eine erfolgreiche und bewährte Daseinsvorsorge im Bereich der kommunalen Infrastruktur vor allem hinsichtlich Wasserversorgung, Elektrizität, Abwasserbeseitigung und vieles mehr in eigenen Händen zu behalten.

Aber die Gemeinden sind nicht nur unter dem Aspekt der Verwaltungsaufgaben zu sehen, sondern vielmehr als soziales Gebilde, dessen Menschen miteinander ein soziales und kulturelles Zusammenleben gestalten.

Zusammenfassend kann ich sagen, dass die Landkreis- und Gemeindegebietsreform sich in der Praxis im Großen und Ganzen bewährt hat, da leistungsfähigere Landkreise und Kommunen geschaffen wurden, von denen auch unsere Bürgerinnen und Bürger profitiert haben und weiterhin profitieren werden.

DER BAYERISCHE GEMEINDETAG

Der Ursprung des Bayerischen Gemeindetages liegt im Jahre 1912, er firmierte damals unter dem Namen „Verband der Landgemeinden des Königreichs Bayern". Am 12. Juni 1954 wurde aus dem „Verband der Landgemeinden" der „Bayerische Gemeindetag", der als Sprecher der Gemeinden fungiert. 1969 – vor der Umsetzung der Gemeindegebietsreform in den 1970er-Jahren – zählt der Verband 6603 Mitglieder. 2004 waren von den insgesamt 2031 kreisangehörigen Gemeinden, Märkten und Städten Bayerns rund 2000 Mitglieder des Bayerischen Gemeindetages; seit 2021 sind alle dabei. Ein Zeugnis dafür, dass der Bayerische Gemeindetag mit seinen Kreisverbänden eine hervorragende Arbeit leistet.

Die Interessensvertretung seiner Mitglieder nach außen, Bündelung kommunaler Interessen, Wahrnehmung des Anhörungsrechts bei der Gesetzgebung in allen kommunalen Angelegenheiten sowie Presse- und Öffentlichkeitsarbeit sind nur einige seiner Aufgaben.

Die Mitglieder des Bayerischen Gemeindetags Kreisverband Erding im November 2008

Verabschiedung der Bürgermeister nach der Wahlperiode 2002 – 2008. V.l.: Rudolf Ways (Gemeinde Moosinning), Matthias Kammerbauer (Gemeinde Eitting), Rudolf Weiß (Gemeinde Langenpreising), Josef Sterr (Stadt Dorfen), Rudolf Bayerl (Ehrenvorsitzender des Bayer. Gemeindetages, Kreisverband Erding), dahinter Landrat Martin Bayerstorfer, Johann Fertl (Gemeinde Steinkirchen), Ehrenvorsitzender des Bayer. Gemeindetages Kreisverband Erding Jakob Schwimmer (Gemeinde Sankt Wolfgang), Walter Rost (Markt Wartenberg), Heinrich Krzizok (Gemeinde Finsing) sowie Bürgermeister und Vorsitzender des Bayer. Gemeindetages Kreisverband Erding Hans Wiesmaier.

Interview mit Rudolf Weiß, Altbürgermeister von Langenpreising

Entstehung der Verwaltungsgemeinschaften

Im Zuge der Gemeindegebietsreform, deren Anfänge ins Jahr 1969 zurückreichen, kam es auch zur Bildung neuer Verwaltungsgemeinschaften im Landkreis Erding. In der Freiwilligenphase stellte die Regierung von Oberbayern aus Mitteln des Finanzausgleichs Förderzuschüsse für Gemeindezusammenlegungen bereit. Freiwillig oder nicht – es begann ein Ringen, um die bestmöglichen Voraussetzungen und Vorteile für die jeweilige Gemeinde.

Wie aus dem Leistungsbericht für die Amtszeit des Kreistages vom 1. Juli 1972 bis 30. April 1978 hervorgeht, war „mit der Rechtsverordnung vom 12. April 1976 (…) die Gemeindegebietsreform abgeschlossen worden". Die beiden ersten Gemeinden, die zur Gemeinde Neuching zusammengelegt wurden, waren Ober- und Niederneuching am 1. Januar 1970. Danach gab es noch weitere Zusammenschlüsse. Zum 1. Mai 1978 verblieben von den ursprünglich 52 Gemeinden des Landkreises Erding 26 Gemeinden mit sieben Verwaltungsgemeinschaften (VG):

VG Forstern (4339 Einwohner)
mit den Mitgliedsgemeinden Forstern, Buch am Buchrain und Pastetten;

VG Hörlkofen (3747 Einwohner)
mit den Mitgliedsgemeinden Walpertskirchen und Wörth;

VG Isen (4309 Einwohner)
mit den Mitgliedsgemeinden Markt Isen und Lengdorf;

VG Oberding (5856 Einwohner)
mit den Mitgliedsgemeinden Oberding und Eitting;

VG Neuching (4713 Einwohner)
mit den Mitgliedsgemeinden Neuching, Finsing, Ottenhofen;

VG Steinkirchen (3812 Einwohner)
mit den Mitgliedsgemeinden Steinkirchen, Hohenpolding, Inning am Holz und Kirchberg;

VG Wartenberg (7670 Einwohner)
mit den Mitgliedsgemeinden Markt Wartenberg, Berglern, Fraunberg und Langenpreising.

Wartenberg

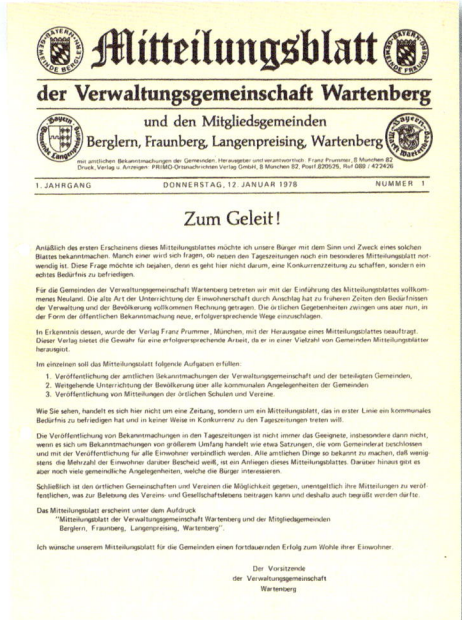

Erste Bekanntmachung der Verwaltungsgemeinschaft Wartenberg mit den Gemeinden Berglern, Fraunberg, Langenpreising und Wartenberg

Rudolf Weiß

Rudolf Weiß, Altbürgermeister von Langenpreising (1. Bürgermeister 1966 bis 2008) war von Anfang an dabei und gibt in einem Interview Auskunft, wie es sich damals am Beispiel der VG Wartenberg zugetragen hat.

Die meisten daraus entstandenen neuen Bündnisse wuchsen im Laufe der Jahre zu einer geschlossenen Einheit zusammen. Mit der von Franz Josef Strauß in seiner Regierungserklärung festgelegten Korrektur zur Gemeindegebietsreform konnten die Gemeinden ihren Zusammenschluss wieder lösen, was dann auch einige in Anspruch genommen haben. Forstern beispielsweise trat aus der VG Forstern am 1. Januar 1980, sodass sich die Gemeinden Buch am Buchrain und Pastetten zur VG Pastetten umbenannten. Die VG Isen löste sich auf. Damit wurden Isen und Lengdorf wieder selbstständig. Auch Fraunberg verließ zum 1. Januar 1980 die VG Wartenberg. Nun wollte auch Wartenberg die VG verlassen. Dem widersetzten sich aber die Gemeinden Berglern und Langenpreising, weil sie alleine nicht lebensfähig gewesen wären. Daraufhin klagte der Markt Wartenberg vor dem Bayerischen Verwaltungsgerichtshof, hatte aber keinen Erfolg. Letztlich blieben sechs Verwaltungsgemeinschaften übrig, die aber bis heute in ihrer Form bestehen: VG Hörlkofen, VG Oberding, VG Neuching; VG Pastetten, VG Steinkirchen und VG Wartenberg. Die Bürgermeisterinnen und Bürgermeister der 26 Gemeinden lenken und leiten seitdem bis zum heutigen Tage die Geschicke ihrer Gemeinden und arbeiten in den bestehenden Verwaltungsgemeinschaften Hand in Hand.

Herr Weiß, Sie waren 42 Jahre lang 1. Bürgermeister von Langenpreising. Wie haben Sie die beiden großen Gebietsreformen erlebt?

1966 wurde ich Bürgermeister, war bereits seit 1960 mit 25 Jahren im Gemeinderat. Die Landkreisgebietsreform hat mich nicht berührt, da meine Gemeinde nicht zur Disposition stand. Bei der Gemeindereform war das anders:

Was bei den Landkreisen richtig und sinnvoll war, sollte jetzt auch bei den Gemeinden umgesetzt werden. Innenminister Bruno Merk gab eine Mindestgröße von 5000 Einwohnern vor und eine gute finanzielle Ausstattung. Neben den gewünschten Einheitsgemeinden kam auch die Diskussion auf, Verwaltungsgemeinschaften zu bilden. Hier sah man in unserem Raum eine Chance, sich in einer VG zusammenzuschließen, weil man damit nicht aufgelöst wurde. In der Freiwilligenphase zwischen 1972 und 1978 schlossen sich die Gemeinden Fraunberg, Thalheim und Reichenkirchen freiwillig zusammen. Unterstützt wurden sie damals von Alfred Dreier, dem späteren stellvertretenden Landrat und Dr. Egon Lechner, einem Unternehmer und Bewohner von Thalheim das Ende der 1950er-Jahre des letzten Jahrhunderts Junglehrer in Thalheim war. Stichtag für die letzte Umsetzung der Gemeindegebietsreform war der 30. April 1978, da am 1. Mai 78 die neue Wahlperiode begann. Zu diesem Zeitpunkt musste feststehen, ob man eine VG wollte oder nicht, also noch in der Freiwilligenphase.

1986 ehrte Rudolf Weiß (1. Bürgermeister von Langenpreising, Bildmitte) den 2. Bürgermeister Josef Furtner (rechts) für seine 30-jährige Tätigkeit als Gemeinderat, davon 20 Jahre als 2. Bürgermeister. Furtner engagierte sich im Gremium der Verwaltungsgemeinschaft, ebenso wie als Mitglied des Schulverbandes Wartenberg. Konrad Danner (links) wurde für 20 Jahre Mitgliedschaft im Gemeinderat ausgezeichnet.

Wie wichtig war der Verbleib Wartenbergs in der VG für den Fortbestand der Verwaltungsgemeinschaft?

Sehr wichtig, denn bei einem Austritt von Wartenberg hätten die Gemeinden Berglern und Langenpreising keine VG bilden können. Als damaliger Bürgermeister habe ich den Zusammenschluss und das weitere Bestehen mitverantwortet. Für mich war es eine vernünftige Lösung und eine richtige Entscheidung, denn die Verwaltungsgemeinschaft besteht seit 1. Januar 1980 bis heute in ihrer jetzigen Form und hat sich bestens bewährt.

Das Schöne an dem Zusammenschluss war und ist es bis heute, dass wir als Gemeinden unsere Selbstständigkeit behalten haben, da wir nicht aufgelöst wurden. Wir hatten und haben einen eigenen Bürgermeister und einen eigenen Gemeinderat, können das tun, was wir für richtig halten, müssen die Vorhaben aber auch selbst finanzieren. Jede Gemeinde der VG hat ihren eigenen Haushalt. Dennoch konnten und können wir uns einen geschäftsleitenden Beamten, Beamte des mittleren Dienstes und ausreichend Sachbearbeiter und Schreibkräfte leisten, weil das die drei Gemeinden gemeinsam finanzieren. So bedienen wir uns seither einer effektiveren Verwaltung, deren Erreichbarkeit und Sachwissen auch unseren Bürgern zu Gute kommt.

Langenpreising

Sie sagen, dass die Gemeinden ihre Selbstständigkeit behalten haben? Haben sie denn trotzdem gut zusammengearbeitet?

Für mich war die Zusammenarbeit mit allen amtierenden Bürgermeistern der VG zu meiner Zeit als Bürgermeister hervorragend. Für die Gemeinde Langenpreising ergaben sich durch den Zusammenschluss nur Vorteile, da die Gemeinde weiterhin eigenständig handeln und planen konnte. Das Gleiche galt auch für die beiden anderen Gemeinden, die selbstständig gewirtschaftet haben. Neben der gemeinsamen Verwaltung gab es weitere Berührungspunkte, wie die lange vor der Gemeindegebietsreform im

Jahr 1969 durchgeführte Schulreform, die die Gemeinden auch noch Jahre später beschäftigte. Auch das Thema zentrale Wasserversorgung war ein umfassendes gemeinschaftliches Projekt, das es zu bewältigen gab: 1965 wurde der Wasserzweckverband Berglerner Gruppe gegründet, Anfang der 1970er-Jahre traten die damals noch selbstständigen Gemeinden Fraunberg und Reichenkirchen dem Zweckverband bei. Zum 1. Januar 2007 schloss sich auch der Markt Wartenberg auf Betreiben des damaligen 1. Bürgermeisters Walter Rost dem Zweckverband an. Bis heute versorgt der Wasserzweckverband Berglerner Gruppe das gesamte Gebiet der Verwaltungsgemeinschaft Wartenberg und das der Gemeinde Fraunberg, allerdings ohne das Gebiet der ehemaligen Gemeinde Thalheim.

Man kann sagen, dass der Raum Wartenberg zusammengewachsen ist. In diesem Raum haben wir eine gemeinsame Verwaltung, eine gemeinsame Wasserversorgung, einen gemeinsamen Schulverband und – nicht zu vergessen – zwei Pfarrverbände, Berglern Langenpreising, Wartenberg und Zustorf und Fraunberg, Reichenkirchen und Thalheim, die deckungsgleich mit dem Schulverband sind. Die Kirche hat sich der Schul- und Gebietsreform aber erst 50 Jahre später angeschlossen. Der Raum Wartenberg ist in diesen 50 Jahren zu einer größtmöglichen Einheit zusammengewachsen.

Staatsministerin Ulrike Scharf, MdL

Ein Kinderspielplatz für Maria Thalheim

Eine weitere bedeutende Entwicklung, die in diese Zeit fiel, war die Flurbereinigung und das novellierte Flurbereinigungsgesetz vom 16. März 1976, das viele Bürgerinnen und Bürger mit den Gebietsreformen in Zusammenhang bringen. Im Jahr 1994 wurde das Gesetz nochmals genauer gefasst. Bis heute werden die Inhalte regelmäßig an die aktuelle Situation angepasst. Wichtige Aspekte der Flurbereinigung waren damals, kleinstrukturierte Flächen zu größeren Einheiten zusammenzulegen, um eine bessere Bewirtschaftung zu ermöglichen. Solche Flurbereinigungen gibt es in den unterschiedlichsten Ausprägungen bereits seit dem Mittelalter. Dabei steht nicht nur die Effizienz der Flächen im Fokus. Der ländliche Raum soll gestärkt und Projekte zur Dorferneuerung und der Verbesserung der Infrastruktur durchgeführt werden.

Ulrike Scharf

Ulrike Scharf am Gedenkstein zur Flurbereinigung in Maria Thalheim

Ulrike Scharf (seit 23. Februar 2022 Bayerische Staatsministerin für Familie, Arbeit und Soziales, MdL, Landesvorsitzende Frauen-Union Bayern) erinnert sich:

„Als damals Sechsjährige war die Freude über einen Spielplatz in meinem Heimatdorf Maria Thalheim riesengroß. In diese Zeit fiel die Reform der Landkreise und der Gemeinden in Bayern. Der 1969 gewählte Gemeinderat von Fraunberg befasste sich damals intensiv mit der sogenannten Flurbereinigung. Die Verbesserung der Agrarstruktur und der Infrastruktur waren dabei die Hauptziele. Im Fokus stand insbesondere der verkehrsmäßige Anschluss der zahlreichen Weiler und Einzelgehöfte an die Ortskerne durch Gemeindeverbindungsstraßen. Ein weiterer Schwerpunkt war die Bauordnung und in diesem Zusammenhang die Bildung größerer ökonomisch bewirtschafteter Grundstücke. Dies galt im Übrigen für alle Landkreisgemeinden.

Dorf und Gemeinde bildeten eine Einheit. Artikel 1 der Bayerischen Gemeindeordnung formuliert: „Die Gemeinden sind ursprüngliche Gebietskörperschaften mit dem Recht, die örtlichen Angelegenheiten im Rahmen der Gesetze zu ordnen und zu verwalten. Sie bilden die Grundlage des Staates und des demokratischen Lebens". Zwischen 1969 und 1978 wurde in Bayern eine umfassende kommunale Gebietsreform durchgeführt. Die Zahl der Gemeinden wurde von 7073 auf 2053 reduziert. Besonders betroffen waren die kleinen ländlichen Gemeinden. So auch meine Heimatgemeinde Maria Thalheim. Am 1. Juli 1974 erfolgte der freiwillige Zusammenschluss den Gemeinden Fraunberg, Reichenkirchen und Thalheim. Ein Kinderspielplatz in meinem Dorf war DAS sichtbare Zeichen der Flurbereinigung und für mich damals wohl das wichtigste Ereignis im Zusammenhang mit der Flurbereinigung und Gebietsreform."

Besichtigungstermin in Thalheim im Rahmen der Flurbereinigung mit dem damaligen Bürgermeister Lambert Bart und Karl Helmprecht, damaliger Leiter des Straßenbaureferats im Landratsamt Erding.

Maria Thalheim

Rudolf Weiß

Die Schulreform zur Zeit der Gebietsreform

Im Vorfeld der Landkreisgebietsreform und der gleichzeitig stattfindenden, weitreichenden Gemeindegebietsreform gab es eine weitere wichtige Reform – die Schulreform. Man plante den Ausbau des Schulwesens. Dieser Prozess, der vorrangig in den 1960er-Jahren unter dem damaligen Kultusminister Ludwig Huber (1964 bis 1970) umgesetzt wurde, dauerte bis Ende der 1970er-Jahre an. Im Bereich der Volksschulen wurden die sogenannten Zwergschulen (Schulen, in deren Klassen Schülerinnen und Schülern mehrerer Jahrgänge unterrichtet wurden) abgeschafft und zentrale, gut ausgestattete und ausgebaute Schulen gebildet. So verringerte sich die Anzahl der Volksschulen um mehr als die Hälfte. Bei den weiterführenden Schulen ging man einen anderen Weg. Hier kam es zu zahlreichen Neugründungen, insbesondere im ländlichen Bereich.

Rudolf Weiß (87), 1956 bis 1968 Lehrer in Langenpreising, 1968 bis 1969 Schulleiter in Langenpreising, 1969 bis 1971 kommissarischer Schulleiter des Schulverbandes Berglern-Langenpreising, Feb. 1974 bis 1991 Rektor der Grundschule Wartenberg mit den Schulhäusern in Berglern, Langenpreising, Reichenkirchen und Thalheim und 1991 bis 1999 Rektor der Volksschule Wartenberg. 42 Jahre lang (1966 bis 2008) war er 1. Bürgermeister von Langenpreising und auch hier blickt er auf eine turbulente Zeit zurück:

„1956 kam ich als junger Lehrer nach Langenpreising. In diese Zeit fiel die Volksschulreform in Bayern (1969), die von der jeweiligen Gemeindegröße bestimmt war. Gleichzeitig erfolgten die beiden großen Gebietsreformen und dauerten viele Jahre an. Mit der Schulreform wollte man bayernweit gleiche Voraussetzungen für Schulen schaffen, indem man diese zusammenlegte.

In den Gemeinden gab es unterschiedlich große Schulen, in deren Klassen unterschiedliche Jahrgänge zusammengefasst waren. Ganz kleine Gemeinden hatten zum Beispiel eine einteilige Schule mit einer Klasse, in der alle Jahrgangsstufen unterrichtet wurden. In Langenpreising hatten wir eine fünfteilige Schule mit folgender Staffelung: eine Klasse mit Erstkläss-

Schule in Langenpreising um 1940

Schule in Berglern, 1913

Schule in Thalheim um 1955

Altes Schulhaus in Wartenberg

lern, eine Klasse mit Zweitklässlern und eine Klasse mit Dritt- und Viertklässlern, eine Klasse mit Fünf- und Sechstklässlern und eine Klasse mit Siebt- und Achtklässlern.

Die Ungleichbehandlung der Landkinder den Stadtkindern gegenüber war offensichtlich. Man sprach vom Landkind als dem Stiefkind. Das wollte die Staatsregierung ändern. Zum Schuljahresbeginn 1969 sollte es nur noch Jahrgangsklassen geben. Da waren jetzt alle gefordert, vom Schulrat über den Landrat, die Schulleiter, aber auch die Bürgermeister. Jede Gemeinde erarbeitete sich ein Konzept, das für seinen Raum passte. Das war auch die Stunde der Schulbusse. Kein Kind sollte, weder im Sommer und schon gar nicht im Winter, mehrere Kilometer zu Fuß in die Schule gehen müssen, wie die Kinder aus der Rosenau, dem Zustorfer Moos, der Pottenau, Weipersdorf und Hof oder die Kinder von Seidl, die einen Schulweg von mehr als drei Kilometer hatten, Sommer wie Winter.

Berglern mit erstem Erweiterungsbau 1962

Altes Schulhaus in Wartenberg mit Blick auf den Nikolaiberg

Schule in Langenpreising, von 1962 bis 2016

Bei der Umsetzung der Schulreform hat der damalige Schulamtsleiter Wolfgang Schierl für den Raum Wartenberg mit den Gemeinden Berglern, Fraunberg, Langenpreising, Reichenkirchen und Wartenberg vorgeschlagen, zunächst Berglern und Langenpreising zusammenzuschließen, um Jahrgangsklassen zu erhalten. Wartenberg sollte mit Fraunberg und Reichenkirchen zusammengeschlossen werden, um hier ebenfalls Jahrgangsklassen zu erhalten. Wartenbergs Bürgermeister Matthias Stuhlberger lud daraufhin alle beteiligten Gemeinden ein, eine vernünftige Lösung zu finden. Ihm schwebte allerdings eine große Lösung vor: In Wartenberg sollte eine Schule mit 20 Klassen entstehen. Aber dagegen wehrte ich mich gemeinsam mit Bartholomäus Strobl (1. Bürgermeister von Berglern), da Langenpreising erst 1961 ein neues Schulhaus gebaut und Berglern 1962 einen Erweiterungsbau bekommen hatte.

Nach langem Hin und Her einigte man sich darauf, dass alle Hauptschüler, die heutigen Mittelschüler, nach Wartenberg in die Schule gehen sollten. Die Grundschüler verteilten sich auf die vier damaligen Grundschul-Standorte Berglern, Langenpreising, Reichenkirchen sowie Thalheim und wurden mit Wartenberger Grundschülern aufgefüllt. Dieser Schulverband hatte von 1974 bis 1991 bestand. Danach konnte der neue 1. Bürgermeister Gustav Weltrich (1984 bis 2002) wieder seine Schüler nach Wartenberg zurückführen. So entstand die Marie-Pettenbeck-Schule, die ich von 1991 bis 1999 leiten durfte. Durch eine Rechtsverordnung der Regierung von Oberbayern wurde aber auch festgelegt, dass die Grundschulen in Berglern, Fraunberg und Langenpreising bis heute Bestand haben."

LANDKREIS ERDING

Unter einem Schildhaupt mit den bayerischen Rauten in Silber ein aufspringendes, goldbewehrtes rotes Pferd.

Das Ross im Wappen hat eine doppelte Bedeutung. Der Landkreis war lange Zeit der pferdereichste Bezirk Bayerns. Das springende Ross war ferner das Wappenzeichen der reichsunmittelbaren Grafschaft Haag, das auf das Siegel der Gurren zu Haag in der ersten Hälfte des 13. Jahrhunderts zurückgeht – das Stammschloss Fraunberg ihrer gräflichen Nachfolger seit 1245 liegt im Landkreis Erding. Die Rauten beziehen sich auf das herzogliche Gericht Erding. Zu seinen Hauptorten zählte Wartenberg, das vor der Errichtung der landesherrlichen Residenzen Landshut und München ein Burgsitz der wittelsbachischen Grafen und späteren Herzöge gewesen war.

FLÄCHE ALT:	772 km²	FLÄCHE NEU:	871 km²
EW 1972:	82 212	EW 2020:	138 891

Landrat Martin Bayerstorfer

Landkreis Erding – ein dynamischer Landkreis mit Zukunft

Der Landkreis Erding liegt etwa 30 Kilometer entfernt im Nordwesten von der Landeshauptstadt München. Die Landkreise München, Freising, Landshut, Mühldorf und Ebersberg umgeben ihn. Seit der Landkreisgebietsreform 1972 und der damit verbundenen Vergrößerung der Landkreisgrenzen ist der Landkreis Erding stetig gewachsen – aktuell um rund 1000 Bürgerinnen und Bürger pro Jahr. Seine 26 Städte, Märkte und Gemeinden haben den Landkreis Erding in den vergangenen fünf Jahrzehnten zu dem gemacht, was er heute ist: ein hervorragender Wirtschaftsstandort sowie ein attraktiver Wohn- und Urlaubsort.

Vor der Landkreisgebietsreform hatten 143 bayerische Landkreise durchschnittlich 49 000 Einwohner. 18 Landkreise hatten weniger als 25 000 Einwohner, der einwohnerschwächste Landkreis zählte lediglich 16 000 Einwohner. Nach damaliger Einschätzung für ein effektives Arbeiten und Wirtschaften lag die Mindestgröße, die ein Landkreis haben sollte, bei mindestens 70 000 Einwohnern.

Am 30. Juni 1967 wies der Landkreis Erding eine Einwohnerzahl von 70 811 Einwohnern auf und nahm im Regierungsbezirk Oberbayern den 10. Platz ein, innerhalb Bayerns den 20. Platz. Damals lag die Bevölkerungsdichte im Durchschnitt pro Quadratkilometer bei 91 Landkreisbürgerinnen und -bürger. Bis zum 30. September 1971 stieg die Einwohnerzahl durch Zuwanderung auf 74 490 Bürgerinnen und Bürger an. Nach der Landkreisgebietsreform wuchs die Bevölkerung um über 7500 Mitbürgerinnen und -bürger auf über 82 000 an. Heute wohnen im Landkreis Erding rund 139 000 Menschen.

Nach der Landkreisgebietsreform umfasste der Landkreis 872 Quadratkilometer. Derzeit werden etwa 71 Prozent der Landkreisfläche landwirtschaftlich genutzt.

Frühere Zweifel und Einschätzungen, dass der Landkreis Erding sich nicht weiterentwickeln könne und keinen Fortbestand hätte, haben sich nicht bestätigt. Im Gegenteil, der Landkreis Erding hat sich zu einem bedeutenden Wirtschaftsstandort in der Region München entwickelt, dessen Fortschritt noch immer anhält.

Nach dem Inkrafttreten der Gebietsreform am 1. Juli 1972 begann ein regelrechter Boom, um die neu hinzugekommen Gebiete möglichst schnell in den Landkreis zu integrieren und die Veränderungen auf Verwaltungsebene für den gesamten Landkreis umzusetzen.

Hinzukam die Gemeindegebietsreform, deren Umsetzung bis 1978 andauerte. Durch die Neugliederung von außen und die Umstrukturierung von innen bekamen das Landratsamt, die Gemeinden und die sich später bildenden Verwaltungsgemeinschaften neue Aufgaben.

Landkreisentwicklungsplan

In diesem Zusammenhang muss auch der Landkreisentwicklungsplan genannt werden. Dieser wurde bereits am 12. Oktober 1970 im Kreisausschuss des Landkreises Erding beschlossen. Der Planungsverband Äußerer Wirtschaftsraum wurde damit beauftragt, „um zunächst gemeinsam als Auftrags- und Arbeitsunterlage einen Untersuchungs- und Zielkatalog zu erarbeiten, der die Vorstellungen über die zukünftige und wünschenswerte Entwicklung des Landkreises stichwortartig festhält", wie im Leistungsbericht für die Amtszeit des Kreistages vom 1. Mai 1966 bis 30. Juni 1972 zu lesen ist.

Weiter heißt es im Leistungsbericht für die Amtszeit des Kreistages vom 1. Juli 1971 bis 30. April 1978: „Für die Kreisentwicklungsplanung wurden zu Beginn des Jahres 1975 durch den einstimmigen Beschluß vom

Der bayerische Innenminister Joachim Herrmann trägt sich bei der Großen Landkreisversammlung des Bayerischen Landkreistages, die im Jahr 2020 in der Therme Erding stattfand, in das Goldene Buch des Landkreises ein.

Erweiterung des Geothermiewerks Erding

August 1974 die personellen Voraussetzungen zur Bildung eines eigenen Sachgebietes geschaffen. … die Aufgaben dieses Sachgebietes sind: a. Kreisplanung, b. Raumordnung, c. planerische Unterstützung der Gemeinden." In den folgenden Jahren behandelt der Landkreisentwicklungsplan unter anderem die großen Projekte, die den Landkreis Erding über Jahrzehnte beschäftigen. An erster Stelle ist zu nennen die Planung des Großflughafens München Franz-Josef-Strauß, der 1992 eröffnet wurde. Er befindet sich größtenteils auf dem Gebiet des Landkreises Erding. Ebenso wurden durch das neue Sachgebiet diverse Raumordnungsverfahren betreut, wie die Trassenverläufe der A 92 und A 94.

Attraktiv und angesehen

Durch diese Großprojekte profitiert der Landkreis Erding letztendlich bis heute und ist aufgrund der ausgezeichneten infrastrukturellen Entwicklung nach wie vor ein Magnet für zahlreiche Firmenansiedlungen. Um ein Beispiel zu nennen: Allein im Erdinger Stadtgebiet gibt es 3422 Firmen (Stichtag 31.12.2021). Darunter befinden sich auch alteingesessene Traditionsunternehmen, die sich im Landkreis Erding von jeher wohlfühlen.

Sie alle sind ein Zeichen dafür, dass der Landkreis Erding ein hervorragender **Wirtschaftsstandort** mit Zukunft war und immer noch ist. Der Flughafen München, die Therme Erding und der Erdinger Weißbräu beispielsweise sind international bekannt und geschätzt. Das sind nur drei Firmen unter vielen, die über den Landkreis hinaus strahlen.

Unser Landkreis weist auch eine ausgezeichnete **Steuerkraft** aus. In den letzten fünf Jahrzehnten ist diese kontinuierlich gestiegen. 1969 lag diese bei 8.492.879 DM, 1972 betrug der Wert 12.535.877 DM, 1996 rund 49,6 Millionen DM – 2020 waren es 193,0 Millionen Euro. Die endgültige Steuerkraft 2021 des Landkreises Erding lag bei 201.575.157 Euro. Pro Einwoh-

ner sind das 1.458,77 Euro. Damit liegt der Landkreis Erding auf Rang 4 in Oberbayern und Rang 5 in Bayern.

Auch in Bezug auf die **Arbeitslosenquote** steht der Landkreis Erding gut da. Im Jahr 1969 gab es laut dem Bayerischen Landesamt für Statistik 197 Arbeitslose im Landkreis Erding. 1996 waren es 4,2 Prozent, 2020 2,5 Prozent. 2021 sank die Quote weiter auf 1,8 Prozent.

Wenn man die vorher genannten Arbeitslosenzahlen von 1969 zu Grunde legt, herrschte 1969 quasi Vollbeschäftigung. 1996 waren es rund 23 300 sozialversicherungspflichtig Beschäftigte, 2020 rund 46 300, also fast doppelt so viele. Bei dieser Entwicklung liegt der Landkreis Erding in der Region ganz vorne: Von 2008 bis 2018 verzeichnet der Landkreis 61,5 Prozent sozialversicherungspflichtig Beschäftigter.

Der Klimaschutz und die Energiewende sind ernst zu nehmende Themen. Daher wurde 2019 ein Klimaschutzmanager berufen, um auch auf Landkreisebene wichtige Klimaschutzprojekte voranzutreiben. Anfang 2020 konnte erstmalig ein Klimaschutzatlas veröffentlicht werden. Im Landkreis Erding wird bereits deutlich mehr Strom aus regenerativen Quellen produziert wird, als wir verbrauchen. Mithilfe der Geothermie können im Bereich Wärme zum Beispiel 13 000 Tonnen CO_2 und 8 Millionen Liter Heizöl jährlich eingespart werden. Darüber hinaus hat der Landkreis Erding bereits neun hochmoderne Elektroladesäulen (2 x 22 kW) an verschiedenen Liegenschaften des Landkreises installiert, um die Nutzung von E-Fahrzeugen noch attraktiver zu machen.

Engagiert und fortschrittlich

Der Landkreis Erding kümmert sich neben Themen wie Jugend- und Sozialhilfe, Naturschutz, Abfallbeseitigung, Brand- und Katastrophenschutz, Innere Sicherheit, Tierschutz, Kfz-Zulassung und Ausstellung von Führerscheinen, beispielsweise auch um den ÖPNV oder das Gesundheitswesen.

Selbst auf unvorhersehbare Ereignisse wie die Flüchtlingsströme ab 2015, die Corona-Pandemie oder die aktuelle Flüchtlingswelle aus der Ukraine reagierte der Landkreis Erding besonnen und zügig und konnte durch schnelles Handeln die Herausforderungen meistern.

Das Thema **Infrastruktur** beschäftigt den Landkreis Erding seit jeher. Er ist für den Erhalt von 260 km Kreisstraßen zuständig und wendet dafür jährlich circa drei Millionen Euro auf. In den vergangenen Jahrzehnten hat sich auch hier Vieles getan. Aufgrund des Baus des Flughafens München im Erdinger Moos, der sich größtenteils auf Landkreisgebiet befindet, wurde die Flughafentangente realisiert, deren weiterer Ausbau seit 2021 erfolgt. Komplettiert wird die gute Verkehrsanbindung durch zwei Autobahnen (A92, A94) und die beiden Bundesstraßen B15 und B388.

Einen wichtigen Stellenwert nimmt auch die **Personenbeförderung** im Landkreis ein. Aktuell gibt es 30 Linien, die 308 Haltestellen auf 535 Kilometer anfahren. Die Landkreisbürgerinnen und -bürger profitieren von dem gut ausgebauten Linienbusnetz, für das der Landkreis jedes Jahr etwa sechs Millionen Euro ausgibt. 2020 konnte das 40-jährige Bestehen gefeiert werden. Hinzu kommt die Beförderung mittels Schienen: Ab der Haltestelle Erding gelangt man innerhalb von knapp 40 Minuten nach München. Mit der Südostbayernbahn gelangen Bahnreisende ebenfalls innerhalb kurzer Zeit von der Stadt Dorfen in die Landeshauptstadt. Eine MVV-Tarifintegration hierfür ist für Ende 2022 vorgesehen.

Bildungszentrum für Gesundheitsberufe (BZG)

Eröffnung des BZG, 2018

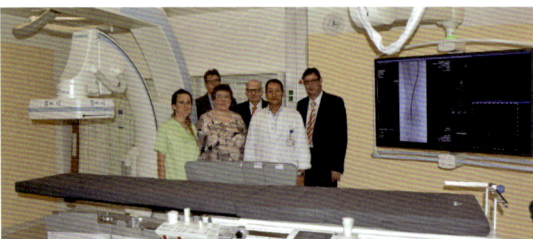

Das Klinikum Landkreis Erding erhielt 2018 eine neue Angiographie-Anlage zur Röntgenuntersuchung der Gefäße.

Ein weiterer wichtiger Punkt ist die **medizinische Versorgung** der Bevölkerung. Diese wird durch das Klinikum Landkreis Erding mit Klinik Dorfen sichergestellt und stetig verbessert. Allein in den letzten drei Jahren wurden zahlreiche neue, wichtige medizinische Gerätschaften angeschafft, wie zum Beispiel ein neues MRT und CT. Im Herbst 2020 wurden im Zuge der Brandschutzsanierung am Personalwohngebäude Erding zusätzlichen 34 Appartements eingeweiht. Projekte wie „Psychoonkologische Ambulanz am Klinikum Erding" wurden gestartet. In den kommenden Jahren soll der Standort Erding deutlich ausgebaut und erweitert werden. Neben Neubauten für die Strahlentherapie und das Dialysezentrum ist ein Anbau geplant, in dem eine neue Notaufnahme ihren Platz finden soll.

Zwei Medizinische Versorgungszentren, MVZ Erding und MVZ Dorfen, sowie ein Fachkrankenhaus für Psychiatrie in Taufkirchen/Vils und eine Privatklinik für Innere Medizin in Wartenberg erweitern das Angebotsspektrum.

In diesem Zusammenhang muss man auch die Sicherstellung von Pflege-Nachwuchskräften nennen, für die sich der Landkreis Erding seit Jahrzehnten sehr engagiert. Neben der 2009 eingeführten dreijährigen Pflege-Ausbildung besteht bereits seit 1972 die Möglichkeit, eine einjährige Pflegehilfe-Ausbildung an den Kliniken zu absolvieren. Damit auch weiterhin geschultes Personal und Nachwuchsfachkräfte zur Verfügung stehen, wurde hierfür das Bildungszentrum für Gesundheitsberufe gebaut und im Oktober 2018 eröffnet. Die hier angebotenen zukunftsweisenden Ausbildungsberufe in der Pflege sind sehr begehrt.

Im November 2020 wurden die Weichen für die Gründung eines Pflegestützpunktes im Landkreis Erding gestellt, um den hohen Bedarf an Beratungen, die die Pflege betreffen, abzudecken. (Bild links, v.l.) AOK-Direktor Andreas Kochbeck, Christine Kaltenbach, Leitung des Fachbereiches Soziales am Landratsamt Erding, Landrat Martin Bayerstorfer und Bezirkstagspräsident Josef Mederer trafen sich im Landratsamt Erding zur Vertragsunterzeichnung. Der Erdinger Pflegestützpunkt im Bildungszentrum für Gesundheitsberufe nahm bereits im Januar 2021 seine Arbeit auf und war somit der fünfte in Oberbayern, der auf der Basis des neuen bayerischen Rahmenvertrages entstand. Ende 2021 fand die Vorstellung der ersten Außensprechstunde des Pflegestützpunktes im Taufkirchener Rathaus (Bild rechts:) statt. Seit Anfang 2022 werden weitere Außensprechstunden in Dorfen, gefolgt von Moosinning, Fraunberg, Forstern, Steinkirchen und weiteren angeboten.

Ebenso gibt es viele weitere schulische **Bildungsmöglichkeiten** im Landkreis. Zahlreiche Grund- und Mittelschulen werden durch die Gemeinden unterhalten. Der Landkreis Erding selbst ist Sachaufwandsträger und trägt die Kosten für die drei Gymnasien Anne-Frank-Gymnasium, Gymnasium Dorfen und Korbinian-Aigner-Gymnasium sowie die zwei Realschulen Herzog-Tassilo-Realschule und Realschule Taufkirchen. In Kooperation mit der Gemeinde Oberding wurde zudem im Jahr 2012 eine weitere Realschule ins Leben gerufen. Auch zwei sonderpädagogische Förderzentren in Erding und Dorfen werden vom Landkreis Erding stets mit der modernsten Ausstattung versorgt. So wurden in den vergangenen Jahren zahlreiche Erneuerungen, An- und Umbauten umgesetzt oder befinden sich noch in Planung. Das aktuell größte Bauprojekt des Landkreises am Anne-Frank-Gymnasium beispielsweise soll in drei Bauabschnitten durchgeführt werden – Bau einer Dreifachsporthalle, Erweiterungsbau mit Mensa, Landkreisbibliothek und

Klassen sowie Umbau des Bestandsgebäudes. Die Baugenehmigung für den ersten Bauabschnitt, den Bau der Sporthalle wurde von der großen Kreisstadt Erding bereits 2020 erteilt. Auch die schulaufsichtliche Genehmigung zum Schulneu- und -umbau des Gymnasiums erhielt der Landkreis im September 2020. Im Herbst 2021 wurde mit dem Abriss der alten Turnhalle begonnen.

Ab dem Schuljahr 2022/2023 gibt es im Landkreis Erding die Möglichkeit, eine Berufsfachschule für Kinderpfleger/innen zu besuchen. Langfristig soll weiterhin die Angliederung einer Fachakademie für Sozialpädagogik verfolgt werden, um die Ausbildungs- und Fortbildungsmöglichkeiten in dieser Berufssparte noch breitgefächerter darzustellen.

Digitale Bildungsregion

Außerdem kümmert der Landkreis sich um die staatliche Berufsschule in Erding, an der Berufe in den folgenden Bereichen erlernt werden können: Gastronomie, Bau- und Holztechnik, Kfz-Technik und Fluggerätemechanik, Wirtschaft, Gesundheits- und Körperpflege. Weiterhin ist der Landkreis Sachaufwandsträger für die staatliche Fachober- und Berufsoberschule (FOS/BOS) Erding. Dort gibt es die Ausbildungs- richtungen Internationale Wirtschaft, Sozialwesen, Technik und Wirtschaft.

Wer ein Musikinstrument erlernen möchte, der ist in der Kreismusikschule Erding gut aufgehoben. Und diejenigen, die vom Lernen gar nicht genug bekommen kön- nen, melden sich für einen der vielfältigen Kurse an der Volkshochschule an.

Nicht zuletzt aufgrund der vielen attraktiven Bildungseinrichtungen hat der Land- kreis im Jahr 2016 das Qualitätssiegel „Bildungsregion in Bayern" erhalten, mit dem auf diesem Gebiet besonders engagierte Kommunen und Landkreise von der baye- rischen Staatsregierung ausgezeichnet werden.

Mit dem Titel „Digitale Bildungsregion" wurde der Landkreis im April 2020 geehrt. Mit diesem Qualitätssiegel können nun zahlreiche Projekte und Maßnahmen um- gesetzt und neue Ideen weiterentwickelt werden.

Musikschultag

Abwechslungsreich und beliebt

Und auch in Sachen Freizeit hat der Landkreis Erding einiges zu bieten. Viele heimische Theater- und Musikgruppen bereichern das ganze Jahr über mit Aufführungen an verschiedensten Orten die kulturelle Szene im Landkreis Erding. Zahlreiche Sportvereine und auch die Feuerwehren laden Jung und Alt zum Mitmachen ein. Badeseen, Wanderwege und ein umfangreiches Radwegenetz locken die Bürgerinnen und Bürger ins wunderschöne Erdinger Land. Museen wie das Bauernhausmuseum des Landkreises Erding entführen die Besucher in vergangene Zeiten.

Der Landkreis Erding ist seit jeher in Bewegung und wird es auch immer bleiben. Mit seinem vielfältigen Angebot auf Landkreisebene sowie auch auf Gemeindeebene gilt er als attraktiver Landkreis, in dem es sich gut arbeiten, wohnen und leben lässt. Besonders der Zuzug und Verbleib junger Menschen im Landkreis Erding bestätigt das: Ein Drittel der Landkreisbevölkerung ist unter 25 Jahre.

Um wieder zu den Anfängen des Landkreises Erding zurückzukommen, so wie er 1972 geformt wurde und sich daraufhin entwickelt hat, möchte ich Frigo Wagener, den damaligen Geschäftsführer des Deutschen Forschungsinstituts für Öffentliche Verwaltung in Speyer zitieren, der diese Zeit und ihre Ereignisse treffend beschrieb: „Die bayerischen Landkreise sind gesund! Sie werden noch lange leben. Die Gebietsreform hat sie stabilisiert und gefestigt". In diesem Sinne wünsche ich dem Landkreis Erding, dass er weiterhin so gefestigt, attraktiv und dynamisch bleibt und vorausschauend in die Zukunft blickt wie bisher.

Ihr Landrat

Martin Bayerstorfer

Bild: Carolin Thiersch

Kronthaler Weiher

Radweg bei Erding

Bild: Carolin Thiersch

Landratsamt Erding

Landrat Martin Bayerstorfer

Landratsamt Erding aus der Luft

Das Landratsamt Erding ist eine bürgernahe Einrichtung für die rund 140 000 Menschen im Landkreis. Vom Alois-Schießl-Platz 2 in Erding gestaltet das Landratsamt mit Landrat Martin Bayerstorfer – seit über 20 Jahren Amtsleiter – die Zukunft des Landkreises aktiv mit.

Der Landkreis Erding gehört in Sachen Bevölkerung zu den Boomregionen in Bayern. Eine Hochrechnung des Bayerischen Landesamt für Statistik berechnet für das Jahr 2040 auf Basis der Daten von 2020 ein Bevölkerungsplus von 9 Prozent. Diese Entwicklung fordert vorausschauende Planung und einen sinnvollen Einsatz begrenzter – auch finanzieller – Ressourcen.

Diese Aufgabe ist umso herausfordernder, weil das Landratsamt – wie jeder bayerische Landkreis – eine Doppelfunktion übernimmt. Zum einen hat sie als untere staatliche Verwaltungsbehörde staatliche Aufgaben zu erfüllen. Dazu gehören beispielsweise Baugenehmigungen, der Denkmalschutz, das Gaststättenrecht, das Gesundheitswesen, die Jugendhilfe, der Umwelt- und Naturschutz oder die Jagd und Fischerei. Zum anderen erfüllt sie als Landkreisbehörde eigene und übertragende Aufgaben und unterstützt die beiden Städte und Gemeinden. In diesen Bereich gehören zum Beispiel der Bau und Unterhalt von rund 260 km Kreisstraßen und ein Radwegenetz mit über 130 km, die weiterführenden Schulen sowie die Förderung von Kultur, Sport, Tourismus und Wirtschaft. Aber auch der Katastrophenschutz ist im Landratsamt angesiedelt.

Sitzungssaal

Im Angebot des Landratsamts ist mittlerweile auch das Bürgerservice-Portal fest etabliert, eine Möglichkeit, die vor einem halben Jahrhundert nicht denkbar war. Bürgerinnen und Bürger können auf diese Weise ihre Anträge an die Verwaltung des Landkreises Erding online erfassen und direkt an die zuständige Stelle weiterleiten. So reicht der Bürgerservice von A wie Abfallberatung, Abwasserentsorgung oder Asylmanagement bis hin zu Z wie Zinszuschüsse und Wohnungsbaudarlehen, Zivilschutz oder auch Zulassungsstelle für Kfz.

Unter der Leitung von Landrat Bayerstorfer verfolgt die Politik die Maxime „Vorfahrt für Familien". Diese ganzheitliche Sicht beginnt mit Hilfen bei Schwangerschaft und Geburtsklinik, über weiterführende Schulen inklusive digitaler Bildungsformen bis hin zu einem wertschätzenden Konzept für Senioren. Damit verknüpft ist unter anderem die Frage nach Bauland für Familien und Unternehmen, aber auch nach bezahlbarem Wohnraum. Gleichzeitig muss für die Landkreisbürgerinnen und -bürger die Infrastruktur für beruflichen und privaten Individualverkehr im Blick behalten werden, ebenso wie das Angebot des öffentlichen Personennahverkehrs mit seinen Buslinien, S-Bahnen und Bahnangeboten.

Die Vielfalt an Aufgaben ist im heutigen Landratsamt auf dem Gelände des ehemaligen Krankenhauses Erding am Alois-Schießl-Platz gut aufgehoben. Dieser Neubau wird 1984 bezogen. Schon deutlich vor der Landkreisreform, nämlich Anfang der 1960er-Jahre, ist der Bedarf eines Neubaus offensichtlich. Damals befindet sich das altehrwürdige Landratsamtsgebäude noch in der Langen Zeile 10. Auch ein damaliger Erweiterungsbau zur Roßmayrgasse täuscht nicht darüber hinweg, dass es auf Dauer zu eng für die gesamte Landkreisverwaltung ist. Mit einem Bauwettbewerb 1979 wird die räumliche Neulösung am Alois-Schießl-Platz in Angriff genommen.

Das Engagement des Landratsamts endet nicht an den Landkreisgrenzen. Der Landkreis Erding ist Mitglied im Bayerischen Landkreistag, dem Kommunalen Spitzenverband von 71 Landkreisen im Freistaat. Dieses Gremium bündelt die Interessen der Landkreise gegenüber dem Landtag und der Staatsregierung. Darüber hinaus vertritt der Bayerische Landkreistag auch seine Anliegen auf nationaler und europäischer Ebene. Ein Anspruch ist allerdings gleich: Im Mittelpunkt stehen die Menschen im Landkreis, mit ihren ganz konkreten Bedürfnissen.

Landratsamt Erding

Klinikum Landkreis Erding

Das Klinikum Landkreis Erding ist für die Menschen im Landkreis der Dreh- und Angelpunkt für eine gut ausgestattete Gesundheitsversorgung. Der Baubeginn im Jahr 1970 kurz vor der Gebietsreform unterstreicht den Anspruch eines starken Landkreises. Seit dem Start des Krankenhausbetriebs im Jahr 1973 entwickelt sich die kommunale Einrichtung kontinuierlich weiter. Dafür folgt der Betrieb an den beiden Standorten in Erding und Dorfen in vollständiger Trägerschaft des Landkreises Erding der Prämisse „Spitzenmedizin ganz nah". Heute stellt das Klinikum die gehobene Grund- und Regelversorgung mit 330 stationären Betten sowie 12 tagesklinischen Plätzen in der Schmerztagesklinik sicher. Zusätzlich ist das Klinikum der größte kommunale Arbeitgeber im Landkreis und hat mit über 1000 Beschäftigten auch wirtschaftlich eine große Bedeutung. Historisch reichen die Wurzeln bis ins Jahr 1751 zurück. Damals wurde die Josefi-Anstalt gegründet, die als erstes städtisches Krankenhaus in Erding gilt. 1883 folgte ein Neubau neben der Josefi-Anstalt – in diesem Gebäude, am Alois-Schieß-Platz 2, ist heute die Hauptverwaltung des Landratsamts untergebracht. 1965 beschloss der Erdinger Stadtrat, dem Landkreis die Krankenhausversorgung zu übertragen – darauf erfolgte der Bau des heutigen Klinikums Landkreis Erding.

Auch in Dorfen liegt der Ursprung des städtischen Krankenhauses in der Mitte des 18. Jahrhunderts. Der Kern des Gebäudes, in dem sich die Klinik Dorfen heute noch befindet, stammt aus dem Jahr 1928. Damals erhielt das städtische Krankenhaus Dorfen einen Neubau. 1969 schließlich übernimmt der Landkreis, ebenso wie zuvor in Erding, auch die medizinisch-stationäre Einrichtung der Stadt Dorfen, um die regionale Gesundheitsversorgung sicher zu stellen. Nach Sanierung und Erweiterung erfolgt 1995 der Zusammenschluss mit dem Klinikum Erding zu einem starken Gesundheitsdienstleister. Damit stellt sich der Landkreis seinem Anspruch, eine gehobene Gesundheitsversorgung deutlich über die Mindestanforderungen im Landkreis anzubieten. Das betrifft sowohl die akutmedizinische stationäre Gesundheitsversorgung für die Bürgerinnen und Bürger des Landkreises als auch das ambulante Leistungsspektrum.

Eine wesentliche Schnittstelle ist die Zentrale Notaufnahme als erste Anlaufstelle für akute und dringende medizinische Notfälle. Dort findet eine möglichst schnelle, kompetente und fachübergreifende Diagnostik und Erstbehandlung statt. Dann kann man nach einer ambulanten Versorgung wieder nach Haus entlassen werden oder wird in die entsprechende Fachabteilung weitergeleitet. Für die wachsende Zahl ambulant behandelter Patienten steht ein landkreiseigenes Medizinisches Versorgungszentrum (MVZ) zur Verfügung. Daneben führt das Ambulante OP-Zentrum zahlreiche Eingriffe ohne stationären Aufenthalt durch.

Für stationäre Weiterbehandlungen nach einer Notaufnahme steht beispielsweise die Schlaganfalleinheit für eine bestmögliche Therapie bereit. Das telemedizinische Netzwerk TEMPiS (telemedizinisches Projekt zur integrierten Schlaganfallversorgung in der Region Süd-Ost-Bayern) ermöglicht rund um die Uhr einen spezialisierten Neurologen des Schlaganfallzentrums München Harlaching oder der Universitätsklinik Regensburg für die Behandlung zu erreichen.

Bei einem akuten Herzinfarkt versorgt das Herzkatheterlabor die Notfälle. Die Einrichtung des Landkreis-Klinikums untersucht und behandelt eine Vielzahl von Erkrankungen der Herzdurchblutung, des Herzmuskels oder der Herzklappen.

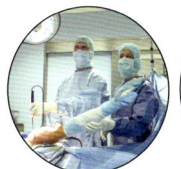 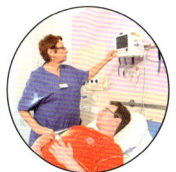  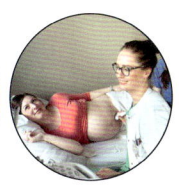

Für Leicht- oder Schwerverletzte ist die Abteilung Unfallchirurgie und Orthopädie sowohl personell als auch apparativ gut gerüstet. Spezielle Schwerpunkte der Abteilung sind neben der gesamten Traumaversorgung durch das Regionale Trauma-Zentrum die operative Behandlung degenerativer Gelenkerkrankungen.

Darüber hinaus lässt sich das Spektrum der wohnortnahen Gesundheitsversorgung an den weiteren spezialisierten Abteilungen von A wie Allgemein-, Viszeral- und Thoraxchirurgie sowie Anästhesie und Intensivmedizin bis W wie Wirbelsäulenchirurgie ablesen. Dazwischen finden sich die Kardiologie und Pneumologie, die Abteilung Gastroenterologie und Stoffwechsel, die Gefäßchirurgie mit Gefäßzentrum, die Station für Hämatologie und Onkologie, die Gynäkologie und Geburtshilfe, das Darm- und das Brustzentrum, die Schmerztherapie oder auch die Schlafmedizin. Für eine qualitativ hochwertige medizinische Rundum-Versorgung findet die postoperative Nachbehandlung aller chirurgischen Abteilungen in enger Zusammenarbeit mit niedergelassenen ärztlichen Kollegen und beteiligten Physiotherapeuten statt.

Ein ganz besonderes Highlight gab es im Jahr 2017: Als eines von wenigen Krankenhäusern deutschlandweit gelang es dem Klinikum mit tatkräftiger Unterstützung des Landkreises, seine Geburtsstation nach vorübergehender Schließung tatsächlich erneut in Betrieb nehmen. Zwei Highlights der jüngsten Zeit sind die neugegründete Hauptabteilung Urologie in Erding sowie die Geriatrie in Dorfen. Investitionen in zusätzliches Personal und medizinisch-technische Ausrüstung auf neuestem Stand sichern für Patientinnen und Patienten im Landkreis die urologische und geriatrische Versorgung.

AUF EINEN BLICK:

Klinikum Landkreis Erding
Akademisches Lehrkrankenhaus der TU München

Standorte:	• Klinikum Erding • Klinik Dorfen
Patienten pro Jahr:	• 16 000 stationär • 16 000 ambulant
Betten nach Krankenhausplan:	• 288 in Erding • 42 in Dorfen • 12 Plätze für Schmerztagesklinik in Erding
Berufsfachschulen:	• Pflege • Pflegefachhilfe
Standorte MVZ Landkreis Erding:	• Erding • Taufkirchen

Für die kommenden Jahre plant der Landkreis weitere Neubauten. Sie schaffen Platz für eine neue, größere Notaufnahme und ein neues, ambulantes OP-Zentrum vom Klinikum. Darüber hinaus übernehmen Kooperationspartner weitere Fachgebiete, wie die Erweiterung des bereits vorhandenen Dialysezentrums, eine Strahlentherapie und eine psychiatrische Tagesklinik. Auch die Klinik Dorfen erhält einen Neubau. Dort sollen eine psychiatrische sowie eine geriatrische Ambulanz etabliert werden, bei denen Kooperationen mit anderen Einrichtungen denkbar sind.

Interview mit Dr. med. Ludwig Rudolf und Dr. med. Markus Marschall

Medizinische Versorgung im Landkreis Erding

Bild: Klinikum Landkreis Erding

Seit der Landkreisgebietsreform 1972 hat sich die medizinische Versorgung im Landkreis stetig verbessert. Dr. med. Markus Marschall (Facharzt für Pneumologie und Vorsitzender Ärztlicher Kreisverband Erding) und Dr. med. Ludwig Rudolf (ehemaliger niedergelassener Facharzt für Innere Medizin-Gastroenterologie, Mitgründer und ehemaliger Gesellschafter des MVZ Dorfen und ehemaliger Chefarzt der Klinik Dorfen) geben Einblick in die vergangenen 50 Jahre Gesundheitswesen im Landkreis Erding.

Herr Dr. Rudolf, die Landkreisgebietsreform 1972 hatte eine Folge von Neuerungen und Baumaßnahmen zufolge. Auch der Bau des Klinikums Landkreis Erding ab 1970 und die Übernahme der Klinik Dorfen durch den Landkreis 1969 fielen in diese Zeit. Inwieweit haben diese Ereignisse seither zur Festigung des Gesundheitsstandortes Landkreis Erding beigetragen?

Im Vorfeld muss erwähnt werden, dass der Landkreis Erding lange Zeit im Gegensatz zu anderen Landkreisen kein Krankenhaus in eigener Trägerschaft hatte. Vor 1969 war die Klinik Dorfen in Besitz der Stadt Dorfen und es gab ein Städtisches Krankenhaus Erding in den Räumlichkeiten des jetzigen Landratsamtes. Die Übernahme der Klinik Dorfen durch den Landkreis Erding und der komplette Neubau eines Kreiskrankenhauses am Standort Erding 1970 haben mit Sicherheit dazu beigetragen, dass unser Landkreis in der stationären Gesundheitsversorgung einen sehr großen Schritt nach vorne gemacht hat.

Die Übernahme der Trägerschaft der Dorfener Klinik ermöglichte stufenweise Aus- und Umbauten, die Verknüpfung mit ambulanten Versorgungsbereichen durch ein neu gebautes Ärztehaus und die Implementierung neuer medizinischer Fachbereiche. All das trug dazu bei, die medizinische Leistungsfähigkeit der Klinik Dorfen deutlich zu steigern und somit ihre

Dr. med. Ludwig Rudolf

Existenz auch als kleines Krankenhaus zu sichern. Erst der Neubau eines Krankenhauses in der Trägerschaft des Landkreises an einem neuen Standort in Erding ermöglichte eine stationäre Versorgung mit zahlreichen medizinische Fachabteilungen auf einem hohen medizinischen Niveau. Bereits bei Fertigstellung hatte das Kreiskrankenhaus in Erding einen sehr hohen Ausrüstungsstandard, der sich durch zahlreiche Neuinvestitionen weiter gesteigert hat. Ebenfalls führten der Ausbau bestehender medizinischer Fachbereiche und die Einführung neuer Fachdisziplinen zur deutlichen Attraktivitätssteigerung der Klinik.

niken des Landkreises Erding zusammen. Mit der forensischen Abteilung für Frauen und einer Krankenpflegeschule nimmt das Bezirkskrankenhaus auch überregionale Aufgaben war. Die Klinik Wartenberg ist ein sehr wichtiger Standort für die geriatrische und rehabilitative Patientenversorgung und hält zudem eine Palliativstation für sehr schwer kranken Patienten vor. Generell geht die Patientenversorgung über die Landkreisgrenzen hinaus und umgekehrt. Und daher ist es in dieser Wettbewerbssituation sehr wichtig, dass die medizinischen Einrichtungen im Landkreis leistungsfähig bleiben.

Welche weiteren wichtigen Schritte haben in den letzten Jahrzehnten den Landkreis Erding als Gesundheitsregion gestärkt?

Neben den beiden Krankenhäusern hat sich auch die ambulante Medizin vor allem im fachärztlichen Bereich verbessert, da zuerst in Dorfen ein Ärztehaus und dann in Erding ein Medizincampus im jeweiligen Krankenhausbereich angesiedelt wurde. Die hier niedergelassenen Ärzte aus nahezu allen Fachbereichen der Medizin erweiterten das ambulante medizinische Angebot erheblich und arbeiten auch mit den Krankenhäusern teils eng zusammen. Leider gibt es auf Grund des Nachwuchsmangels Probleme in der Nachbesetzung von Hausarztsitzen vor allem in kleineren ländlichen Gemeinden. Sehr wichtig war die Errichtung eines Bildungszentrums für Gesundheitsberufe, das als Ausbildungsstätte für qualifiziertes nichtärztliches Personal für ein Krankenhaus überlebensnotwendig ist. Im Bereich der ambulanten Medizin haben sich zudem medizinische Versorgungszentren (MVZ Dorfen, MVZ Klinikum Landkreis Erding) etabliert, die fach- und ortsübergreifend Patienten versorgen können. Das Bezirkskrankenhaus in Taufkirchen übernimmt die wichtige psychiatrische Versorgung des Landkreises und arbeitet in der Patientenversorgung eng mit den Kli-

Leistungsfähig bleiben heißt sich weiterzuentwickeln. Wie sehen Sie das?

Richtig. Es ist wichtig, die Standorte weiterhin auszubauen und zu modernisieren, da im Gesundheitsbereich sehr viel Bewegung herrscht und man auch konkurrenzfähig zu den Häusern in den umliegenden Nachbarlandkreisen sein möchte – ambulant und stationär.

MVZ Dorfen, Eingangsbereich

MVZ Dorfen, Innenbereich

Dr. med. Markus Marschall

Herr Dr. Marschall, wie hat sich die Gesundheitsversorgung durch die niedergelassenen Ärztinnen und Ärzte im Landkreis Erding seit der Landkreisgebietsreform 1972 verändert?

Daten zu der Anzahl der niedergelassenen Ärztinnen und Ärzte im Landkreis Erding liegen der KV Bayern (Kassenärztlichen Vereinigung) zu 1972 nicht mehr vor. Es lässt sich aber feststellen, dass im Laufe der Jahre die Spezialisierung in der Medizin in Hausärzte und Fachärzte zugenommen hat, auch in Subspezialisierungen wie bei den Internisten (z. B. Kardiologen oder Gasteroenterologen). Das Angebot wurde mit teils hochspezialisierter Medizin

in den Praxen und in den Krankenhäusern erweitert. Die Zahl der Praxen (230 Praxen Stand 31. August 2021) hat zugenommen, wurde aber mit Beginn der Bedarfsplanung 1990 gedeckelt, um eine Überversorgung zu verhindern. Da mehrere Praxen im Landkreis aber keine/n Nachfolger/in gefunden haben, kaufte das Klinikum Landkreis Erding Praxissitze auf, um eine wohnortnahe Versorgung der Landkreisbevölkerung über Medizinische Versorgungszentren (MVZs) zu gewährleisten. Häufiger wurden auch Praxisgemeinschaften oder MVZs von Ärzten selbst gegründet, um Synergieeffekte zu nutzen. Des Weiteren sind auch die Rehaklinik in Wartenberg zu nennen, die ein überregional bedeutsames Angebot in Alters- und Palliativmedizin bietet, und die Bezirksklinik kbo-Taufkirchen als Standort des Isar-Amper-Klinikums für Psychiatrie mit Huntington-Zentrum und Frauen-Forensik. Durch das Engagement des früheren Klinikchefarztes Dr. Bickhardt wurde die Palliativbetreuung im Landkreis begonnen (Hospizverein, Palliativteam); mittlerweile gibt es sogar ein Landkreis-übergreifendes Hospiz in Erding.

Das heißt, dass sich die Gesundheitsversorgung sehr gut entwickelt hat?

Ja, es ist in der Praxis- und Kliniklandschaft ein breit gefächertes Angebot an medizinischen Leistungen entstanden, das eine hervorragende Basis- und Spezialversorgung der Bevölkerung ermöglicht. Bemerkenswert ist auch die gute Zusammenarbeit der niedergelassenen Ärztinnen und Ärzte untereinander sowie mit den Kliniken. Problematisch wird in den nächsten Jahren wie bereits vorhin erwähnt die Nachfolge in vielen Praxen, besonders bei den Hausärzten, sein. Aber hier können ärztlich geführte MVZs oder Berufsausübungsgemeinschaften (wie Praxisgemeinschaften) teilweise Abhilfe schaffen. Dadurch, dass die Kliniken weiter in öffentlicher Hand bleiben, kann eine vorrangige Profitorientierung mit ihren negativen Folgen vermieden werden. Durch die Ausbildungsstätten für Gesundheitsberufe von Klinikum und der Schwesternschaft des BRK e.V. steigt die Wahrscheinlichkeit, weiter Kranken- und Altenpflegende gewinnen zu können.

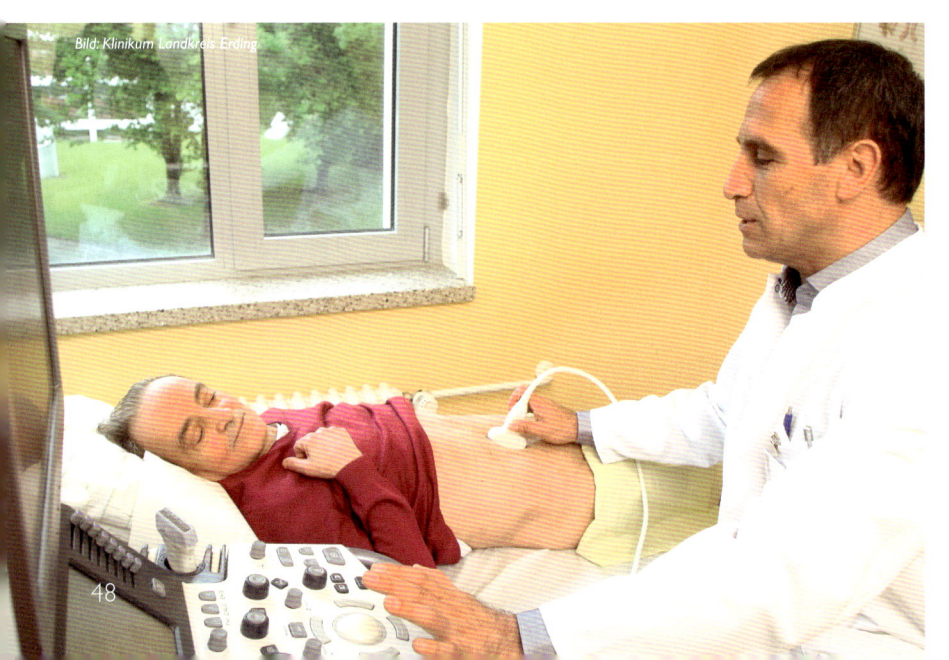

Bild: Klinikum Landkreis Erding

MVZ Landkreis Erding, Innenräume

MVZ Landkreis Erding

Das klingt sehr positiv. Dann ist der Landkreis Erding für die Zukunft gut gerüstet?

Der Bevölkerung bietet sich ein hervorragendes medizinisches Angebot, das weiterhin erhalten und ausgebaut werden sollte. Insbesondere in der hausärztlichen Versorgung muss die Nachfolgergewinnung an erster Stelle stehen. In der stationären Versorgung und in der Pflege sollten für Ärztinnen und Ärzte, für Pflegende und Medizinische Fachangestellte und andere Assistenzberufe weiterhin gute Arbeitsbedingungen geschaffen werden. Dann ist die Gesundheitsversorgung für die Zukunft sehr gut gerüstet.

Niedergelassene Ärzte und Ärztinnen im Landkreis, Stand 31.8.2021

Versorgungsbereich	Anzahl Personen
Hausärzte	94
Kinder- und Jugendärzte	9
Fachärzte	98
Psychologische Psychotherapeuten	26
Sonstige	3

Referat STA, 06.12.2021, Quelle: KVB-Arztregister, alle Ärzte (inkl. Ermächtigte)

Konzert in der Musikschule

Die Kreismusikschule Erding (KMS) weckt die Begeisterung für die vielseitige Welt der Musik im Landkreis und legt oftmals die Grundlage für ein lebenslanges Musizieren. Das 50-jährige Jubiläum 2021 und zugleich der 44. Bayerische Musikschultag in Erding mit außergewöhnlichen Konzerten, der Verleihung der Carl-Orff-Medaille, Fachforen und einer BR-Rundfunkproduktion sind ein entsprechender Beleg für diesen Anspruch.

Kreismusikschule Erding

Bereits im Jahr 1955 gab es erste Bestrebungen, neben einer städtischen Singschule eine Musikschule in Erding zu gründen. Es dauerte dann aber noch 16 weitere Jahre, bis mit dem Volksbildungswerk, der späteren VHS Erding, ein Träger gefunden werden konnte. Mit Gründungsschulleiter Reinhard Loechle, damals mit 24 Jahren frischer Absolvent des Richard-Strauss-Konservatoriums München, startete die Musikschule schließlich 1971 mit 150 Schülerinnen und Schülern sowie vier Lehrkräften.

Im Jahr danach gab es bereits eine Finanzierungshilfe durch den Landkreis, allerdings wurden auch Zuschussanträge von Gemeinden abgelehnt. Der damalige Presseaufruf „Ölöfen gesucht" zeigt, dass die finanzielle Situation nicht gerade rosig war. Trotzdem wurde schon in dieser Phase ab 1972 die Tradition der Schlusskonzerte geprägt. Die Jahre 1977 bis 1979 sollten entscheidend werden für die Weichenstellung der Kreismusikschule: Die Kreisgemeinden wurden unter dem neuen Vorsitzenden und Landrat Hans Zehetmair alle Mitglieder in VHS/KMS.

Parallel dazu wurden die Ideale einer öffentlichen Musikschule, über den Unterricht hinaus als Kulturträger in der Gesellschaft zu wirken, erfolgreich entwickelt: Erster Bayerischer Musikschultag in Erding; erste Langspielplatte der KMS und erster Musikwettbewerb im Landkreis Erding; Aufführung der Jugendoper „Der Troll" in Zusammenarbeit mit dem Bayerischen Rundfunk anlässlich des zehnjährigen Jubiläums; Beginn der Partnerschaften mit dem Fürstentum Liechtenstein, Pilsen, Reutte und Bastia/Korsika, erster Europatag der Musik in Erding sowie regelmäßige Rundfunkaufnahmen.

Auch die Volksmusikarbeit im Landkreis Erding wurde mit dem jährlichen „Kreisvolksmusiktag" ausgebaut. Ähnlich intensiv ging es auch in den 1980er Jahren weiter. Nach dem Umzug in die ehemalige Volksschule in Altenerding 1985, kam es mit dem Kreistagsbeschluss für ein eigenes neues Gebäude 1990 zu einem weiteren Meilenstein in der Entwicklung.

Ende 1994 wurde Landrat Xaver Bauer zum 1. Vorsitzenden des neu gegründeten Vereins Kreismusikschule Erding e. V. gewählt. Somit wird die Schule parallel zum Umzug im Januar 1995 auch eine eigenständige Institution. Mit dem vorbildlich für die Musikschularbeit konzipierten „eigenen Haus", zahlreichen Unterrichtsräumen, Konzert-, Spiegel-, Mozart- und Probensaal, Bibliothek und Tonstudio entwickelten sich schnell noch weitere Potenziale: Feste der internationalen Begegnung und Europatage auf dem KMS-Areal; Kunstnächte und Ausstellungen; neue thematische Konzertreihen; Uraufführungen mit der deutsch-amerikanischen Komponistin Gloria Coates; Begegnungskonzerte mit Menschen mit Behinderung; die Aufführung der Oper „Die Kluge"; Fortbildungen des Verbandes Bayerischer Sing- und Musikschulen (VBSM); Rundfunk-Aufzeichnungen sowie die Erdinger Jazz-Tage.

Auch die Vernetzung über den Landkreis hinaus wurde mit Konzertreisen nach Korsika, Ungarn oder Südtirol konsequent weiterentwickelt. Ins neue Jahrtausend ging die KMS mit einem neuen Rekord und 2846 Schülerinnen und Schüler, 2002 wurde Landrat Martin Bayerstorfer, seit 2010 zudem Präsident des Verbandes Bayerischer Sing- und Musikschulen, 1. Vorsitzender. 2007 wurde der neue Regionalausschuss „Jugend musiziert" Erding/Freising gegründet. Zudem wurde das erste zusammen mit der Sparkasse Erding-Dorfen veranstaltete Sommernachtsfestival mit 2500 Musikfans ein fulminanter Erfolg.

Der Gründungsleiter ging nach 41 Jahren 2012 in den Ruhestand. Unter der Leitung von Bernd Scheumaier (2013 bis 2020) und seinem Stellvertreter und Nachfolger Peter Hackel wurde in den letzten Jahren die Vernetzung auf verschiedenen Ebenen noch einmal intensiviert: Neue Kooperationen im ganzen Landkreis, Durchführung der D3-Prüfungen in Oberbayern, 1. Bayerisches Musikschulsymposium in Zusammenarbeit von VBSM, Hochschule für Musik und Theater München und kontinuierliche Präsenz in Konzerten und Veranstaltungen.

Bis heute verkörpert die KMS mit Außenstellen im ganzen Landkreis Leidenschaft und Freude an der Musik. Als Flächenschule möchte sie allen, die den Wunsch haben aktiv zu musizieren, ein Angebot machen, um dem musikalischen Nachwuchs den Zugang zu Instrument oder Gesang möglichst einfach zu machen.

Heute eröffnen 70 qualifizierte Lehrkräfte ihren über 3000 Schülerinnen und Schülern pro Jahr den Zugang zu Instrumenten von A wie Akkordeon bis Z wie Zither und zu Gesangsfächern. Als eine der großen von insgesamt 220 öffentlichen Sing- und Musikschulen bietet sie daneben das volle Spektrum vom Musikgarten für die Kleinsten, über die musikalischen Elementarfächer bis zu mehr als 50 Ensembles und Orchestern, dem Pop-Projekt oder der studienvorbereitenden Ausbildung. Damit hat sich die KMS einen tonangebenden Platz in der Bildungs- und Kulturlandschaft erarbeitet.

Landkreisbibliothek Erding im Anne-Frank-Gymnasium

Die kombinierte Schul- und öffentliche Bibliothek, die der Landkreis Erding am Anne-Frank-Gymnasium betreibt, stellt eine Besonderheit dar, da es bayernweit nur sehr vereinzelt öffentliche Bibliotheken gibt, deren Träger der jeweilige Landkreis ist.

Die Bibliothek entstand 1978 aus dem Zusammenschluss von Lehrer-/Kollegstufenbibliothek sowie Schülerlesebücherei der Unter- und Mittelstufe und wurde damals noch Zentralbibliothek genannt. Sie öffnete sich schon in den achtziger Jahren für die interessierte Öffentlichkeit sowie Schülerinnen und Schüler anderer Schulen im Landkreis Erding. Sehr förderlich für die Entwicklung der Bibliothek war es, dass der Landkreis ab 1985 eine hauptamtliche Fachkraft, also einen Bibliothekar, einstellte. Dadurch konnten nicht nur die Öffnungszeiten immens erhöht werden (inklusive dreier Nachmittage), sondern auch der Bestandsaufbau fachlich und kontinuierlich von statten gehen. Diese Maßnahmen führten zu immer größerer Beliebtheit. So konnte im Jahr 2001 durch großzügige Neumöblierung die Bibliothek auch optisch attraktiver und mit einer professionellen Bibliothekssoftware ausgestattet werden. Ab der Wiedereröffnung im Herbst 2001 benannte sich die Bibliothek mit ihrem neuen Namen nach ihrem Träger als „Landkreisbibliothek".

Der Bestand ist sowohl für Schülerinnen und Schüler ab der Jahrgangsstufe 5, als auch für Studierende und öffentliche Benutzer aller Couleur interessant und bietet ein breites literarisches Spektrum. Schwerpunkt ist dabei der Sachbuchbereich, der sowohl populärwissenschaftliche Titel als auch Fachliteratur zu allen wichtigen Wissensgebieten bietet. Darunter finden sich auch viele, teilweise mehr als 20-bändige, Lexika.

Daneben gibt es eine gut bestückte Belletristik-Abteilung mit Schwerpunkt moderne Gegenwartsliteratur, aber auch ein umfangreiches Krimiregal. Auch die Kinder- und Jugendabteilung ist gut bestückt und bietet von modernen Klassikern wie beispielsweise Astrid Lindgren und Erich Kästner, über vielfältiges Lesefutter (zum Beispiel viele Jugendbuchreihen wie „Gregs Tagebuch", „Die drei !!!") und einer sehr großen Fantasy-Abteilung, bis hin zu Comics und Mangas, sowie Zeitschriften, CDs und Filme für die jüngere Generation, eine vielfältige Auswahl. Abgerundet wird der Bestand durch mehr als 80 laufende Zeitungs- und Zeitschriftenabos zu vielerlei Gebieten, wie Fußball, Luftfahrt, EDV, Wirtschaft, Photographie, veganes Essen und viele andere Themen mehr. Außerdem stehen auch Nonbook-Medien wie Hörbücher und Dokumentationsfilme im Ausleihregal.

Die Anzahl der Medien beträgt mittlerweile mehr als 25 000 Stück, obwohl der zur Verfügung stehende Raum (220 qm) nicht größer wurde.

Die Landkreisbibliothek bietet auch ein Online-Angebot an. Inhaber eines Bibliotheksausweises haben automatisch einen kostenlosen Zugang zur großen digitalen Brockhaus-Enzyklopädie. Diese Möglichkeit beinhaltet sowohl das Erwachsenen-Lexikon als auch die separaten Kinder- und Jugendlexika. Dazu gehört auch ein umfangreiches Online-Training für Schülerinnen und Schüler der Jahrgangsstufen 5 bis 10 sowie ein interessanter Online-Kurs zu Gefahren im Internet für Jugendliche und mit den „1000 Meisterwerken" ein großes Paket zum Thema Kunst.

Angegliedert an die Landkreisbibliothek ist zudem das Kreismedienzentrum. Es ist zuständig für den Verleih von Unterrichtsmedien. Die Bestände umfassen etwa 3000 Video-Kassetten, über 1100 DVDs, 200 Arbeitstransparentreihen, 170 Medienpakete (einschließlich Bilderbuchkinos) und über 3500 MP4-Online-Medien (einschließlich freie Schulfernsehsendungen). Kindergärten, Grundschulen, Mittelschulen, Förderschulen, Realschulen, Gymnasien, Berufsschulen, Fachoberschulen, Berufsoberschulen sowie Vereine, Verbände und kirchliche Einrichtungen aus dem Landkreis Erding nutzen die umfangreiche Auswahl an unterrichtsspezifischen Medien. Die Besucherinnen und Besucher können sich dort nicht nur zum Arbeiten, sondern auch zum Schmökern aufhalten.

Landrat Martin Bayerstorfer freut sich über das zusätzliche Online-Angebot für Jugendliche, das seit 2021 besteht.

Die Bestseller-Autorin Rita Falk liest aus einem ihrer Eberhofer-Krimis.

Seit 1986 führt die Landkreisbibliothek eine Vielzahl an öffentlichen Veranstaltungen, hauptsächlich Lesungen, durch. Sie sind vielbesucht und überregional bekannt. Die bedeutendsten Reihen waren dabei die „Herbstautorenlesung", die 2016 ihr 30-jähriges Jubiläum feiern konnte. Dem Erdinger Publikum wurden über die Jahre eine Vielzahl an mittlerweile sehr bekannten Autorinnen und Autoren hautnah vorgestellt. Unter anderem traten während der 30 Jahre Birgit Vanderbeke, Thomas Brussig, Alina Bronsky oder auch Lena Gorelik auf. Auch die „Lange Erdinger Kriminacht" hat bereits einen legendären Status. Alljährlich waren dabei sehr bekannte Krimiautoren aus ganz Deutschland zu Gast, darunter das Duo Klüpfl/Kobr, Rita Falk oder Nicola Förg. Die Kriminacht machte mit einem bunten Rahmenprogramm aus Theater, Verlosungen und anderen Aktionen ihrem Namen alle Ehre, dauerte sich doch oft für mehr als fünf Stunden. Entsprechend zog diese Veranstaltung über zehn Jahre ein großes Publikum aus nah und fern an. Auch weltbekannte fremdsprachige Autorinnen und Autoren, wie Morton Rhue („Die Welle") aus den USA, Kevin Brooks aus England und Cory Doctorow aus Kanada fanden auf Einladung der Bibliothek den Weg in die Schulaula des Anne-Frank-Gymnasiums, in der die Veranstaltungen stattfinden.

Bauernhausmuseum des Landkreises Erding

Bauernmarkt

Neues Eingangsgebäude
Wohnstallhaus Pesenlern

Das Bauernhausmuseum des Landkreises Erding ist seit Ende 2021 durch die Initiative von Landrat Martin Bayerstorfer um ein weiteres Schmuckstück reicher. In einem aufwändigen Verfahren wurde das Gebäude Pesenlern 56 aus dem Jahre 1627 verlagert und dient nun als neues eindrucksvolles Eingangsgebäude mit Schopfanbau. Bei dem Baudenkmal aus der Marktgemeinde Wartenberg handelt es sich um das bisher älteste profane Gebäude im Landkreis Erding. In einem aufwändigen Prozess wurden die wiederverwendbaren Materialien wie Hölzer, Türen und Fenster gesichert. Viele der alten Elemente konnten erhalten werden, manch ein Balken oder anderes Bauteil wurde erneuert. Das Objekt erzählt viel von seiner stattlichen Geschichte. Dafür sorgen die historisch restaurierten Fenster im ersten Obergeschoss mit dem

Stube im Wohnstallhaus Rindbachhof

Getreidekasten Niederneuching

Außenansicht Rindbachhof

eindrucksvollen Laubenbalkon unter einem seltenen noch erhaltenen Frackdach. Die alte Blockstube ist in Form einer Gesindestube eingerichtet und erzählt mit ihrem Inventar spannende Anekdoten von Früher. Neben funktionalen An- und Umbauten ist das neu integrierte Prachtstück innen mit neuster Technik ausgestattet und an die Bedürfnisse der Barrierefreiheit angepasst. Außerdem eröffnet das Objekt neue Möglichkeiten für Veranstaltungen und Ausstellungen.

Das Eingangsgebäude bietet nun auch eine neue, moderne Heimat für den seit August 1991 wöchentlich stattfindenden Bauernmarkt. Vom Vogerlsalat über Brot, Käse, Wurst bis hin zu Schmalzgebäck und Rehragout – die im Landkreis ansässigen Marktleute verkaufen dort ihre saisonalen, regionalen Lebensmittel und selbsterzeugten Produkte. Eine besondere Auszeichnung hat der Markt im Oktober 2005 erhalten: Als erster von 174 Bauernmärkten in Bayern wurde er vom Bayerischen Bauernverband zertifiziert.

Dem Bauernhausmuseum in seiner heutigen Form gehen zunächst erste Überlegungen in den 1980er Jahren voraus. Mit einem Freilichtmuseum sollen denkmalgeschützte Gebäude im Landkreis Erding für die Nachwelt gesichert werden. Landrat Hans Zehetmair greift damit eine Anregung von Kreisbaumeister Anton Eckert auf. Für das Vorhaben pachtet der Landkreis 1985 das Grundstück „am Entenweiher" der Stadt Erding als Bauplatz für das künftige Museum.

Ab 1986 gewinnt das Projekt schnell an Fahrt. Als erstes wird der Getreidekasten Niederneuching in Grub zerlegt und auf dem Museumsgelände wiederaufgebaut. Dann bekommt das Areal den Schuppen Jakobrettenbach, den Stadl Stetten sowie den Getreidekasten Kirchstetten. Aus dem Oberdinger Moos kommt der Torfschuppen hinzu. Eine historische Schreinerei wird als Eingangsgebäude errichtet. Einen außergewöhnlichen Weg per Hubschrauber nimmt die Gartenlaube Isen, um ihren neuen Standort im Museum zu finden. Nach über 100 Jahre in der Gastwirtschaft „Beim Kaiserwirt" in Langengeisling wird die Kegelbahn aus Holz auf dem Areal aufgebaut. Dann setzen das Wohnstallhaus Rindbach und später der Getreidekasten Rindbach weitere historische Akzente. Schließlich folgt die Schmiede Dorfen, die dort als Huf- und Nagelschmiede seit 1833 in Betrieb war.

In einem feierlichen Akt eröffnet Landrat Xaver Bauer das neue Bauernhausmuseum für die Landkreisbewohner am 14. Oktober 1989. Im weiteren Verlauf kommen die Kapelle Mooslern und der Backofen Schedenberg hinzu; der Bauerngarten wird angelegt und das Museum bekommt später noch ein Bienenhaus. Wichtig im Zuge der Landkreisgebietsreform ist, dass sechs Baudenkmäler aus den neu hinzugekommenen Gemeinden Isen und St. Wolfgang stammen.

Das Bauernhausmuseum strahlt weit über die Grenzen des Landkreises hinaus. Die 15 verlagerten Baudenkmäler vermitteln auf dem rund zwei Hektar großen Gelände die bäuerliche Kulturgeschichte des Landkreises und geben jungen und älteren Besuchern einen anschaulichen Einblick in die historische Wirtschafts- und Lebensweise im 18. und 19. Jahrhundert.

Über die Jahre ist eine beachtliche Sammlung an landwirtschaftlichen Geräten und häuslichen Gebrauchsgegenständen zusammengekommen. Überall lassen sich Objekte, Gebrauchsgegenstände oder Handwerksgeräte aus unterschiedlichen Zeiten entdecken. Die Einrichtung des Landkreises beherbergt auf diese Weise ein besonderes kulturelles Gedächtnis.

Zum Entdecken mit allen Sinnen helfen beispielsweise auch die alten Obstbaumsorten und Sträucher. Es finden sich auch alte Getreidesorten, die teils von Landwirtschaft und Handel wiederentdeckt werden. Dort wachsen unter anderem das Einkorn, eine der ältesten bekannten Getreidesorten, oder Schwarzer Emmer, ein Vorfahre des populären Hartweizens. Im Bauerngarten des Rindbachhofes findet sich eine Auswahl an für die 1930er Jahre typische Gemüsearten, Gewürzkräuter und Heilpflanzen.

Die Vielfalt im Bauernmuseum macht es zu einem beliebten Ausflugsziel und einem attraktiven Lern- und Erlebnisort für Jung und Alt.

Bauerngarten

Marianne Ippisch (90) war 30 Jahre Ortsbäuerin von Notzing und hat 30 Jahre auf dem Bauernmarkt einen Verkaufsstand betrieben, hier zu sehen zum Erntedankfest 1997.

Marianne Ippisch – ehemalige Ortbäuerin aus Notzing – erinnert sich an die Anfänge des Bauernmarktes und die Gebietsreform

Frau Ippisch, Sie waren eine der Mitbegründerinnen des ersten Bauernmarktes im Landkreis Erding. Wer war noch dabei und wie kamen Sie auf die Idee?

Mit mir haben den Bauernmarkt Resi Pichlmair aus Oberstrogn und Christa Kratzer damals aus Altenerding den Bauernmarkt ins Leben gerufen. Es gab im ganzen Landkreis Erding keinen Bauernmarkt und wir wollten unsere regionalen und selbstproduzierten Lebensmittel an einem Ort verkaufen. Der damalige Landrat Xaver Bauer war von der Idee so begeistert, dass er uns in der Umsetzung unterstützt hat und wir im Bauernhausmuseum des Landkreises Erding am 2. August 1991 einen Bauernmarkt eröffnen durften. Es gab von Anfang an mehrere Stände – einen Stand mit Eiern, einen Stand mit Metzgereiware, einen Ost- und Gemüsestand, einen Kaffee- und Kuchenstand, den ich selbst betrieben habe. Ebenso habe ich eine Kartoffelsuppe angeboten, die immer gern gegessen und für daheim gekauft wurde. Später wurde der Markt um einen Geflügelstand erweitert. Ich war immer gerne dabei und Marktfrau mit Leib und Seele.

Warum ist der Bauernmarkt gerade auf dem Bauernhausmuseum ein so großer Erfolg?

Damals wie heute ist am Bauernhausmuseum mit seinem Bauernmarkt eine tolle Atmosphäre. Gerade mit dem neuen Gebäude entwickelt sich

der Bauernmarkt nun weiter; er wird moderner. Der Bauernmarkt war von Anfang ein Besuchermagnet mit regionalen frischen, saisonalen und selbsterzeugten Produkten und ist es bis heute geblieben.

Frau Ippisch, Sie sind gebürtige Notzingerin und waren über 30 Jahre lang Ortbäuerin von Notzing. Ihr verstorbener Mann, Georg Ippisch, war seit 1956 Ortssprecher von Notzing und galt als Motor der Dorfgemeinschaft. Wie haben Sie die Landkreisgebietsreform 1972 erlebt?

Mein Mann war von 1956 bis 1978 im Gemeinderat von Notzing. Er hat die Reform damals hautnah miterlebt. Damals tagte der Gemeinderat immer in Goldach, das ja im Zuge der Landkreisreform nach Hallbergmoos eingemeindet wurde. Die Gemeinde Notzing nannte man damals die „Reiche Braut" aufgrund ihres fruchtbaren Bodens. Daher war es schon ein Ringen um Goldach. Aber im Großen und Ganzen waren wir Notzinger dann doch froh, dass wir nach Oberding eingemeindet wurden. Behördengänge und Wege dorthin waren kürzer. Für meinen Mann war das auch eine Erleichterung, da nun die Gemeinderatssitzungen im nahegelegenen Oberding stattfanden. Dort brachte er sich ebenso als Gemeinderatsmitglied von 1978 bis 1990 ein. Durch die Nähe zu Hallbergmoos war eine Eingemeindung für Goldach aber letztendlich sinnvoll. Trotzdem waren die Notzinger und Goldacher eine Gemeinschaft, die getrennt wurde. Das war für viele Goldacher nicht einfach. Viele wären gerne bei uns geblieben.

Kreis- und Stadtsparkasse Erding

Weil's um mehr als Geld geht –

geht man zur Sparkasse. Mit 80 000 Kunden ist sie einer der größten Finanzdienstleister in der Region Erding. Vorbeikommen, Fragen stellen und schnell kompetente Antworten erhalten – in den 6 Beratungscentern und 4 Filialen der Sparkasse steht die persönliche Beratung im Vordergrund. Die Kunden vertrauen ihrer Sparkasse, die viel Wert auf Individualität legt. Jeder Kunde erhält hier seine persönliche Finanzierungs- oder Anlagestrategie.

Sie ist Finanzpartner der heimischen Wirtschaft und fördert das Wachstum mittelständischer Unternehmen sowie der Städte und Gemeinden dieses Landkreises.

Für ihr besonderes Engagement und ihre Beratungsqualität wurde sie 2021 zum sechsten Mal in Folge als „Beste Bank vor Ort" ausgezeichnet. Mit 326 Mitarbeiterinnen und Mitarbeitern (Stand: 1.1.2022) ist sie ein bedeutender Arbeitgeber.

Doch die Sparkasse ist nicht nur Finanzdienstleister. Seit 195 Jahren prägt sie das gesellschaftliche Leben dieser Region. Sie ist sozial, kulturell und sportlich engagiert. Jährlich unterstützt sie zahlreiche Einrichtungen, Sportvereine, Kindergärten und Schulen im Landkreis Erding in Form von Spenden und Sponsoring.

Hauptstelle in Erding

Volksbanken-Raiffeisenbanken im Landkreis Erding

Zuversichtlich in die Zukunft: Morgen kann kommen. Wir machen den Weg frei.

Der Mensch ist für die drei Volksbanken und Raiffeisenbanken im Landkreis Erding das Wichtigste. Die Geschäftsidee „echte Nähe" ist zwar schon über 170 Jahre alt, aber noch längst nicht in die Jahre gekommen. Der persönliche Kontakt verhindert natürlich nicht, gleichzeitig Schrittmacher beim Online- und Mobile-Banking zu sein. Allerdings entscheidet der Kunde für sich, wann er zum Beispiel mobiles Bezahlen per Smartphone einsetzen will.

Volksbanken und Raiffeisenbanken gehören keinen Aktionären. Mitglieder vor Ort entscheiden über die Geschäftspolitik. Denn allein maximaler Gewinn für Banken ist kein Geschäftszweck. Die genossenschaftliche Idee bringt die Ziele der Kunden und Mitglieder mit der Bankphilosophie in Einklang. Das macht das Geldgeschäft transparent und ehrlich. Daher machen die Finanzprodukte für Privat- und Firmenkunden tatsächlich Sinn. Eine vor Ort verwurzelte Regionalbank kann auch in 20 Jahren ihren Kunden noch in die Augen schauen.

Für die drei Institute im Landkreis, die VR-Bank Taufkirchen-Dorfen, die Raiffeisenbank Erding sowie die VR-Bank Erding, lautet deshalb das Motto: Wir unterstützen alle, die den Mut haben, ihre Zukunft selbst in die Hand zu nehmen: Anpacker und Frühaufsteher, die Familien gründen oder Start-ups, Hausbauer und Pläneschmieder.

ERDING

In Silber eine schräg gestellte blaue Pflugschar.

Im Zuge der Gemeindegebietsreform wurde mit Wirkung vom 1. Mai 1978 aus der Gemeinde Altenerding, der Stadt Erding und der Gemeinde Langengeisling die neue Stadt Erding gebildet. Alle drei Orte führten ein eigenes Wappen. Der Erdinger Stadtrat beschloss in seiner Sitzung vom 29. Mai 1978, dass die fusionierte Stadt Erding das alte Wappen der Stadt Erding weiter verwenden wird, bis vom Stadtrat ein gegenteiliger Beschluss gefasst wird.

FLÄCHE ALT: 8,31 km²	**FLÄCHE NEU:** 54,60 km²
EW 1972: 20 665	**EW 2020:** 38 605
Altenerding 7327	
Erding (Stadt) 11 365	
Langengeisling 1973	
ERSTE ERWÄHNUNG: 1228	

Das Herz im Landkreis

Die Gebietsreformen der 1970er Jahre entfalten ihre Wirkung bis heute. Denn sie markieren den Startschuss für die Entwicklung zur modernen Stadt Erding. Von der Fusion der drei ehemaligen Gemeinden Erding, Altenerding und Langengeisling bis zur Erhebung zur Großen Kreisstadt 2013 führt eine direkte Linie; der landesplanerische Aufstieg vom Mittel- zum Oberzentrum folgt aus den wegweisenden Reformen der 1970er Jahre.

Wer heute einen Blick in die Akten und Zeitungsbände dieser Tage wirft, mag leicht ins Schmunzeln geraten. Hitzige Debatten in turbulenten Sitzungen und aus heutiger Sicht überraschende Wendungen

sind feste Bestandteile des Prozesses. Doch man hüte sich, die Vorgänge albern zu finden: Die Gebietsreformen zielten auf das unmittelbare Lebensumfeld der Bürgerinnen und Bürger und damit zum Teil auf ihre Identität.

Feststellen lässt sich aus heutiger Sicht, dass die Befürchtungen der Skeptiker nicht eintraten. Die Vereinslandschaft zeichnet sich nach wie vor durch große Vielfalt aus. Lebendig blieb darüber hinaus das Leben in den Ortskernen. Der Ansatz, Schulen und Kindergärten dezentral im Stadtgebiet zu errichten, leitet sich maßgeblich aus der Gebietsreform ab.

Seither entwickelte sich Erding in allen Bereichen weiter – zu einer modernen Stadt mit einer bürgernahen Verwaltungsstruktur; zu einem hervorragenden Ausbildungsstandort, der seinen jungen Bürgerinnen und Bürgern als Dienstleistungs- und Handwerkerstadt und in der von mittelständischen Unternehmen geprägten Arbeitswelt beste Perspektiven bietet.

Meiner festen Überzeugung nach hätte Erding nichts Besseres als die Gemeindegebietsreform passieren können.

Ihr Max Gotz
Oberbürgermeister

Karl Empl KG / E+C Einkaufszentrum

Empl – vom 18. ins 21. Jhd.

Über 230 Jahre Firmengeschichte. Seit 1785 im Stadtzentrum und heute auch in Erding West.

Kaufmannsgeist und Bürgersinn

Am 15. Juni 1785 kauft Franz Faistenhammer den Grafenstock zu Erding und dazu die „reale Branntweinbrennereigerechtsamkeit". 1826 wird die „Branntweinersgerechtsame" von 1785 auf das Haus Nr. 279, ursprünglich ein Wirtshaus, heute Empl-Stammsitz in Erding, Friedrich-Fischer-Straße 9, übertragen. Am 1. März 1837 erteilt der Magistrat dem Kaspar Empl, erneut das Recht, die Branntweinbrennerei und Schänke weiter auszuüben: „An Sonn- u. Feiertagen zur Zeit der Engelämter (...) und an Samstagen innerhalb der Ringmauer Branntwein, Liköre und Wein ausschenken zu dürfen."

Der Sprung in die Neuzeit

Dies sind die Anfänge der Firma Karl Empl. Später gründete Karl Empl unter anderem eine Kartoffelflockenfabrik, eine Beeren- und Weinkelterei und ab ca. 1910 bereits den Rhenania (Shell) Mineralölvertrieb. Karl Empl war in Nürnberg übrigens einer der 10 Gründer des Bayerischen Otto-Motoren-Besitzer-Vereins, des späteren ADAC.

Familienfeier (2020) im luftigen Empl Keller Hofgarten, Dr. Egon und Rita Lechner, Sohn Alexander Lechner

Franz Xaver und Annie Empl führten die Firma durch die Wirrnisse des Zweiten Weltkrieges und des Bombenangriffes 1945. Zügig baut F. X. Empl über ein eigenes Tanklager den Shell-Mineralölvertrieb über den Landkreis hinaus auf. Er betreibt einen florierenden Wein- und Spirituosengroß- und Einzelhandel in Stadt und Land sowie Weinimport aus vielen Regionen Europas.

Das historische Empl-Haus mit Traditionslokal Empl-Keller mit Hofgarten-Gastro sowie Neubau des Eckhauses Spiegelgasse

Der gelungene Firmenumbau

1961 verstirbt F. X. Empl. Ehefrau Annie übergibt 1963 die Führung an Tochter Rita Lechner-Empl und Dr. Egon Lechner. Nun erfolgt ein zügiger Firmenaus- und umbau. Das Eckhaus „Woger" (Spiegelgasse/Friedrich-Fischer-Straße) mit Zaunbaufirma wird 1967 erworben und weitergeführt, das Gebäude durch einen Neubau ersetzt. Die traditionelle Weinstube (Weinhaus Empl), nach gastronomischer Neugestaltung des mittelalterlichen Kellergewölbes („Empl-Keller") wurde 1964 wiedereröffnet. Gleichzeitig wird die Shell-Mineralölagentur mittels eigener Tankwagenflotte direkt ab Raffinerie Ingolstadt und über ein Vertriebsbüro in Freising tätig. Ebenso wird der Wein- und Spirituosen-Einzelhandel über SB-Warenhausfilialen in Freising und Landshut ausgeweitet. 1968 erfolgt der Sprung der Firma auf die „Grüne Wiese" an den Rennweg durch Neubau des E+C Einkaufszentrums mit einem Büro- und Service-Gebäude an der Westumgehung. 2013 erfolgt der Abriss des E+C und sein moderner Neubau.

Die etablierte Immobilienverwaltung Büro Dr. Lechner betreut neben den Familien-, Büro- und Geschäftsgebäuden an der Friedrich-Fischer-Straße/Spiegelgasse, im Stadtzentrum, Objekte von Drittfirmen.

Tanklager und Tankwagenflotte der Karl Empl KG (1969) mit Direktversorgung ab Shell-Raffinerie Ingolstadt

E+C Einkaufszentrum / Karl Empl KG

E+C Einkaufszentrum – Pionier in Erding West seit 1968

Historisches Treffen beim E+C-Volksfest (v.li.): Kommandeur Oberst Wagner, Bgm. Alois Schießl (Erding), Bgm. Josef Kaiser (Langengeisling), LR Simon Weinhuber, Bgm. Sepp Brenninger (Altenerding), Dr. Egon Lechner, Inh. E+C

Vor über einem halben Jahrhundert gaben Dr. Egon und Rita Lechner, nach einem Besuch in den USA, den Startschuss für modernes Einkaufen vor Ort. Ein weithin sichtbarer Fesselballon eröffnete das E+C Einkaufszentrum mit Bürotrakt und freier Tankstelle auf der grünen Wiese. Es war der erste großflächige Einzelhandels-Neubau in Erding West 1968.

Unter dem Motto „Alles unter einem Dach", mit einer Reihe von Fachabteilungen, fanden die Erdinger nahezu alles für den Einkauf auf über 3 500 qm Gesamtfläche plus 400 Parkplätzen. Die Fam. Dr. Lechner investierte kontinuierlich in den Standort an der Westumgehung. Es folgten mehrere Erweiterungen in den Jahren 1972, 1978, 1989 (mit Neubau Bürogebäude) und 2002. Bald waren über 4 000 qm Gesamtfläche erreicht. Um das Einkaufserlebnis modern und wettbewerbsgerecht zu halten, erfolgte 2013 der Total-Abriss des E+C mit komplettem Neubau, ausgezeichnet mit dem Fassadenpreis des Landkreises Erding. Nach nur acht Monaten Bauzeit erfolgte im Spätsommer die Neueröffnung mit 5 800 qm Fläche.

Eröffnung Neubau 2013 (v. li.): OB Max Gotz, Dr. Egon Lechner, Alt-LR Xaver Bauer, Rita Lechner, LR Martin Bayerstorfer, Alt-Bgm. Gerd Vogt, StR. Steinberger, Werner Brombach (Inh. Erd. Weißbräu), StR. Jakob Mittermeier, MdB Dr. Max Lehmer

Das E+C ist damit weiterhin ein kundenfreundlicher, stets attraktiver Standort in Erding West. Das E+C-Gelände steht auch für zahlreiche publikumsstarke, allgemein öffentliche Initiativen und Veranstaltungen. 1971 wurde auf dem E+C-Parkplatz die 1. Erdinger Autoschau (EAA)

verwirklicht. Die Ausstellung präsentierte alle bekannten Autofirmen und lockte mit speziellen Messeangeboten aller renommierter Marken. Das Lebenswerk von Dr. rer. pol. Egon J. Lechner, der mit Gattin Rita Lechner und Sohn Alexander Lechner den Firmenverbund führt, zeugt von Unternehmertum, von Visionen und Investitionen mit Augenmaß, außerdem von zahlreichem öffentlichem Engagement: so 12 Jahre als Mitglied des Kreistages Erding, 20 Jahre als Handelsrichter bei den Landgerichten München und Landshut sowie 25 Jahre als Vorsitzender, heute Ehrenvorsitzender des Kreisjagdverbandes Erding. Ebenso Mitbegründer des Lions Club Erding und des Vereins Lebenshilfe. Zu den vielen persönlichen Auszeichnungen gehören unter anderem das Bundesverdienstkreuz, das Goldene Ehrenzeichen des Bayerischen Jagdschutzverbandes, Ehrungen der IHK München sowie der Kultur- und Literaturpreis des Deutschen Jagdverbandes (DJV).

Teil des Firmenverbundes Dr. Lechner ist neben der Karl Empl KG und des E+C die weltweit tätige Firma Dr. Lechner Profi-Jagdreisen, inzwischen, seit 1979, das älteste deutsche Jagdreisebüro. Dr. Lechner gilt mit seinen Erst- und Extremjagden im legalen, internationalen Jagdtourismus und durch zahlreiche Buchveröffentlichungen mit einer Gesamtauflage von 130 000 als anerkannter Trendsetter seit 1979, der starke ethische Akzente zur nachhaltigen Jagd weltweit gesetzt hat. Sein Motto bleibt: Zuhause verwurzelt – fasziniert von der Welt.

Der Neubau des E+C Einkaufszentrums

expert TechnoMarkt Erding

Laptop und Lederhosn – Einkaufen bei Freunden

Das Vertrauen und die Treue der Kunden in den expert TechnoMarkt Erding ist Lob und Ansporn zugleich. Ziel ist es, dass alle Kunden glücklich den Markt verlassen – und zwar mit einem passenden Gerät. Die Devise von Geschäftsleiters Günther Hintereicher ist klar: Consumer Electronics und Elektrohaushaltgeräte müssen perfekt zu den Wünschen passen und nicht immer das teuerste sein. Dabei hilft die Regionalität, hier in Erding sind die Kunden ja quasi die Nachbarn der Fachberater.

Der expert TechnoMarkt Erding öffnet 2006 für seine Kunden am damaligen Standort in Aufhausen die Pforten. 2016 erfolgt der große Umzug in das neugebaute Gewerbegebiet West-Erding Park. Seitdem ist der Fachmarkt der zentrale Anlaufpunkt für Elek-
tronik in Erding. Der Erdinger Fachmarkt
ist Teil der expert TechnoMarkt Gruppe
mit einem eigenen Onlineshop.

Eröffnung im West-Erding Park, 2016

Neben kompetenter Beratung und erstklassigem Service findet sich ein breites Produktsortiment an Unterhaltungselektronik, Computer, Telekommunikation und Software, bis hin zu Elektrohaushaltsgeräten mit Bestpreisgarantie. Das Dienstleistungsangebot wird durch Reparatur sowie Wartung von Haushalts- und Unterhaltungselektronik komplettiert.

Markthaus Schachtl

Kulinarischer Treffpunkt für Genießer

Der Mittagstisch vom Schachtl hat sich als eine liebgewonnene Tradition in Erding etabliert. Täglich frisch und wöchentlich neu zusammengestellt finden sich auf der Speisenkarte Hausmannskost für jeden Geschmack. Je nach Wochentag kommen selbstgemachte Mehlspeisen, vegetarische Mittagessen oder die hausgemachte Fischsuppe ins Angebot. Für zwischendurch bieten das Imbiss-Restaurant und die Sonnenterrasse Platz für Kaffee und Kuchen oder eine herzhafte Brotzeit.

Das Markthaus Schachtl setzt seit 1997 einen deutlichen Akzent als kulinarischer Treffpunkt für Genießer frischer Lebensmittel in Erding. Dafür stehen täglich frische Fleisch- und Wurstwaren für kleine und große Gourmets. Frischer Fisch, ofenfrische Backwaren und knackiges Obst und Gemüse locken in Viktualienmarkt-Qualität zum Genießen ein. Ganz wie auf einem traditionellen Bauernmarkt setzt der Familien- und Meisterbetrieb auf Waren aus der Region sowie von persönlich bekannten Bauern und Produzenten.

Vielen Kunden gelten der Erdinger Landschinken, der Leberkäse oder die Sülzen als kulinarische Geheimtipps. Die hausgemachte Qualität mit Fleisch aus der Region Landshut, Vilsbiburg und natürlich aus Erding zieht sich als Motto wie ein roter Faden durch den Familienbetrieb.

Die Bäckerei im Markthaus Schachtl bietet eine große Auswahl an Vollkornsemmeln, Laugengebäck, Kornspitz, Maurern oder Kürbiskernsemmeln und frischem Brot von den Bäckern Neumeier aus Erding oder Freundl aus Ebersberg.

Der Partyservice liefert zu Familienfesten oder Firmenveranstaltungen kalte Platten oder warme Buffets nach Wahl. Canapés, Fingerfood oder bayerische Schmankerln werden mit Beilagen und mit frischen Zutaten zubereitet.

Metzgermeister Peter Schachtl

Die Metzgerei Schachtl bietet eine breite Auswahl an Fleisch-, Wurst- und Schinkenspezialitäten, darunter saisonale und typisch bayerische Schmankerl.

Mit Fisch und Feinkost vom „Hummer Harke" rundet das Markthaus Schachtl sein Angebot ab. Es gibt frischen Fisch der Saison aus heimischen Gewässern oder Spezialitäten wie Seeteufel, Doraden und Seezungen oder auch Hummer, Langostinos oder Muscheln.

Auer Bauzentrum

Familienunternehmen mit Tradition und Erfahrung

Auer Bauzentrum in Erding

Seit vielen Jahren ist Auer der Branchensieger beim Erdinger Kundenspiegel mit Bestnoten in Sachen Freundlichkeit, Beratungsqualität sowie Preis-/Leistungsverhältnis. Ein weiterer großer Vorteil für alle Kunden ist das abgestimmte Sortiment, das vom Keller bis zum Dach, vom Rohbau bis zur stilvollen Innenausstattung den gesamten Baubedarf abdeckt. Die Ausstellungen lassen sich auch ganz entspannt ohne Beratung und Verkauf nachmittags am Auer Schausonntag besuchen.

Das Auer Bauzentrum ist der richtige Partner für alle großen und kleinen Projekte rund um die Immobilie. Einerseits richtet sich das umfangreiche Angebot an professionelle Kunden, wie Bau- und Handwerksfirmen, Bauträger sowie Architekten. Andererseits finden auch private Bauherren, Heimwerker und Renovierer genau das, was sie für ihren individuellen Baubedarf benötigen.

Neben der Zentrale in Erding betreibt Auer weitere Filialen in Parsdorf, Wartenberg, Dorfen, Mintraching und Landshut. Dort stehen insgesamt rund 200 hochqualifizierte Mitarbeiterinnen und Mitarbeiter mit Rat und Tat für individuelle Wünsche parat. In den Bereichen Hoch- und Tiefbau, Innenausbau, Garten- und Landschaftsbau, Bauchemie, Dach und Fassade, Baufachmarkt, Bauelemente sowie in den Sparten Böden und Fliese-Sanitär glänzt das Auer Bauzentrum als Vollsortimenter.

Am Stammsitz in Erding sowie in Parsdorf und Landshut finden sich besondere Erlebniswelt-Ausstellungen. Sie inszenieren auf einer Fläche von jeweils 1000 Quadratmetern vielfältige Konzepte, um bestimmte Materialien sorgfältig mit der Umgebung abgestimmt im eingebauten Zustand in Augenschein zu nehmen. Auf diese Weise können eigene Bau- oder Umbauvorhaben überprüft oder zu neuen Lösungen inspiriert werden. Dafür arbeitet das Auer Bauzentrum auch mit spezieller Lichttechnik, um beispielsweise eine angenehme Atmosphäre zu schaffen oder Raumeindrucke zu akzentuieren.

Ein Klassiker der Erlebniswelt-Ausstellungen ist der große Bereich Fenster, Türen und Tore. Hier lassen sich verschiedene Materialien, Qualität und Sicherheit für die unterschiedlichen Bedürfnisse erleben. Auch auf die Frage der passenden Bodenbeläge, also etwa Echtholz-, Laminat oder Korkböden, gibt es hier variantenreiche Antworten. Für die individuellen Badträume sind zahlreiche Ideen in einem stimmungsvollen Ambiente zu entdecken. Komplettiert wird die Inspiration durch Badarmaturen, Sanitärobjekte und Fliesen.

Außerdem lassen sich je nach Interesse Terrasse, Familiengarten oder Wohlfühloase im Grünen realisieren. Dabei helfen beispielsweise Natursteinmauern, Pflanzsteine in Mauer- und Hangsystemen, Pflaster und Gehwegplatten, Sichtschutzelemente oder Wasserspiele. Das beratende Fachpersonal hilft mit wertvollen Tipps und Tricks weiter und kann diese gleich vor Ort in den wunderschön gestalteten Musterparks demonstrieren. Die vielseitigen Garten- und Naturstein-Ausstellungen finden sich in Erding, Parsdorf, Landshut, Dorfen und Mintraching.

Die Auer Bauzentren positionieren sich als flexibler und moderner Partner mit Markenqualität und Rundumservice zu absolut fairen Preisen. Damit erfüllen sie für ihre Kunden tagtäglich den eigenen Anspruch: Bauen kann so schön sein.

Johann Auer

Baustoffhandlung an der Dorfener Straße

Auer Bauzentrum in Landshut

GESCHICHTE

Zu den besonderen Stärken des Familienunternehmens Auer Bauzentrum gehört die lange Firmentradition. Vor fast 140 Jahren, 1885, gründet Maurermeister Johann Auer in Erding sein Baugeschäft. In der Ziegelei an der Dachauer Straße produziert er seine eigenen Baumaterialien, zudem gründet er den Maurer-Unterstützungsverein. 1920 vergrößert Baumeister Max Auer das Unternehmen. Die Belegschaft wächst auf 200 Beschäftigte an, mit denen das Baugeschäft auf vielen Großbaustellen im Landkreis betrieben wird. Mit Bauingenieur Max Auer und Kauffrau Irmgard Baumann, geborene Auer, übernimmt 1957 die dritte Generation den Familienbetrieb. Sie erweitern an der Dorfener Straße die Baustoffhandlung. 1994 geht die Geschäftsleitung der Baustoffhandlung an Bauingenieur Maximilian Auer zusammen mit Kaufmann Anton Stimmer über.

Sie ziehen ein Jahr später auf das ehemalige Ziegeleigelände um. Dort entsteht ein modernes Bauzentrum auf 20 000 Quadratmetern, das in seiner Art, Form und Struktur einmalig in Süddeutschland ist. Es folgen der Ausbau des Standorts Wartenberg und die Neueröffnung der Auer Filiale Dorfen.

In den 2000er-Jahren kommen in Erding der große Musterpark für Garten- und Landschaftsbau, später die Erlebnis- und Ideenausstellung für Fenster, Türen, Tore und Böden hinzu. 2011 wird nebenan das neue Ausstellungsgebäude mit Glasfassade bezogen sowie Fliesen und Bäder ins feste Sortiment aufgenommen. Durch Neubauten erfahren ebenso die Filialen Wartenberg und Dorfen neuen Glanz und ein erweitertes Angebot. Zusätzlich entsteht die Niederlassung in Mintraching bei Neufahrn und schließlich wird auch in Parsdorf groß und stilvoll gebaut.

Strategisch hebt das Familienunternehmen mit weiteren Partnern die Firma Baustoff IT Service aus der Taufe. Damit wird der Weg für die Einführung modernster Informationstechnologie geebnet. Jüngste Erweiterung ist der hochmoderne Standort im niederbayerischen Landshut, der ebenfalls durch die integrierte „Ausstellungsstadt" inklusive neuester digitaler Technik glänzt.

Die Äpfel stammen von ökologisch wertvollen Streuobstwiesen mit vielen verschiedenen alten Apfelbäumen. Naturschutz geht dabei einher mit besonderer Qualität.

Wolfra Bayrische Natursaft Kelterei

Voll Frucht, von Herzen, aus Bayern

Wolfra wird 1930 als Genossenschaft vom Bezirks-Gartenbaufachberater Andreas Stumpf in Wolfratshausen ins Leben gerufen. Er will den vielen Obstbauern der Region eine Möglichkeit geben, ihre überschüssige Ernte abzugeben und als Saft, Most oder Schnaps zurückzuerhalten – anstatt das Streuobst verrotten zu lassen. Stumpf ist ein Pionier bei der Haltbarmachung von Obstsaft und entwickelt dafür nach langen Recherchen, unter anderem beim Schweizer Arzt und Ernährungsreformer Maximilian Oskar Bircher-Benner, ein eigenes Verfahren.

Erst durch die Pasteurisierung der Flaschen kann Apfelsaft über weitere Entfernungen und längere Zeiträume gehandelt werden. Damit tritt der Apfelsaft seinen Siegeszug in die Städte an. Im Gründungsjahr 1930 verkauft Wolfra 7700 Liter, im Jahr 1939 sind es bereits 2 Millionen Liter. Rasch wird das Gelände in Wolfratshausen zu klein, daher zieht Wolfra bereits 1941 nach München Obersendling.

1975 wird Wolfra von der Riemerschmid-Gruppe übernommen, deren Firmensitz auf der Münchner Praterinsel lag. 1984 baut Riemerschmid neue Produktionsanlagen und Vertriebshallen in Aufhausen bei Erding, wo sich der Sitz des Unternehmens bis heute befindet.

Auch 90 Jahre nach der Initiative von Firmengründer Andreas Stumpf hat sich die Natursaftkelterei dem Thema Regionalität verschrieben. Bis heute bezieht Wolfra die Äpfel für ihre Natursäfte von vielen kleinen Obstbauern und Gartenbesitzern rund um Erding sowie den etwa 1500 Obstbauern der Genossenschaft Rottaler Obstverwertung. Die große Vielfalt sowohl der Lieferanten als auch der Apfelsorten hat zwei wesentliche Vorteile: Zum einen schmeckt der Saft besser, weil er viele unterschiedliche Aromen enthält und zum anderen schützt Wolfra auf diese Weise Streuobstwiesen, die nicht nur landschaftsprägend in der Region sind, sondern auch wertvolle Biotope.

Neben dem Apfel Direktsaft hat Wolfra weitere heimische und exotische Säfte im Sortiment. Insgesamt umfasst das Angebot mehr als 50 Saftsorten. Die Produktion erfolgt am Standort Erding-Aufhausen in umweltfreundlichen Mehrweg-Glasflaschen.

Gärtnerei Hagl

Passion zum Garten

Beim Thema Grün für die eigenen vier Wände, den Balkon oder den Garten ist die Familiengärtnerei Hagl genau der richtige Ansprechpartner. Das Spektrum an Zimmerpflanzen, die riesige Auswahl an saisonalen Pflanzen, vielfältigen Stauden und schönen Edel-, Strauch- oder Kletterrosen sowie verführerischen Gewächsen aus dem mediterranen Raum lassen jeden Besuch zu einer Entdeckungsreise werden.

Zusätzlich ist der Blumenladen ein erfahrener Begleiter für alle Lebenslagen. Das beginnt bei einem persönlichen Blumengruß als Dankeschön für liebe Menschen. Den Hochzeitstag als schönster Tag im Leben lässt das Team noch mehr erblühen, egal ob es um einen auserwählten Brautstrauß, kleine Anstecker, Tischschmuck oder persönliche Extras geht. Aber auch in den schwersten Trauerstunden steht der Familienbetrieb Hagl einfühlsam als Beglei-

ter zur Seite und hilft bei passendem Trauerschmuck, gesteckten Herzen oder bepflanzten Schalen bis zum Text für Schleifen.

Die wohltuende Wirkung von Pflanzen auf das menschliche Wohlbefinden ist vielfach belegt. Das Gleiche trifft auf die Rolle eines natürlichen Luftreinigers in Innenräumen zu. Das macht Zimmerpflanzen zu einem attraktiven Hobby. Mancher greift gern zu ausgefallenen Grünpflanzen, manche vergrößern ihre Kakteen-Sammlung, manch anderer lässt sich von schönen und ausgefallenen Exoten aus der Orchideen-Familie begeistern.

Auf Balkon oder im Garten dürfen mediterrane Begleiter, zum Beispiel Zitrusfrüchte kombiniert mit Oliven, Oleandern, Feigen oder Lavendel, nicht fehlen. Sie sorgen auch daheim für ein entspanntes Urlaubsgefühl, auch weil die Pflege einfach und die Freude groß ist.

Seit der Gründung 1977 durch die Familie Hagl wurde die Gärtnerei kontinuierlich erweitert und modernisiert. Mit drei Glashäusern, einem Folienhaus und der Floristik hat sich der Betrieb auf Blumen- und Zierpflanzenanbau spezialisiert. Seit 2021 führt Andrea Hagl die Gärtnerei in zweiter Generation. Zum 45. Betriebsjubiläum wurden im April 2022 die neuen Glashäuser mit Floristik eröffnet.

Das Staudenhaus hilft mit einer großen Auswahl, um im Garten in der Sonne, Halbschatten oder Schatten abwechslungsreiche Akzente zu setzen. Die Gestaltungsmöglichkeiten reichen von themenbezogenen Staudenrabatten, einen Blickfang durch besondere Farbschema oder Ideen für vermeintlich schwierige Standorte. Die moderne Baumschule offeriert verschiedene Blüh- und Grünsträucher für eine lebendige Bepflanzung. Schmackhafte Beeren und Obstbäume machen den Garten zu einem erlebnisreichen Naschgarten.

ERDINGER Weißbräu

Bier braucht Heimat

Von der Lokalbrauerei zum weltweit bekannten Weißbier-Spezialisten – seit der Gründung 1886 hat es die Privatbrauerei ERDINGER Weißbräu weit über die Landkreisgrenzen hinaus zu Weltruhm gebracht.

Als der Landkreis Erding vor 50 Jahren durch die Gebietsreform in Bayern neue Grenzen erhält, ist ERDINGER Weißbräu gerade dabei, die bayerischen Grenzen zu überschreiten. Verantwortlich dafür ist der heutige Inhaber Werner Brombach, der 1965 in das Unternehmen seines Vaters Franz Brombach einsteigt und sich als Pionier der Branche erweist. Als Erster seiner Zunft verkauft er Ende der 1960er die urbayerische Spezialität Weißbier über die Landesgrenzen hinaus – zuerst in Baden-Württemberg, dann in Nordrhein-Westfalen und danach weiter Richtung Norden. Mit Österreich beginnt 1970 der Vertrieb außerhalb Deutschlands – heutzutage können Weißbierfans ihr ERDINGER in über 100 Ländern auf allen Kontinenten genießen.

Als Franz Brombach 1975 verstirbt, trägt Werner Brombach ab sofort alleinig die Verantwortung. Mit unternehmerischer Weitsicht und seiner Politik der kleinen Schritte baut er die Brauerei kontinuierlich aus. So steigt zwischen 1970 und 1977 der Bierausstoß von 82 000 Hektoliter auf 225 000 Hektoliter jährlich. 1990 durchbricht ERDINGER als erste Weißbierbrauerei die Schallmauer von 1 Million Hektoliter, 2020 sind es rund 1,5 Millionen Hektoliter.

Die Beliebtheit des Weißbiers aus Erding hat schon früh Folgen: Nachdem der Firmensitz mitten in der historischen Altstadt aus allen Nähten platzt, werden 1983 auf einem Areal am Stadtrand von Erding neue Brauereianlagen errichtet. Bis heute wird kontinuierlich in den Standort investiert. Denn die Privatbrauerei bleibt dem Motto „Bier braucht Heimat" strikt treu. Es gibt keinen Anlass, irgendwo anders zu brauen als daheim in Erding und zwar streng nach dem Bayerischen Reinheitsgebot sowie der Bayerischen Edelreifung. Nur so können Qualität und Geschmack gesichert werden. In Bayern und vor allem in Erding ist die Privatbrauerei seit jeher fest verwurzelt. Deshalb ist ERDINGER ein Weißbier-Spezialist, der lieber von Erding aus in alle Welt liefert, als alle Welt in Lizenz brauen zu lassen.

Erdinger Weißbräu

Bowling Castle

Großartiger Spielspaß

Egal ob engagierter Anfänger oder versierter Profi: Das Bowling Castle Erding bietet ein außergewöhnliches Bowling-Vergnügen für Familien, Freunde und Kollegen. Zehn Bahnen mit Bildschirm-Übertragung laden dazu ein, die beliebte Präzisionsportart aus den USA als großartigen Spielespaß zu entdecken. Alle Bahnen sind computergesteuert, die Spiele und Ergebnisse lassen sich live auf Bildschirmen verfolgen. Der unbestechliche Computer zählt die abgeräumten Bowling-Pins zusammen und berechnet automatisch den Sieger. Pro Bahn können bis zu acht Personen ihr Geschick als Team oder gegeneinander unter Beweis stellen.

Bowling kann auch manchen Anfänger schnell in seinen Bann ziehen. Schließlich ist Bowling nicht nur Sport, sondern vor allem auch ein toller Freizeit-Spaß. Mit Schwung, der richtigen Taktik und natürlich auch ein wenig Glück bringt Bowling Bewegung in die Freizeit. Dafür öffnet das Bowlings Castle bereits am Nachmittag seine Pforten. Das bietet sich gerade für Familien an, die beim Kindergeburtstag den Kids mal ein ausgefallenes Event erleben lassen wollen. Gerade den unerfahrenen oder kleineren Bowlern hilft das Bumper-System, damit die Kugel nicht von der Bahn abkommt. Mit dieser Hilfe lassen sich auch ordentliche Treffer landen.

Es kann, aber muss natürlich kein großes Firmenevent sein. Manchmal ist es auch ein entspannter After Work-Ausklang mit Kollegen, der in die Bowling-Halle in zentraler Lage von Erding führt. Das macht den Kopf frei und hilft, auf andere Gedanken zu kommen. Für Teams mit einem neuen Mitglied ist es eine gute Gelegenheit, sich abseits von Beruf besser kennenzulernen und eine schöne Freizeitmöglichkeit zu zeigen. Ausreichend Parkplätze direkt vor dem Eingang erleichtern zusätzlich eine Entdeckertour.

Das Bowling Castle hat hierfür zusätzliche Pakete geschnürt. Es gibt einen Firmentag, eine Ladies Night, einen Family Day oder das wö-

chentliche Bowling Castle Turnier um den eigenen High Score zu verbessern. Einige Extras lassen sich beim Happy Wheel Bowling mit dem Happy-Wheel-Jackpot oder am Glücksrad gewinnen. Damit es nicht kompliziert wird, können vor Ort Bowling-Schuhe ausgeliehen werden. Und die Bowling-Bahn zur richtigen Zeit lässt sich mit ein paar Mausklicks online buchen. Schulklassen, Vereine und Gruppen können nach Vereinbarung auch außerhalb der regulären Öffnungszeiten den Spielespaß erleben.

Das Bowlings Castle lädt auch in seine abwechslungsreiche Gastronomie mit Bar und Restaurant ein. So kann man sich stärken und genießen oder in der Lounge einfach mal entspannt chillen. Oder man versucht mal eine Runde zu Flippern, zu Kickern, Billard zu spielen oder die Dartscheibe in der Mitte zu treffen.

Katholisches Bildungswerk im Landkreis Erding

Bildung als allumfassender Auftrag – seit 50 Jahren

Das Katholische Bildungswerk im Landkreis Erding (KBW) ist ein als gemeinnützig anerkannter Verein, der von der Erzdiözese München und Freising unterstützt wird. Es bietet katholische Erwachsenenbildung im Wortsinne an: mit einem „allumfassenden" Bildungsprogramm, das von den Bereichen Glaube – Religion – Spiritualität, Generation plus über Gesundheit, Kultur und Kunst bis hin zu Angeboten aus den Feldern Gesellschaft, Politik und Philosophie reicht. Auch im großen Bereich der Fortbildung für Fachpersonal in Kindergärten und Kindertagesstätten ist das KBW aktiv. Im Zentrum der Familie (ZdF), dessen Träger das KBW ist, werden zu allen Sparten der Familienbildung Veranstaltungen und Kurse angeboten. Insbesondere das landkreisweite Eltern-Kind-Programm (EKP) findet dort seinen Platz.

Das Angebot von KBW und ZdF steht allen Menschen offen, unabhängig von deren Geschlecht, Herkunft oder religiösem Bekenntnis. So haben KBW und ZdF in besonderer Weise Anteil am Verkündigungsdienst der Kirche. Mit qualitativ hochwertigen Bildungsangeboten begleiten und unterstützen KBW und ZdF seit 50 Jahren die Menschen in Stadt und Landkreis: ortsnah, zuverlässig und zu angemessenen Konditionen.

Die ehrenamtlichen Ansprechpartner und Ansprechpartnerinnen in den Pfarreien planen mit dem KBW zusammen die Veranstaltungen. An die Geschäftsstelle können Ideen, Anregungen, Kritik und Wünsche jederzeit herangetragen werden.

Literatur im Festsaal – unter diesem Motto finden Lesungen statt.

Philosophiegeschichte mit KBW-Geschäftsführer Prof. Dr. Seitschek

Lebenshilfe Erding

50 Jahre Lebenshilfe Erding – ein Gewinn für alle

50 Jahre Kreisreform – fast genauso lange gibt es die Lebenshilfe Erding e.V. Diese feierte bereits 2021 ihr 50. Jubiläum. Und 2022 feiert der Wohnbereich sein 25-jähriges Bestehen. 1997 konnten die ersten Erwachsenen mit geistiger und schwermehrfacher Behinderung im Edeltraud-Huber-Haus einziehen. Bis heute haben dort 38 Bewohnerinnen und Bewohner ihr Zuhause im Zentrum von Erding und somit beste Möglichkeiten zur Teilhabe an der Gesellschaft. Durch kurze Wege kann alles erreicht werden, Supermarkt, Cafés, Kino, Friseur oder Schwimmbad. Dies wird tagtäglich gern genutzt und somit gehören sie inzwischen zum Stadtbild ganz selbstverständlich dazu. Dies war vor 50 Jahren bei weitem nicht so. Edeltraud Huber, Gründerin der Elternvereinigung, wurde damals auf Spaziergängen wegen der Behinderung ihrer Tochter beschimpft.

Lange wurden Menschen mit Behinderung versteckt und ausgegrenzt. Doch zum Glück hat sich seitdem viel getan!

Auch der Wohnbereich hat sich weiterentwickelt. Dabei standen stets zwei Aspekte im Vordergrund: Was brauchen Menschen mit Behinderung und die Inklusion. So entstanden im Lauf der Zeit drei sich ergänzende Wohnformen, die den unterschiedlichen Bedürfnissen und Fähigkeiten entsprechen: Ein Vollversorgerhaus, ein Selbstversorgerhaus und ein Ambulant Betreutes Wohnen.

Und es geht weiter: Derzeit ist ein Neubau, ebenfalls im Erdinger Zentrum, geplant. Welche Wohnformen hier gebraucht werden, wurde durch die Befragung von Menschen mit Behinderung und gemeinsamer Planung erarbeitet. Es bleibt spannend!

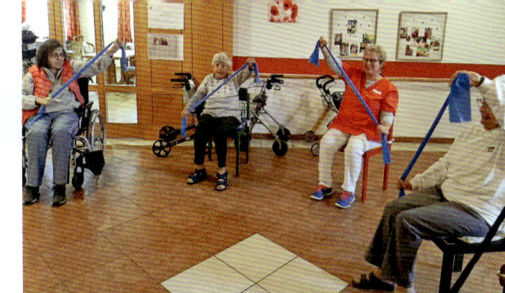

Caritas Zentrum Erding

Nah. Am Nächsten.

1946 beginnt die Caritas im Landkreis Erding ihre Arbeit mit einer einzigen Mitarbeiterin, die in Wartenberg die Flüchtlinge betreut. Heute hat das Caritas Zentrum Erding rund 200 Mitarbeiterinnen und Mitarbeiter. Sie sind im ganzen Landkreis tätig und betreuen jedes Jahr mehr als 5.000 Menschen, gleich welcher Nationalität, Glaubensrichtung oder Lebenseinstellung.

Das aktuelle Angebot umfasst derzeit das Zentrum in Erding mit den Angeboten der ambulanten Pflege, soziale Beratung, Fachstelle zur Vermeidung von Obdachlosigkeit, Asylberatung in der Unterkunft Lindum, sozialpsychiatrische Dienste, Kontaktstelle für Menschen mit Behinderung, Gemeindecaritas und das Sozialkaufhaus Rentabel. Insgesamt gibt es für den ganzen Landkreis 28 verschiedene Angebote in acht verschiedenen Einrichtungen. Maßgabe hierbei ist der Leitsatz „Nah. Am Nächsten.", mit dem sich Haupt- und rund 180 Ehrenamtliche besonders engagieren.

Die meisten Nutzerinnen und Nutzer des Caritas Zentrum Erding kommen aus dem ganzen Landkreis mit Schwerpunkten Erding und Taufkirchen (Vils). Aber auch viele Menschen aus Dorfen, Oberding, Isen, Fraunberg und Wartenberg nutzen oft die Angebote.

Die Fischer's Wohltätigkeitsstiftung Erding

Die Fischer's Wohltätigkeitsstiftung Erding geht auf die Gründung der Eheleute Friedrich und Katharina Fischer im Jahr 1891 zurück. Die Stiftung, wie sie landläufig im Landkreis Erding genannt wird, hat sich in den vergangenen 50 Jahren von ihren ehemaligen Kernkompetenzen, nämlich der Brauerei und der Landwirtschaft hin zu einem vollumfassenden Dienstleister für Bedürfnisse von Senioren entwickelt. Das Hauptgebäude aus dem Jahre 1900, das Haus Katharina, wurde in den 70er Jahren des vergangenen Jahrhunderts um einen Anbau im Süden erweitert. Weitere 20 Jahre später wurde ein offener Seniorenbereich geschaffen und ein Rüstigenbereich im Grundstückswesten errichtet. Dem Zeitgeist folgend wurde wiederum 20 Jahre später der Rüstigenbereich in einen Heimbetrieb umgewandelt und ein Neubau mit 48 Wohnungen für Betreutes Wohnen errichtet. Zeitgleich wurde eine Tagespflege geschaffen und der Ambulante Dienst des Fischer's Seniorenzentrums nahm seinen Betrieb auf.

Durch den Erwerb des Nachbargrundstückes an der Haager Straße wurde die Stiftung in die Lage versetzt, ihr Dienstleistungsangebot erneut zu erweitern. So entsteht derzeit ein Neubau mit 30 Wohnungen im Bereich des Betreuten Wohnens.

Bereits in der Planung befinden sich weitere 50 Wohnungen für Senioren, eine zweigeschossige Tiefgarage, eine vergrößerte Tagespflege und ein Demenzbereich.

Die Fischer's Wohltätigkeitsstiftung Erding wird auch zukünftig ihr Handeln an den Bedürfnissen der Senioren ausrichten.

Arbeiterwohlfahrt Kreisverband Erding

Unabhängig für eine sozial gerechte Gesellschaft

Die Arbeiterwohlfahrt (AWO) Kreisverband Erding sieht sich seit ihrer Gründung ihren Werten Solidarität, Toleranz, Freiheit, Gleichheit und Gerechtigkeit verpflichtet. Deshalb gilt ihr Blick insbesondere den sozial Benachteiligten in der Gesellschaft. Bei dem ehrenamtlichen Engagement und professionellen Dienstleistungen des Vereins AWO Erding spielen die Gründe, warum es manchen Menschen schlechter als anderen geht, keine Rolle. Grundsätzlich macht sie sich unterschiedslos zum Beispiel für arme Kinder und Erwachsene, Menschen mit Behinderung, Menschen mit Migrationshintergrund sowie auch Wohnungs- oder Arbeitslose stark.

Die AWO Erding hat mit ihrem Landes- und Bundesverband eine starke Organisation im Rücken. Entscheidend sind aber die konkreten Angebote vor Ort, die unmittelbar die Menschen erreichen und ihnen helfen. Dafür stehen die beiden Ortsvereine Erding-Stadt und Isen. Neben dem Ehrenamtlichen engagieren sich 150 hauptamtliche Mitarbeiterinnen und Mitarbeiter.

Allein durch das tatkräftige Zupacken der ehrenamtlich Engagierten wird der AWO Kleiderladen in der Friedrichstraße 7 betrieben. Gerade wenn das Geld knapp ist, kann man hier gut erhaltene, gebrauchte Kleidung für Kinder und Erwachsene zu günstigen Preisen erwerben. Ebenfalls unter ehrenamtlicher Regie befindet sich das AWO Warenlager in der Bachingerstraße 11. Hier finden sich gut erhaltene, gebrauchte Waren und Haushaltsgegenstände aller Art, die man zu günstigen Preisen erwerben kann. Beide Angebote haben einmal wöchentlich geöffnet und leben von den Sachspenden engagierter Bürgerinnen und Bürgern. Um die Arbeit der AWO Erding zu unterstützen, sind immer wieder weitere, ehrenamtliche Helfer gefragt. Begrüßt wird auch eine AWO-Mitgliedschaft, diesen Weg haben rund 200 Mitglieder gewählt.

Vor Ort liegt ein großer Schwerpunkt der Arbeit in der Kinder- und Jugendarbeit. So spielen und lernen zum Beispiel 600 Kinder in Krippen, Kindergärten und Horten. Die AWO Erding unterhält hierzu insgesamt fünf Kindertageseinrichtungen. 250 Schülerinnen und Schülern steht die offene Ganztagsschule und Ganztagsklassen in Kooperation an der Mittelschule Altenerding zur Verfügung. Darüber hinaus stehen 700 Schülerinnen und Schülern der Mittelschule am Lodererplatz in Erding und Altenerding die Schulsozialarbeit zur Verfügung, wenn es zu Problemen und Krisen kommt. Außerdem versorgt der Kioskbetrieb die kleinen alltäglichen Bedürfnisse. In den Sommerferien können 200 Kindern ihre Freizeit sinnvoll und gut betreut auf dem Gelände des Bauspielplatzes verbringen.

Orthopädietechnik Graf

Wenn's um die Gesundheit geht

Orthopädietechnikermeister Rainer Graf zeigt das richtige Gespür, als er 1978 in Erding in einem ausgedienten Kuhstall den Grundstein für seinen Familienbetrieb legt. Zuvor absolviert er unter anderem als 24-Jähriger die Meisterprüfung als jüngster Meister seines Fachs. Der Werkstattbetrieb ohne Laden erlebt so eine starke Nachfrage, dass noch im gleichen Jahr eine Erweiterung angemietet wird.

Im Jahr 1994 bezieht die Firma ihren neuen Stammsitz „Am Rätschenbach", der bis heute Hauptstandort ist. Rainer Graf hat da schon mit Sohn Michael die zweite Generation im Blick. Der hat zu dem Zeitpunkt schon seinen Gesellenbrief in der Tasche, absolviert ebenfalls seine Meisterprüfung und sammelt dann, wie der Vater auch, im US-amerikanischen Texas und Kalifornien fachliches Know-how. Zurück in Deutschland erlangt er an der Bundesfachschule für Orthopädietechnik die Qualifikationen als Diplom-Orthetiker, als Diplom-Prothetiker sowie als Orthopädie-Technikermeister. Seit 1999 führt er gemeinsam mit seinem Vater als geschäftsführender Gesellschafter den Familienbetrieb.

Stammhaus Am Rätschenbach

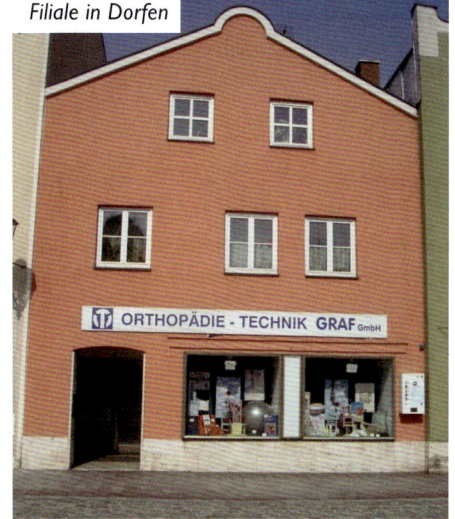

Filiale in Dorfen

Am Klinikum in Erding

Im Jahr 2000 öffnet die Filiale in Dorfen am Unteren Markt. 2009 folgt ein weiterer Standort am Medizin Campus am Klinikum des Landkreises Erding. Die unerwartet gute Resonanz sorgt für eine erste Erweiterung, eine weitere Expansion ist in Planung.

Fachliche Expertise, der Betrieb beschäftigt vier Meister und Sohn Michael ist auch staatlich vereidigter Sachverständiger, kombiniert mit Kundenorientierung sind zwei wichtige Bausteine für die Erfolgsgeschichte. Damit baut Seniorchef Rainer Graf, der sich mittlerweile schrittweise zurückzieht, ab den 1980er Jahren die Versorgung von Profisportlern auf. Die Qualität spricht sich rum, Spitzensportler aus Basketball, Fußball, Handball und Motocross geben sich bei Graf Am Rätschenbach die Klinke in die Hand. Beim Eishockey schicken nahezu alle Vereine der Bundesliga und National Hockey League sowie die Nationalmannschaft ihre Spieler nach Erding.

Seit Gründung bildet der Meisterbetrieb kontinuierlich jungen Nachwuchs aus, darunter auch Menschen mit Behinderung. Darüber hinaus gehört für beide Handwerksmeister das ehrenamtliche Engagement in der Innung und der Handwerkskammer für München und Oberbayern in verschiedenen Funktionen zur Selbstverständlichkeit. Der Senior war 13 Jahre der Bayerische Landesinnungsmeister, der Junior ist gerade in dieses Ehrenamt als Nachfolger gewählt worden.

Bayerisches Rotes Kreuz – Kreisverband Erding

Vielfalt des Helfens

Der BRK-Kreisverband Erding ist der regionale Arm des Bayerischen Roten Kreuzes. Zu seinen ureigenen Aufgaben gehört es, Menschen zu retten, in gesundheitlichen oder persönlichen Notlagen zu helfen sowie Menschen jeglichen Alters zu unterstützen.

Ein Bereich ist der Landkreisbevölkerung bestens bekannt: der Rettungsdienst mit rund 70 hauptamtlichen Mitarbeitenden, fünf Freiwilligendienstlern und vielen ehrenamtlichen Helferinnen und Helfern. An den drei Standorten der Rettungswache im Landkreis, in Erding, Dorfen und Taufkirchen, sind insgesamt neun Fahrzeuge im Einsatz. So können flächendeckend gemäß der öffentlich-rechtlichen Aufgabe schnelle Hilfe bei Notfällen und kurze Wartezeiten beim Krankentransport gewährleistet werden. Darüber hinaus stellt das BRK Erding für den gesamten Leitstellenbereich mit Freising, Ebersberg und Erding einen Adipositas-Rettungswagen zur Versorgung schwergewichtiger Patienten sowie einen Inkubator zum Transport von Neugeborenen zur Verfügung.

Die Wurzeln reichen zurück ins Jahr 1912, als 36 Herren aller Stände die Freiwillige Sanitätskolonne Erding aus der Taufe hoben. Damit setzte die Initiative des damaligen Bezirksamtmanns den Grundstein für den späteren BRK-Kreisverband. Zahlreiche Spenden ermöglichten es der Sanitätskolonne, sich unter anderem mit Tragbahren und Handwagen auszurüsten. Heute leisten über 1200 aktive ehrenamtliche Mitglieder und rund 200 Mitarbeitende die Hauptarbeit. Sie sind ehrenamtlich bei Veranstaltungen aller Art aktiv oder helfen im Sozialdienst, im Rettungsdienst und im Katastrophenschutz. Das Spektrum beginnt bei A wie Angehörige beraten über M wie Menüservice bis zu W wie Wasserwacht und Wohlfahrts- und Sozialarbeit.

Mit einem anderen Angebot, der Wasserwacht, sollte eigentlich jeder Landkreisbewohner in Kontakt kommen. Denn die fünf Ortsgruppen, nämlich in Dorfen, Erding, Finsing, Langenpreising und Wörth, sorgen unter anderem dafür, dass junge Menschen vom Seepferdchen bis zum Rettungsschwimmer alle Abzeichen absolvieren können. Darüber hinaus sind die ehrenamtlichen Mitglieder der Wasserwacht da, um bei Notfällen am und im Wasser professionell zu helfen. So gehört die Schnelleinsatzgruppe Wasserrettung dazu und vieles mehr.

Die Bereitschaften im Landkreis haben verschiedene Aufgaben. Sie führen Sanitätsdienst bei Veranstaltungen durch, sind im Katastrophenschutz und im Rettungsdienst ehrenamtlich tätig. Zu ihnen gehören beispielsweise die Fachdienste Technik und Sicherheit, Psycho-

soziale Notfallbetreuung und die Motorradstaffel. Tätig werden in den Bereitschaften ebenso Feldköche. Ehrenamtliche können sich hier ganz unterschiedlich betätigen.

Generell ebnen mehrere Kinder- und Jugendgruppen des Jugendrotkreuzes, der Wasserwachts- und Bereitschaftsjugend den Weg zu ehrenamtlicher Hilfe. Im Vordergrund steht das Angebot an diese Altersgruppen, etwas Sinnvolles in ihrer Freizeit zu unternehmen. Auf der Agenda stehen Gruppenstunden, Camps und gemeinsame Veranstaltungen, die Spaß machen. Es wird aber auch Erste Hilfe geübt oder in Gesprächen soziales Engagement, Gesundheit und Umwelt sowie Frieden und Völkerverständigung thematisiert.

Der BRK-Kreisverband Erding stellt sich auch dem wachsenden Bedarf rund um das Thema Pflege. So werden Pflegebedürftige und deren Angehörige durch das Regionale Netzwerk Pflege unterstützt – etwa durch Beratung oder Information über die vielfältig bestehenden Versorgungsstrukturen. Darüber hinaus wird zum Beispiel die Selbsthilfe gefördert oder bestehende Betreuungs- und Versorgungsangebote koordiniert.

Der Pflegekrisendienst hilft dort, wo Menschen jeglichen Alters aufgrund eines Ereignisses nicht mehr in der Lage sind, sich selbst zu versorgen. Das Angebot des BRK-Kreisverbands Erding bietet schnelle und unkomplizierte medizinische Unterstützung bei Pflegeproblemen zuhause. Aufgabe des Pflegekrisendienstes ist eine ambulante, häusliche Behandlungs- und kleine Grundpflege sowie eine Krankenhausvermeidungspflege.

Dieses Ziel verfolgt auch das Angebot Gemeindeschwester/Fachstelle für pflegende Angehörige. Dafür setzt der Kreisverband Erding sein bestehendes Netzwerk ein, um mehr Qualität in der Versorgung von Menschen zu gewährleisten. Auf diese Weise lässt sich oftmals eine Re-Einweisung in ein Krankenhaus verhindern. Hierbei helfen auch die Vermittlung pflegerischer Versorgung, von betreuten Fahrdiensten sowie Essen auf Rädern. Außerdem werden Ratsuchende bei Anträgen unterstützt oder erhalten Infos zu Patientenverfügung und Vorsorgevollmacht.

In das breite Spektrum des BRK-Kreisverbands gehört auch das Frauenhaus Landkreis Erding, der Frauennotruf und die Interventionsstelle. Es ist eine Zufluchtsstätte für gewaltbetroffene Frauen und ihre Kinder. Dies gilt für körperliche, seelische, sexualisierte, soziale sowie ökonomische Gewalt. Betroffene finden hier unter anderem Schutz vor weiterer Gewalt und eine vorübergehende Wohnmöglichkeit im Frauenhaus. Zusätzlich unterstützt die Beratung bei der Bewältigung der Krisensituation.

Der Kreisverband Erding betreibt in Dorfen und Erding zwei Schulkindergärten. Außerdem ist das BRK Träger für das Kinderhaus „Die Wolperdinger", das drei Krippengruppen und drei Kindergartengruppen beherbergt. Seit Februar 2022 ist das BRK auch Träger des Hauses für Kinder „BunteRKunt" in Moosinning. Das Haus startet zunächst mit Kindergarten- und Hortgruppen.

Zu den zusätzlichen Angeboten innerhalb der Corona-Pandemie gehören auch ein Impfzentrum, ein Impfbus und weitere mobile Impfteams. Ständig wird sich, in Absprache mit dem Landratsamt Erding, den neuen Bedingungen angepasst. Auch mit diesem Engagement zeigt der BRK-Kreisverband Erding, wie groß die Vielfalt des Helfens ist.

Huber Technik und Huber Technik Vertrieb

Problemlösendes Handwerk seit fast 100 Jahren

Im Jahr 1925 gründen Anton Huber senior und seine Frau Therese ein Taxi- und Mietwagenunternehmen und legen damit die Wurzeln für die heutige Huber Technik. Ihr Sohn Anton Huber baut das Familienunternehmen zu einem Produktionsbetrieb mit den Schwerpunkten Maschinenbau und Gummiverarbeitung aus. Mit Heidi Huber-Kamm und Paul Kamm entwickelt die dritte Generation das Unternehmen zu einem weltweit agierenden Global Player auf den Gebieten Fördersysteme und Gummierzeugnisse. Die vierte Generation führen die Schwestern Veronika Kamm und Johanna Kamm an. Sie wollen das Unternehmen in Richtung Digitalisierung und Globalisierung weiter gestalten und gleichzeitig die Produkte für einzelne Regionen und Länder lokal anpassen. Darüber hinaus sehen sie sich auch in Zukunft fest in Erding verwurzelt.

Huber Technik ist in verschiedene Bereiche aufgeteilt, die sich dennoch ergänzen: zum einen in den Maschinenbau – vorwiegend mit Fördertechnik und Sondermaschinen, zum anderen in die Gummiproduktion. Im Maschinenbau werden die ersten Förderbänder ab 1953 in die Landwirtschaft geliefert, die sich in den Jahren nach dem Krieg weiter in Richtung Industrialisierung entwickelt. Fördersysteme und Sondermaschinen für industrielle Einsätze, beispielsweise für die Recyclingbranche, Küchen- und Möbelindustrie, Lebensmittelbranche, Ziegelindustrie oder Tabakbranche, werden zum Kerngeschäft des Maschinenbaus.

Im Bereich der Gummierzeugnisse werden aus der eigenen Mischungsrezeptur und aus zugekauften Mischungen unterschiedlichste klein- und großvolumige Formartikel auf über 40 dampfbeheizten Vulkanisationspressen hergestellt. Ebenso

Heidi Huber-Kamm und Paul Kamm, die Eltern von Veronika und Johanna

werden gummierte Walzen etwa für die Förderbandproduktion oder Hopfenerntemaschinen und Gummi-Metallteile vulkanisiert. Die großvolumigen Gummiprodukte sind vor allem Gummiböden für landwirtschaftliche Betriebe: Sie ermöglichen in Milchviehbetrieben dem Rind ein komfortables, gelenkschonendes und damit gesundes Liegen und Gehen. Der Landwirt – von Nordamerika über Westeuropa bis nach Schweden und Weißrussland – profitiert von zufriedenen Tieren und einfach zu reinigenden Ställen.

Ein weiteres Standbein ist der Betrieb der Photovoltaik-Anlage mit einer Leistung von 500 Kilowatt in der Spitze. Der selbst erzeugte, grüne Strom geht zur Hälfte in die eigene Produktion, die andere Hälfte geht ins öffentliche Stromnetz.

Für die beiden Huber-Attribute – Made in Germany und Custom-Made – schätzen Kunden auf der ganzen Welt das Familienunternehmen. Als langjähriger und anerkannter Ausbildungsbetrieb wird auch versucht, dem Fachkräftemangel entgegenzuwirken. Mit diesem Rückenwind und 110 Mitarbeiterinnen und Mitarbeitern steuern Veronika Kamm und Johanna Kamm das Unternehmen auf das 100-jährige Betriebsjubiläum zu.

Mit Johanna Kamm und Veronika Kamm auf der Zielgeraden zum 100-jährigen Jubiläum in 2025

Remde & Partner Steuerberatungsgesellschaft

Partner für Steuerberatung, Wirtschaftsprüfung und Unternehmensberatung

Das deutsche Steuerrecht steht in dem zweifelhaften Ruf, in Sachen Komplexität an der weltweiten Spitze zu stehen. Das macht das Thema für Privatleute sowie große und kleine Unternehmen alljährlich zu einer kniffligen Angelegenheit. Für Betriebe sind in der Regel sogar betriebliche Entscheidungen – egal ob regional oder weltweit – vorab auf ihre steuerrechtlichen Folgen abzuklopfen. Diesen Aufgaben stellt sich die Erdinger Kanzlei Remde & Partner. Sie steht als Partner vor Ort für persönliche Beratung und maßgeschneiderte Konzepte rund um Steuerberatung und Wirtschaftsprüfung. Der kurze Draht in allen persönlichen oder vertraulichen Fragen verschafft Privatleuten genauso wie Unternehmen und Freiberuflern einen hilfreichen Vorteil.

Konkret begleitet Remde & Partner fachlich alle Alltagsentscheidungen, wenn sie mit steuerrechtlichen Fragen verknüpft sind. Dabei orientiert sich die persönliche Beratung an den individuellen Bedürfnissen. Die sind zwar unterschiedlich, je nachdem, ob man etwa Freiberufler, Handwerker, Unternehmer, Arbeitnehmer, Eigentümer von Immobilien, Rentner oder Landwirt ist. Gemein ist ihnen aber der Bedarf, durch hilfreiche Steuertipps oder wirtschaftliche Beratung die eigenen Ziele besser zu erreichen.

Remde & Partner sieht sich zugleich der Tradition eines gewissenhaften und persönlichen Miteinanders und modernster EDV-Infrastruktur verpflichtet. EDV-gestützte Arbeitsprozesse verschlanken und beschleunigen die Beratung der Mandanten. Das macht die Kanzlei für Firmenkunden zum versierten Begleiter hin zur Wirtschaft 4.0. Für den wachsenden Aufgabenbedarf bildet das Haus seit Gründung kontinuierlich Steuerfachangestellte aus – seit 1974 waren es immerhin fast 30 Azubis – und bietet laufend Stellen an.

Zukunftsbewusstsein unterstreicht Remde & Partner durch die bereits seit 2019 jährliche Auszeichnung „Digitale Kanzlei" von DATEV, die mehrfache Auszeichnung als „Exzellenter Arbeitgeber" durch den Berufsverband LSWB sowie in der Initiative Familienpakt Bayern.

REMDE & PARTNER

Den Grundstein legte Wilhelm J. Remde kurz nach der Gebietsreform im Jahr 1973 mit seiner neu gegründeten Steuerkanzlei in Pretzen. Aufgrund des stetigen Zuwachses an Mandanten und Mitarbeitern wurde vier Mal ein Umzug notwendig, bis im Jahr 1998 der Sitz zentrumsnah in die Zur Niedermühle verlegt wurde. Nach dem Ausscheiden von Wilhelm J. Remde aus der Kanzlei übernahmen 2012 die Partner Markus Remde (WP/Stb), Stefan Götz (WP/Stb) und Manfred Kroha (Stb) die Geschicke des Unternehmens.

Die heutigen Kanzleiräume mit den Partnern der Kanzlei Markus Remde, Stefan Götz und Manfred Kroha

Wohnungsbau- und Grundstücksgesellschaft im Landkreis Erding

Die Wohnungsbau- und Grundstücksgesellschaft im Landkreis Erding m.b.H. wurde im Jahr 1990 zur kommunalen Wohnraumversorgung im Landkreis Erding gegründet. Die Gesellschaft errichtet Wohnprojekte und bewirtschaftet die im Eigentum befindlichen Objekte anschließend. Der Gesellschaftszweck ist die Bereitstellung von Wohnraum zu einem Mietzins der deutlich unter dem marktüblichen Mietzins für vergleichbaren Wohnraum liegt. Die Gesellschafter sind neben dem Landkreis Erding weitere 21 Gemeinden im Landkreis.

Die Gesellschaft verfügt über Wohnanlagen in Isen, Erding, Dorfen, Taufkirchen und Wartenberg. Der Bestand von derzeit 223 Wohnungen wird sich in den kommenden Jahren nochmals deutlich erhöhen. Der Bedarf an bezahlbarem Wohnraum im Landkreis Erding wächst stetig.

Mit den Gemeinden Moosinning, Fraunberg und Isen werden erfolgversprechende Gespräche im Hinblick auf beabsichtigte Neubauprojekte geführt.

Die Gesellschaft freut sich auf die zukünftige Realisierung dieser Wohnanlagen für die Bevölkerung im Landkreis Erding.

Südlicher Thermengarten, Erding

Getreu dem Motto „Hier hilft man sich" engagieren sich rund 80 Mitarbeiter ständig, während einer individuellen Beratung hilfreiche Tipps und praktische Anregungen für die Ausgestaltung der persönlichen Projekte zu geben.

hagebaumarkt Erding

Hier hilft man sich

Auf einer Verkaufsfläche von ca. 12 000 Quadratmetern finden sich ein breites und tiefes Sortiment mit mehr als 65 000 Sortimentsartikeln in den Bereichen Heimwerken, Wohnen und Garten. Der Holzbereich mit Bodenbelägen und Türen gehört ebenso zum vielseitigen Angebot wie Werkzeuge, Maschinen und Eisenwaren, Leuchten und Elektro-Installation, Tapeten und Farben, Badausstattung und Fliesen.

In dem integrierten Gartenfachmarkt-Center „Floraland" findet sich alles rund um die Themen Pflanzen, Gartenmöbel, Gartentechnik, Holz und Dekoration. In der Zoo-Abteilung lässt sich eine große Vielfalt an Aquarienfischen entdecken – mit Tiernahrung und allem passenden Zubehör zur artgerechten Haltung der Lieblingstiere.

Ganz neu im Sortiment hat der Imkereibedarf Einzug gehalten. Hier gibt es alles Notwendige, um als Einsteiger und Hobbyimker ein eigenes Bienenvolk zu gründen.

Auch die vielen Serviceangebote lassen keine Wünsche offen: Ob Anhängervermietung, Hauslieferung, Farbmischservice oder Mietgeräteverleih – der hagebaumarkt Erding hilft gern mit dem passenden Angebot weiter.

Kohlhuber Möbeltransporte

Moderner und internationaler Umzugspartner

GESCHICHTE

Ein Umzug ein paar Straßen weiter, in den nächsten Ort oder um die halbe Welt ist für Kunden immer eine Ausnahmesituation. Umso wichtiger ist es, beim Umzug einen erfahrenen und versierten Partner an der Seite zu haben. Auch bei noch so schwierigen Problemen bringt das Erdinger Familienunternehmen Kohlhuber Möbeltransporte sein Geschick und seine Kreativität ein, um für die Kunden den Umzugsstress so gering wie möglich zu halten.

Bei Kohlhuber Möbeltransporte beginnt der perfekte Umzug mit einer Fachberatung vor Ort und einem detaillierten Angebot, das auch individuelle Kundenwünsche berücksichtigt. Dazu gehört auch eine präzise Terminplanung, damit zum Beispiel eine Küche wieder rechtzeitig genutzt werden kann. Im Mittelpunkt steht die Zufriedenheit des Kunden. Hierbei hilft der große Erfahrungsschatz von Kohlhuber, der sich in Zuverlässigkeit und Flexibilität widerspiegelt. Immerhin verfügt das Familienunternehmen über 171 Jahre Erfahrung, um Umzüge aller Art und unter allen Bedingungen optimal zu lösen.

Die Firmenwurzeln von Kohlhuber Möbeltransporte reichen zurück ins Jahr 1851. Zunächst wird mit dem Pferdefuhrwerk der Münchener Viktualienmarkt mit frischen Produkten aus der Landwirtschaft wie Geflügel, Eier oder Schmalz beliefert. Aus den regelmäßigen Fahrten nach München ergibt sich zwangsläufig die Mitnahme weiterer Güter des täglichen Bedarfes. Mit Ausbruch des Ersten Weltkrieges werden allerdings wie überall die Pferde für das Militär eingezogen.

Im Jahr 1920 investiert Georg Kohlhuber in den ersten Lkw mit Kettenantrieb und Vollgummibereifung. Damit legt er den Grundstein für seinen wachsenden Familienbetrieb. Das Fahrzeug mit Wechselaufbau erlaubt einen Umzug mit gepolstertem Aufbau oder mit Planenaufbau für andere Transporte. Sohn Franz Xaver Kohlhuber übernimmt 1930 den Betrieb und bedient die Kunden bis zu Beginn des Zweiten Weltkrieges bereits mit fünf Fahrzeugen. Dann zieht die Wehrmacht drei Fahrzeuge ein.

1946 beginnt eine rasante Entwicklung. Der tägliche Stückgutlinienverkehr München – Erding – Landshut wird aufgenommen. Außerdem kommt ein regelmäßiger Deutschland-Italienverkehr dazu. Vor Ort werden Heizöl und Kohlehandlung ins Geschäft aufgenommen.

Der neue Stammsitz mit Büro und ausreichend Stellfläche wird 1992 im Gewerbegebiet errichtet. Mittlerweile ist die Firma Kohlhuber auf Umzüge aller Art und weltweit spezialisiert. Seit 2003 führen die Geschwister Sabine und Stephan Kohlhuber das Umzugsunternehmen in sechster Generation und schreiben die Transportgeschichte im Familienbetrieb fort.

Hans Kohlhuber baut eine Umzugsabteilung für die Versetzungsumzüge der Bundeswehr auf. Zusätzlich werden Neumöbel bzw. Polstermöbel in ganz Europa ausgeliefert.

Das Wehrwissenschaftliche Institut für Werk- und Betriebsstoffe (WIWeB) Erding

Kompetenzzentrum der Bundeswehr für Sicherheit, Technologie und Chemie

HISTORIE

1959 gründet sich auf dem Fliegerhorst Erding die „Material-prüfstelle der Bundeswehr" aus einer Röntgenprüfanlage für Brückenbaugeräte und einem analytischen Labor der US-Streit-kräfte. 1973 erweitert sich das Aufgabenspektrum um ein Tex-tillabor in Koblenz und ein Betriebsstofflabor in Wilhelmshaven. In den 1980er-Jahren gibt es zwischenzeitlich sieben Außen-stellen in ganz Deutschland, von denen heute nur noch Wil-helmshaven erhalten ist. Ab 1977 wird mit dem Umzug in die Liegenschaft Erding Nord zwischen Langengeisling und Altham begonnen, wo das WIWeB auch heute zu finden ist.

1982 ändert sich die Materialprüfstelle zum „Wehrwissen-schaftlichen Institut für Materialuntersuchungen (WIM)", 1997 zum „Wehrwissenschaftlichen Institut für Werk-, Explo-siv und Betriebsstoffe (WIWEB)" und nach Abgabe der Ex-plosivstoffe 2009 zum WIWeB.

Das WIWeB ist das Kompetenzzentrum der Bundes-wehr für Sicherheit, Technologie und Chemie der Werk- und Betriebsstoffe. Es erarbeitet technologi-sche und wissenschaftliche Grundlagen zur Sicher-heit, Zuverlässigkeit und Beurteilung von Werk- und Betriebsstoffen, Chemikalien sowie der Bekleidung und persönlichen Ausrüstung unserer Soldatinnen und Soldaten. Neben diesen Hauptarbeitsrichtun-gen widmet sich das Institut auch Fragen der Che-mikaliensicherheit sowie des Arbeits- und Umwelt-schutzes.

Die Fähigkeiten des Instituts zielen darauf ab, Werk- und Betriebsstoffe im Systemzusammenhang zu verstehen und zu bewerten. Neben einem interdis-ziplinär geprägten Fachwissen ist das WIWeB mit al-len Teilen der Bundeswehr, der wehrtechnischen In-dustrie sowie europäischen und außereuropäischen Partnern vernetzt.

Als Ressortforschungsinstitut trägt es mit seiner eigenen Forschung dazu bei, das Potential für eine Nutzung innovativer Technologien in der Bundeswehr zu untersuchen und das dazu not-wendige Wissen nachhaltig zu erweitern und vor-zuhalten. In das WIWeB sind das „3D-Druckzen-trum der Bw", die „Leitstelle der Bw für Schweiß- und Klebtechnik" sowie die „Gefahrstoffmess-stelle Süd der Bw" integriert.

Um auch zukünftig die Bundeswehr in den Fach-gebieten Werkstoffe, Betriebsstoffe, Bekleidung und Ausrüstung Soldat gut beraten zu können, werden die Forschungsschwerpunkte regelmäßig angepasst. So beschäftigt sich das WIWeB aktuell intensiv auch mit additiven Fertigungsverfahren (3D-Druck), zukünftigen Energieträgern und Di-gitalisierung im direkten Umfeld der Soldatinnen und Soldaten.

(Alle Bilder: Bundeswehr)

![Luftbild des WIWeB]
Das WIWeB liegt nördlich von Erding zwischen Langengeisling und Altham.

Kraftstoffuntersuchung

3D-Druck

Bekleidungstest in der Klimakammer

Dazu arbeiten das WIWeB nicht nur mit anderen Bundeswehreinrichtungen und deutschen Unternehmen zusammen, sondern auch mit internationalen Forschungsinstituten, Universitäten und anderen Streitkräften.

Im Rahmen der Rückgabe des Fliegerhorstgeländes an die Stadt Erding wurde auch die Liegenschaft des WIWeB vergrößert, um dem Elektronikzentrum der Bundeswehr (EloZBw), der Arbeitsgruppe Technische Untersuchungen (AGTU), dem Bundeswehrdienstleistungszentrum (BwDLZ), dem BwFuhrpark und einem neuen digitalen Forschungsgelände Platz zu bieten.

Zwei Auszubildende der Werkstoffprüfung führen einen Zugversuch durch, um die Belastbarkeit einer Probe zu ermitteln.

Das WIWeB als Arbeitgeber

Das breite Aufgabenspektrum des WIWeB zieht Beschäftigte aus den unterschiedlichsten Berufszweigen nach Erding. Die überwiegende Zahl der Beschäftigten kommt aus Maschinenbau, Chemie, Physik, Textiltechnik, Materialwissenschaften, Informatik oder Verwaltung. Neben einigen Soldaten sind die meisten Mitarbeitenden des WIWeB Angestellte oder Beamte des Bundes. Am WIWeB arbeiten zudem viele Studenten und Doktoranden an aktuellen Forschungsthemen.

Seit 38 Jahren bildet das WIWeB junge Menschen aus: Jährlich werden Ausbildungsplätze zu Werkstoffprüfung und Chemie angeboten, zweijährig für Fachinformatiker und Textillaboranten. Insgesamt haben über 100 Jugendliche ihre Ausbildung bisher erfolgreich abgeschlossen, davon sind 25 Prozent auch heute noch am WIWeB beschäftigt.

Spetec

Hersteller von Reinraumtechnik, Laserschutz sowie Labortechnik

Mit dem Umzug ins Gewerbegebiet Erding-West im Jahr 2019 stellt das Familienunternehmen Spetec die Weichen Richtung Zukunft. Dort lassen sich die Arbeitsabläufe teils neu strukturieren und die Fertigungsbereiche erweitern. Außerdem erlauben zwei automatisierte Hochregallager eine moderne Logistik. Zusätzlich lassen sich am neuen Standort die Entwicklungskapazitäten für innovative Produkte weiter ausbauen.

Die 1987 gegründete Spetec hat sich international in den Sparten Reinraumtechnik, Labortechnik und Laserschutz etabliert. Spetec bietet individuelle Reinraumtechnik insbesondere für industrielle Produktion und Verpackung sowie für Labor und Forschung.

Zusätzlich wurden Filterboxen zur Reinigung der Raumluft in Innenräumen entwickelt. Das Infektionsrisiko wird durch keimfreiere Luft minimiert und auch Allergiker können wieder aufatmen. Die Keimzahl im Raum wird zudem drastisch reduziert.

Im Bereich der Labortechnik werden sogenannte Peristaltische

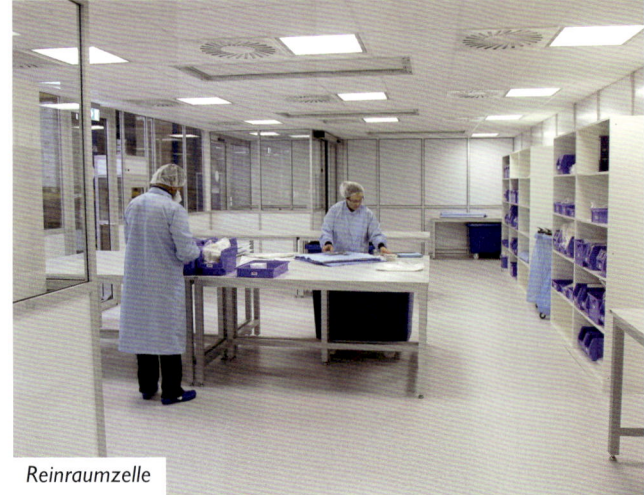

Reinraumzelle

Pumpen hergestellt. Das junge Segment Laserschutz offeriert individuelle Laserschutzeinrichtungen. Die Verbindung aus Entwicklung, Konstruktion und Fertigung unter einem Dach schafft anwendungsorientierte Produkte.

Spetec beschäftigt aktuell rund 65 Mitarbeiter und bildet kontinuierlich Fertigungsmechaniker/in, Technische/r Produktedesigner/in oder auch Industriekaufmänner/-frauen aus.

SEW Stromversorgungs-GmbH/Sempt-Elektrizitäts-Werke

Rundum gut versorgt

Die Turbine am Firmensitz in Erding steht für Tätigkeitsbereiche rund um die Strom- und Energieversorgung

Privatkunden und Gewerbekunden vertrauen zu Recht seit 1906 auf die SEW als langjährig erfahrenen Partner für neue Anschlüsse in Nieder- und Mittelspannungsanlagen. Die SEW bezieht den benötigten Ökostrom zu 100 Prozent aus einem Wasserkraftwerk im Landkreis Erding.

Seit 2020 gehört der Vertrieb von Erdgas ins Portfolio. Zudem begleitet der Energiespezialist Privatpersonen und Unternehmen rund um das wachsende Thema Elektromobilität, also dem Autofahren mit Strom. Dazu gehören eine maßgeschneiderte Beratung für Ladelösungen für Privatkunden, Ladestationen für gewerblich genutzte Ladepunkte auf privaten Parkplätzen von Firmen und von größeren Wohnanlagen. Die SEW bietet ihren Kunden die Wallbox zum Kauf an und sorgt für die fachgerechte Montage und Inbetriebnahme der Ladestation. Außerdem betreibt

die SEW mehrere öffentliche Ladepunkte im Landkreis Erding. Für zuverlässige Lösungen aus einer Hand übernimmt die SEW die komplette Elektroinstallation im privaten und gewerblichen Bereich. Zu den Schwerpunkten gehören Neuinstallationen bei Renovierung, Erstinstallation bei Neubau sowie Erweiterungen und Instandhaltungen. Dabei kann es auch um Einzellösungen wie E-Check, WLAN und Netzwerktechnik, Photovoltaik, Antennentechnik, Glasfaser-Spleiß-Technik bis zum digitalisierten Eigenheim als Smart Home gehen. Auch moderne stromsparende E-Geräte können die Kunden von der SEW beziehen und Geld durch Teilnahme am Lifetime Programm sparen.

Das Angebot wird durch einen 365 Tage / 24 Stunden erreichbaren Entstörungsdienst für das Stromnetz und für die Störungssuche in der Hausinstallation abgerundet.

Stadtwerke Erding GmbH

Daseinsvorsorge für unsere Bürger

Die Stadtwerke Erding versorgen große Teile des Landkreises Erding mit Strom, Erdgas und Wasser. Außerdem betreibt das Unternehmen auch die Erdinger Bäder (Hallen- und Freibad) sowie die Eishalle.

Das Überlandwerk Erding ist ein 100-prozentiges Tochterunternehmen der Stadtwerke Erding und betreibt das Stromnetz in Erding sowie in den Gemeinden Berglern, Eitting, Marzling und Teilen der Gemeinden Fraunberg, Langenbach und Wartenberg. Darüber hinaus versorgt sie Stromkunden in der gesamten Region und positioniert sich auch als Elektromobilitätsdienstleister und Partner für die Eigenversorgung ihrer Kunden über PV-Anlagen und Stromspeicher.

An der Erdgasversorgung Erding sind die Stadtwerke Erding und die Energie Südbayern jeweils mit 50 Prozent beteiligt. Das Versorgungsunternehmen betreibt das Erdgasnetz der Stadt Erding und der Gemeinden Fraunberg, Moosinning, Langenpreising und von Wartenberg, sowie seit 2015 auch das Erdgasnetz der Gemeinden Neuching, Walpertskirchen und Wörth.

Zur Deckung des Trinkwasserbedarfs der Stadt Erding müssen täglich bis zu 10 000 Kubikmeter des flüssigen Lebensmittels verteilt werden. Dafür ist die Wasserversorgung Erding, ebenfalls ein 100-prozentiges Tochterunternehmen der Stadtwerke, zuständig. Etwa 39 000 Bürgerinnen und Bürger werden im Versorgungsgebiet mit bestem Trinkwasser beliefert. Seit 1999 bezieht zudem die Gemeinde Walpertskirchen jährlich etwa 120 000 Kubikmeter Trinkwasser von der Erdinger Wasserversorgung.

Darüber hinaus beliefern die Gemeindewerke Taufkirchen (Vils), ein Tochterunternehmen der Gemeinde Taufkirchen und der Stadtwerke Erding, die Einwohner in Taufkirchen und im Umland mit Strom, Gas und Wärme.

Die Stadtwerke betreiben die Eishalle in Erding

Wintervergnügen pur bieten die Stadtwerke außerdem mit dem Betrieb der neu sanierten und erweiterten Eissporthalle. Zahlreiche Veranstaltungen und hochmoderne Einrichtungen locken Schlittschuhläufer, Eisstockschützen und Eishockeyspieler von September bis März nach Erding.

Filtrationsanlage der Wasserversorgung Erding

Engagement vor Ort

Im Sommer bietet das Freibad einen großen Naherholungswert für die Bevölkerung in Erding und der Umgebung. Ein großes Sportbecken, ein Nichtschwimmerbecken mit Kinderplanschbecken auf drei Ebenen und ein Springerbecken mit 10-Meter-Sprungturm zählen zu den Hauptattraktionen während der Freibadsaison.

Mit dem großzügig und freundlich angelegten Hallenbad in Erding bieten die Stadtwerke den Gästen auch in der kalten Jahreszeit die Möglichkeit, ihren sportlichen Aktivitäten nachzugehen, Spaß zu haben, sich zu erholen und Ruhe zu finden.

Wintervergnügen pur bieten die Stadtwerke außerdem mit dem Betrieb der neu sanierten und erweiterten Eissporthalle. Zahlreiche Veranstaltungen und hochmoderne Einrichtungen locken Schlittschuhläufer, Eisstockschützen und Eishockeyspieler von September bis März nach Erding.

Außerdem ist der Stadtwerke Erding-Konzern in vielfältiger Weise als Sponsor und Unterstützer für Vereine und Veranstaltungen in der Region tätig, um den Zusammenhalt in der Gesellschaft und die Region zu stärken.

Freibad mit Hallenbad in Erding

Auf einen Blick:

Jahr der Erstversorgung	Mitarbeiter	Leistungsspektrum
1798 Wasserversorgung	ca. 115	Versorgung mit Wasser, Strom, Erdgas und Wärme
1892 Stromversorgung		
1968 Erdgasversorgung		Betrieb der Erdinger Freizeitanlagen (Hallenbad/Freibad sowie Eissporthalle)
1972 Freibad		
2010 Gemeindewerke Taufkirchen (Vils)		

Hallenbad in Erding

Schwimmbad der Stadtwerke

DORFEN

In Blau drei, zwei zu eins gestellte silberne Häuschen mit goldenen Dächern.

Das Wappenbild von Dorfen bliebt auch nach den eingegliederten Gemeinden 1972 und 1978 erhalten. Bereits im 14. Jahrhundert finden sich in überlieferten Siegeln drei Häuschen als heraldisches Symbol für den Begriff „Dorf" im Schild. Die Farbgebung bleibt bis heute zweifelhaft. Es gibt Belege für Häuschen und Schild Silber sowie für die Dächer Rot. Blau für den Schild ist dagegen im Schrifttum seit 1812 bezeugt. Das Wappenbild von Dorfen ist bereits in der großen Wappensammlung von Philipp Apian (1558/1589) enthalten. Hofmaler Hans Mielich (1516 –1573) stellte es auf dem großen Wappenblatt den Bußpsalmen des Orlando di Lasso 1565 voran.

FLÄCHE ALT:	6 km²	FLÄCHE NEU:	100 km²
EW 1972:	9129	**EW 2020:**	14 790
Dorfen	4307		
Eibach	1465		
Grüntegernbach	663		
Hausmehring	945		
Wasentegernbach	515		
Watzling	353		
Zeilhofen	881		
ERSTE ERWÄHNUNG:	773		

Das Mittelzentrum im Landkreis

Der von Ludwig dem Kelheimer um 1230 gegründete Markt Dorfen wurde auf Beschluss der jeweiligen Gemeinderäte 1972 die Gemeinden Eibach, Hausmehring, Schiltern, Schwindkirchen und Watzling eingegliedert. Schwindkirchen lag zuvor im Landkreis Mühldorf/Inn, die Gemeinde Schiltern in dem durch die Gebietsreform aufgelösten Landkreis Wasserburg/Inn. Darüber hinaus wurden 1978 die Gemeinden Grüntegernbach und Wasentegernbach (ab 1972 Gemeinde Tegernbach) sowie die Gemeinde Zeilhofen eingemeindet.

Foto: designloge.de

Die Gebietsreform brachte einen erheblichen Einwohner- und Gebietszuwachs. Die Stadt Dorfen wuchs um das 16-fache seiner ursprünglichen Fläche und wurde die viertgrößte Kommune in Oberbayern. Mit inzwischen knapp 15 000 Einwohnern ist das Mittelzentrum die zweitgrößte Kommune im Landkreis Erding.

Bei der Eingliederung blieben beispielsweise die Schulen in Eibach, Grüntegernbach und Schwindkirchen bestehen. Außerdem finden sich neben der Stützpunktfeuerwehr Dorfen weitere neun lokal organisierte Ortsfeuerwehren mit ca. 600 aktiven Feuerwehrdienstleistenden.

Die anfängliche Skepsis gegenüber der Gemeindegebietsreform wich in den folgenden Jahren einer positiven Einstellung. Die Hauptorte der ehemaligen Gemeinden wurden weiterentwickelt, örtlich gewachsene Strukturen erhalten. Dazu trugen neu ausgewiesene Baugebiete, errichtete Kindergärten und Investitionen in die Schulen bei.

Aufgrund seiner verkehrsgünstigen Lage mit umfassender Infrastruktur bietet die Stadt Dorfen ihren Bürgern einen hohen Wohn-, Kultur- und Freizeitwert, seinen Gästen einen ausgezeichneten Erholungswert. Dazu trägt die reizvolle Landschaft des Isen- und Goldachtales bei.

Ihr Heinz Grundner
Erster Bürgermeister

Stadterhebung Dorfen 1954

Watzling

Schwindkirchen

Eibach

Wasentegernbach

Grüntegernbach

Schiltern

Oberdorfen (Gde. Zeilhofen)

Hausmehring

Josef Sterr, Altbürgermeister der Stadt Dorfen

Die Gebietsreform in der Stadt Dorfen 1972 bis 1978

Vertragliche Festsetzungen und Zeitzeugenberichte

Die Gebietsreform, die in den Jahren 1972 bis 1978 in Bayern durchgeführt wurde, hatte auf die Gemeinde Dorfen, die 1954 zur Stadt erhoben wurde, gravierende Auswirkungen, insbesondere was die Fläche und die Einwohnerzahl anbelangte. Acht ehemalige selbstständige Gemeinden wurden in die Stadt Dorfen eingegliedert: 1972 Hausmehring, Schwindkirchen, Schiltern, Eibach und Watzling sowie 1978 Zeilhofen und die bereits vereinigte Gemeinde Tegernbach, die aus den ehemaligen Gemeinden Grün- und Wasentegernbach 1972 entstanden war. Die Stadt Dorfen wuchs flächenmäßig um ein Vielfaches auf knapp 100 Quadratkilometer und um mehr als das Doppelte in Bezug auf die Einwohnerzahl.

Dass die in der Gebietsreform vorgenommenen Eingemeindungen durchaus Probleme mit sich brachten, ja zu Zwist und Streitigkeiten führten, beweisen die Eingliederungsverträge mit den ehemaligen Gemeinden, aber auch Zeitzeugenberichte, die interessante Details schildern. Praktisch alle ehemaligen Gemeinden beschlossen vor ihrer Eingemeindung noch Eingliederungsverträge mit der Stadt Dorfen, in denen sie sich zum Teil weitreichende Konzessionen vertraglich zusichern ließen.

Dabei wurde eine Vielzahl von Vereinbarungen getroffen, welche die kommunale Infrastruktur betrafen, die zum Teil heute noch bestehen, zum Beispiel der Erhalt eigener Feuerwehren, der Ausbau von kommunalen Straßen und das Weiterbestehen von Schulen.

Da die Eingliederungsverträge oft recht viele Bestimmungen enthielten, habe ich als Beispiele nicht alle ehemals selbstständigen Gemeinden ausgewählt, sondern mich auf ein paar besonders wichtige beschränkt, nämlich auf Eibach, Hausmehring und Schwindkirchen sowie Zeilhofen und Tegernbach. Eibach war von allen ehemals selbstständigen Gemeinden die flächenmäßig größte, die frühere Gemeinde Hausmehring schloss Dorfen ringförmig ein und hatte zudem den Bahnhof auf ihrem Territorium. Schwindkirchen, das auch eine Pfarrei war und heute noch ist, gehörte zum Landkreis Mühldorf und wurde mit der Eingemeindung nach Dorfen gleichzeitig in den Landkreis Erding eingegliedert.

Stadt Dorfen

HAUSMEHRING

Zwischen der ehemaligen Gemeinde Hausmehring und der Stadt Dorfen wurde von den beiden 1. Bürgermeistern Franz Wolf und Sebastian Wohlsager am 24. Februar 1972 der Eingliederungsvertrag geschlossen, wobei vor allem die folgende Festsetzung bemerkenswert ist:

Der derzeitige Wasserpreis von insgesamt DM -,40 pro cbm im derzeitigen Versorgungsbereich ist grundsätzlich bis 1.1.1978 beizubehalten. Sollte sich der Wasserbezugspreis in diesem Zeitraum ändern, so ändert sich der Wasserpreis von DM -,40 im gleichen prozentualen Verhältnis.

EIBACH

Aus dem 15 Punkte umfassenden Eingliederungsvertrag mit der Gemeinde Eibach vom 16.12.1971, der von den beiden 1. Bürgermeistern Franz Wolf, Stadt Dorfen, und Martin Lanzinger, Gemeinde Eibach, unterzeichnet ist, sind folgende Bestimmungen besonders interessant:

- *Die derzeitigen Bediensteten der Gemeinde Eibach sind von der Gesamtgemeinde zu übernehmen.*

- *Die Schule Eibach soll bestehen bleiben. Wenn das Schulhaus verkauft wird, ist der Erlös im Gebiet der Gemeinde Eibach zu verwenden.*

- *Nach Möglichkeit sollen in Eibach wöchentlich 2 mal Amtsstunden abgehalten werden.*

SCHWINDKIRCHEN

Sogar 16 Punkte umfasst der Eingliederungsvertrag zwischen der Stadt Dorfen und der Gemeinde Schwindkirchen, der am 16.05.1972 von Franz Wolf und am 17.07.1972 vom 1. Bürgermeister der Gemeinde Schwindkirchen Hans Rampf unterzeichnet wurde. Beispielhaft seien folgende Punkte zitiert:

- *Die frei verfügbaren Einnahmen aus der Gemeinde Schwindkirchen werden in den nächsten 6 Jahren im ehemaligen Gemeindegebiet Schwindkirchen für Investitionen verwendet.*

- *Der Friedhof in Schwindkirchen wird, sobald eine Notwendigkeit besteht, ausgebaut.*

- *Bei Veräußerung von bisherigem Gemeindevermögen wird der Erlös voll in Schwindkirchen investiert.*

- *Die Stadt Dorfen wird sich für den Erhalt der Grundschule einsetzen.*

- *Für die ehemalige Gemeinde Schwindkirchen wird weiterhin eine gesonderte Bürgerversammlung abgehalten.*

ZEILHOFEN

Besonders schwierig gestaltete sich die Eingliederung von Zeilhofen, die in der früheren Gemeinde besonders heftig diskutiert wurde. Der von Franz Wolf und dem 1. Bürgermeister von Zeilhofen, Karl Huber, geschlossene Vertrag enthält eine Reihe von Forderungen, die für die Stadt Dorfen nicht einfach umzusetzen waren:

- *Die Stadt Dorfen übernimmt vom Tage der Eingliederung ab sämtliches bewegliches und unbewegliches Vermögen sowie alle Verbindlichkeiten der Gemeinde Zeilhofen und tritt in alle bestehenden Verträge dieser Gemeinde sowie alle laufenden Verhandlungen als Rechtsnachfolgerin ein.*

- *Die Turnhalle in Oberdorfen soll für den alten Gemeindeteil Zeilhofen zur Benutzung für die örtlichen Vereine erhalten bleiben, zu den gleichen Bedingungen wie die Schulturnhalle in der Zentralschule in Dorfen. Sie darf nicht veräußert werden, wenn die Schule ohne Turnhalle einem anderen Zweck zugeführt werden kann.*

- *Bei der Veräußerung von Vermögen der Gemeinde Zeilhofen ist der Reinerlös in deren jetzigem Gebiet zu verwenden.*

TEGERNBACH

Auch die bereits vereinigte Gemeinde Tegernbach sicherte sich im Eingliederungsvertrag mit der Stadt Dorfen weitreichende Konzessionen:

- *Die Stadt wird sich bemühen, die Grund- und Teilhauptschule Grüntegernbach zu erhalten.*

- *Das gemeindeeigene Pfarrhaus in Wasentegernbach darf nur verkauft werden, wenn bei einer vorhergehenden geheimen Abstimmung die Mehrheit der wahlberechtigten Bürger des ehemaligen Benefiziums Wasentegernbach dem Verkauf zugestimmt hat.*

- *Die Bautätigkeit ortsansässiger Bürger soll durch wohlwollende Befürwortung gesichert werden.*

- *Die Stadt Dorfen soll sich um die Erhaltung der Bahnstation Wasentegernbach und die Poststelle in Grüntegernbach bemühen.*

Aber nicht nur die Bestimmungen der Eingliederungsverträge zeugen von den Problemen, die die Gebietsreform mit sich brachte, sondern besonders interessant sind in diesem Zusammenhang Zeitzeugen, die die Gebietsreform mit allem Für und Wider miterlebten.

So war der 1972 vom Dorfener Stadtrat zum geschäftsleitenden Beamten berufene Andreas Hartl vorher im Landratsamt Erding tätig, so dass er die Sicht des Landkreises zur Gebietsreform ebenso hautnah miterlebte, wie dies auch ab 1972 in seinem neuen Amt in Dorfen der Fall war. Noch als Beamter des Landratsamtes wurde Andreas Hartl vom damaligen Landrat Simon Weinhuber mit einem Lautsprecherauto in die ehemaligen Gemeinden im Raum Dorfen geschickt, um für die Gebietsreform und somit für den Anschluss an Dorfen zu werben. Die Resonanz auf diese Aktion war zwar zwiespältig, aber letztlich von Erfolg gekrönt.

Karl Huber

Auch Altbürgermeister Hermann Simmerl, der von 1984 bis 1996 Erster Bürgermeister der Stadt Dorfen war, kann sich gut daran erinnern, welche Turbulenzen, Besonderheiten und Absurditäten die Gebietsreform mit sich brachte. In manchen ehemaligen Gemeinden ging es hoch her, ein Sinneswandel von Amtsträgern war gar nicht so selten, wie Hermann Simmerl weiß.

„In Zeilhofen lief der Anschluss nach Dorfen ziemlich turbulent. Anfang 1971 war der damalige Bürgermeister Karl Huber noch mit seinem Gemeinderat für die Fusion mit Dorfen. Doch plötzlich wechselte er seine Meinung. In der Hoffnung, dass er die Bevölkerung auf seine Seite ziehen könnte, lud er im Dezember 1971 zu einer Bürgerversammlung ein und ließ darüber abstimmen. Die große Mehrheit sprach sich aber für einen Anschluss nach Dorfen aus. Kurz darauf holte er die Gemeinderäte zusammen, die prompt mit 5:4 das Gegenteil beschlossen. Noch zu Weihnachten versuchten der damalige Landrat Simon Weinhuber und Franz Wolf, Bürgermeister von Dorfen, Huber umzustimmen, aber Karl Huber war nicht aufzufinden. Inzwischen war einer von den fünf Gemeinderäten, die bisher gegen den Anschluss an Dorfen gestimmt hatten, plötzlich für eine Fusion gewonnen worden. Der 2. Bürgermeister Mittermeier lud deshalb wieder zu einer Gemeinderatssitzung ein, Bürgermeister Huber weigerte sich, daran teilzunehmen. So platzte die Sitzung und es gab keinen Anschluss an Dorfen. Erst 1978 gelang die Fusion – zwangsweise – und Karl Huber wurde Dritter Bürgermeister in Dorfen. Das etwas eigenartige Verhalten von Bürgermeister Huber lässt sich vielleicht so erklären, dass er die große Siedlung in Dorfen Nord zu einem Abschluss bringen wollte. Eigenartig war es dennoch!"

Eine weitere Anekdote aus dieser Zeit kann Hermann Simmerl ebenso berichten: „In Schwindkirchen verliefen die Diskussionen im Zuge der Gemeindegebietsreform ziemlich kämpferisch. Die Gegebenheiten waren auch sehr schwierig, denn die Gemeinde gehörte bis dato zum Landkreis Mühldorf. Es ist daher nicht verwunderlich, dass die Gemeinde tief gespalten war. Der östliche Teil wollte bei Mühldorf bleiben, der westliche unter der Führung des Bürgermeisters Hans Rampf war für die Fusion mit Dorfen. Die Stimmung war sehr aufgeheizt, ja feindselig aggressiv mit heftigen Auseinandersetzungen. Schließlich wurde auch in Schwindkirchen eine Bürgerbefragung durchgeführt mit dem Ergebnis, dass mehr als 50 Prozent der Bürgerinnen und Bürger für einen Zusammenschluss mit Dorfen stimmten. 1972 wurden die beiden Kontrahenten Bürgermeister Hans Rampf und der Gemeinderat Peter Meindl in den Dorfener Stadtrat gewählt. Die Auseinandersetzungen wurden Gott sei Dank nicht fortgesetzt."

Hans Rampf

Sebastian Wohlsager

In Erinnerung geblieben ist Simmerl auch folgendes Ereignis: „In Hausmehring verlief die Diskussion um den Anschluss an Dorfen sehr emotional und gipfelte in der Aussage von Bürgermeister Sebastian Wohlsager: ‚Wir wollen keine Verbindung mit Dorfen, weder oberirdisch noch unterirdisch'. Er brachte so zum Ausdruck, dass sich Hausmehring und sein Bürgermeister eine Aufgabe der Selbstständigkeit nicht vorstellen konnten. Da verursachte es große Aufregung, als der damalige Dorfener Pfarrer in einer Predigt positiv Stellung bezog für einen Anschluss nach Dorfen. Schließlich kam es aber doch noch zu einer Verbindung mit Dorfen. Mit dem 1. Juli 1971 war der Zeitpunkt gekommen, an dem die Gemeinde Hausmehring nach Dorfen eingegliedert wurde. Doch wenigstens wurde Sebastian Wohlsager Zweiter Bürgermeister in der Großgemeinde Dorfen und konnte bei der Gestaltung der Kommune ein wichtiges Wort mitreden."

Aber die Gebietsreform wurde nicht nur in den eingegliederten Gemeinden, sondern auch in der neuen Großgemeinde Stadt Dorfen anfänglich nicht selten recht kritisch betrachtet, aber in den folgenden Jahren setzte sich schnell die Überzeugung durch, dass dadurch eine für alle Beteiligten zukunftsfähige Situation geschaffen wurde.

Dabei hatte man noch Mitte der 1970er-Jahre in Dorfen in Bezug auf die Eingemeindung der ehemals selbstständigen Gemeinden spöttisch vom „Wolf und den sieben Geißlein" gesprochen, womit man natürlich Franz Wolf, den damaligen Ersten Bürgermeister der Stadt Dorfen, und die zu Dorfen gekommenen Gemeinden meinte. All das war aber längst einer neuen Realität gewichen.

Denn trotz des Ringens und der langjährigen Vertragsverhandlungen mit den ehemaligen Gemeinden integrierten sich die „Neuen" hervorragend. Sie wuchsen in den darauffolgenden Jahren mit der Stadt Dorfen zu einer Einheit zusammen und waren in jeder Hinsicht ein Zugewinn. Auf seine Weise stellt dies auch Robert Haas in seinem 2014 erschienenen „Dorfen CityGuide" fest. Zum Thema Gebietsreform in Dorfen schreibt er kurz und knapp mit einem Schuss Ironie und einem satirischen Unterton:

„In den beiden Phasen der Gemeindegebietsreformen 1972 und 1978 wurde das umliegende Maisanbaugebiet an Dorfen angegliedert. Seitdem hat auch Dorfen einen sogenannten „Speckgürtel", bestehend aus Algasing, Eibach, Esterndorf, Grüntegernbach, Hausmehring, Jaibing, Oberdorfen, Kloster Moosen, Wölling, Hampersdorf, Kalling, Schiltern, Schwindkirchen, Landersdorf, Wasentegernbach, Watzling und Zeilhofen."

Franz Wolf

Bräu z´Loh – Brauerei Lohmeier

Handwerkliches Arbeiten nach Bayerischem Reinheitsgebot von 1516

In einer globalisierten Welt bekommen Herkunft und Heimat einen ganz neuen Stellenwert. Für die lokale Verwurzelung steht die Familienbrauerei Bräu z´Loh, malerisch zwischen Schwindkirchen und Wasentegernbach in einem kleinen Weiler unweit von Dorfen gelegen. Hier wird an altbewährten Prinzipien, dem handwerklichen Arbeiten nach dem Bayerischen Reinheitsgebot von 1516 und dem Rohstoffbezug aus der nahen Region festgehalten.

Gegründet wurde die Brauerei 1928 nach einer Anzeige wegen illegalen Bierausschanks. Großvater Michael Lohmeier hatte dafür zu sorgen, dass das Gesinde genügend flüssige Nahrung erhielt. Aufgrund der kostspieligen Bierbeschaffung, braute er jedoch vorerst nur für den Eigenbedarf Bier.

Die kleine, versteckte Familienbrauerei stellt die verschiedensten Sorten Bier her. Dazu zählen Hell Export, in Anlehnung an Oma Maria das Bräu Mare Hell, Dunkel, Märzen, Pils, Kellerbier oder Weißbier – auch als leichte Variante. Hinzu kommen das saisonal erhältliche trübe Radler, zur Kirchweih das berühmte Kirtabier und ab der Weihnachtszeit bis in die Fastenzeit der helle Bock. Des Weiteren stellt der Bräu z´Loh auch zahlreiche Limonaden her.

v.l. Barbara Lohmeier, Azubi Elias Schrimpf und Kilian Vollmann, Eva Winkler.

Michael Lohmeier wurde dabei von einem Münchner Braumeister, der in der Gegend zur Jagd ging, auf die Idee gebracht. Kurz darauf flatterte eine Anzeige ins Haus, da er sein Bier gegen Bezahlung in der Stube ausschenkte. Aber Michael Lohmeier ließ sich das Bierbrauen nicht verbieten und verkündete lautstark: „Wenn das so ist, dann wern ma gewerblich!". Ab diesem Zeitpunkt musste das hergestellte Bier auch unter die Leute gebracht werden. Auf diesem Wege lernte der erste Sohn Nikolaus dann auch seine spätere Frau Maria kennen, als er bei Ihren Eltern um gewünschte Lieferung anfragte.

Die Produktpalette der Brauerei

Beim Bräu z´Loh helfen seit jeher alle zusammen. Während des Krieges übernahmen die Frauen das Bierbrauen, damit auch in schlechten Zeiten das Bier nicht knapp wurde. In dieser schwierigen Lage gründete Nikolaus mit Maria eine Familie. Sie bekamen zwei Töchter und einen Sohn Nikolaus jun., welcher 1974 den Betrieb übernahm, da sein Vater als Bürgermeister in die Politik ging. Nikolaus jun. baute zusammen mit seiner Mutter Maria den Betrieb stetig aus. Mit seiner Frau Josefa bekam er vier Töchter. Von Ihnen leitet nun Tochter Barbara seit 2020 die Brauerei.

Der Bräu z´Loh bietet eine umfangreiche Belieferung an Privatkunden, Getränkemärkte, Volks- und Vereinsfeste in der Region an. Des Weiteren verfügt die Brauerei über einen eigenen Verkaufsladen, in welchem das Bier auch ab Brauerei erhältlich ist. Zudem wurde ein Onlineshop für Merchandise und Probierpakete eingerichtet.

In der Loher Brauerei arbeiten 11 Personen, davon zwei Auszubildende. Die Produktion leitet Barbara Lohmeier zusammen mit Eva Winkler aus Rinning bei Dorfen, die beste Brauerin Oberbayerns und Drittbeste ganz Bayerns. Aufgrund dessen wurde der Bräu z´Loh vor kurzem als vorbildlicher Ausbildungsbetrieb ausgezeichnet. Mithilfe der vielschichtigen Belegschaft aus Bierfahrern, Brauern, Maschinenführern, Bürokräften und Lehrlingen wird hier das Brauerhandwerk mit Liebe weitergeführt und die Region mit heimatlichem Bier versorgt.

Barmherzige Brüder Algasing

„Das HERZ befehle"

Die Barmherzigen Brüder Algasing haben eine lange Tradition. Auf den Ordensstifter Johannes von Gott mit seinem Leitmotiv „Das HERZ befehle" geht die besondere Ausrichtung zurück. Neben den drei klassischen Gelübden – ehelose Keuschheit, Armut und Gehorsam – legen sie als viertes das Gelübde der Hospitalität ab. Hospitalität lässt sich mit „Gastfreundschaft" übersetzen. Daraus resultiert der Anspruch der Barmherzigen Brüder, insbesondere offen für die Menschen zu sein, die krank, behindert, alt oder benachteiligt sind.

Zunächst kauft der Dorfener Pfarrer Schmittner 1860 in der landschaftlich reizvollen Region von Kaspar Algasinger, letzter Spross eines Bauerngeschlechts, dessen Gut. Darin entsteht eine „Anstalt für verwahrloste Knaben". Drei Jahre später werden Barmherzige Brüder nach Algasing zur Unterstützung entsendet. 1868 geht die Einrichtung an den Orden über. Sie bauen die Anstalt zu einem Schülerheim mit Volksschule für 250 Buben aus und errichten die Kirche mit Mariensäule im Klostergarten. Bis 1965 betreiben die Barmherzigen Brüder hier ein Internat. Zwei Jahre später wird nach umfangreichen Umbauten ein Heim für 200 behinderte und pflegebedürftige Männer. Damit sind die Wurzeln für das heutige Wohn- und Pflegeheim für Menschen mit Behinderung gesetzt. Kurz danach gründet Pater Johannes von Avila Neuner eine eigenständige Beschäftigungstherapie. Daraus entstehen die bekannten und beliebten Adventsausstellungen, die auch die Kontakte zur Bevölkerung wesentlich fördern.

In den 1980er- und 1990er-Jahren bauen die Barmherzigen Brüder die Einrichtung deutlich aus. Durch ein zusätzliches Wohngebäude lässt sich die Stärke der Wohnbelegung halbieren. Die Werkstatt für behinderte Menschen startet und bietet und bietet 160 Werkstatt- und Förderstättengänger sowie 30 Mitarbeitenden einen freundlichen Arbeitsplatz. Außerdem werden erstmals in der bayerischen Ordensprovinz behinderte Frauen im Heim aufgenommen. Zusätzlich entstehen fünf „Gartenhäuser" mit 150 Wohnheimplätzen für Werkstattgänger.

Die Förderstätte St. Josef der Barmherzigen Brüder in Algasing bietet Menschen mit Behinderung die Möglichkeit, ihre Persönlichkeit zu entfalten, Gemeinschaft zu erleben, eigene Fähigkeiten zu entdecken, einzusetzen und weiterzuentwickeln. Die Inhalte, Methoden, Aktionen werden in Einzel- oder Gruppenmaßnahmen oder in freier Beschäftigung angeboten und durchgeführt. Das Spektrum reicht von Montage-, Verpackungs- und Konfektionierungsarbeiten für Industrie und Handel sowie Postverteilung und Telefondiensten über die Schreinerei bis zur Likör-, Essig- und Ölabfüllung.

In den 2000er-Jahren stehen Generalsanierung und weitere Neubauten an. Es kommen unter anderem ein Mehrzweckbereich mit Speisesaal, Verteilerküche und Cafeteria sowie ärztliche Sprech- und Behandlungszimmer hinzu. Das Qualitätsbewusstsein in Werkstatt und Wohnbereich bestätigt die DIN ISO-Norm 9001. Nach dem Anschluss an eine Biogasheizanlage wird auch das Umweltmanagement der Gesamteinrichtung erfolgreich zertifiziert.

Heute bieten die Barmherzigen Brüder Algasing breit differenzierte Wohnangebote für Menschen mit einer geistigen oder mehrfachen Behinderung und für Menschen mit der Krankheit Chorea Huntington. Menschen mit diesem Symptomen leiden beispielsweise an Bewegungsstörungen.

Konkret bieten die Barmherzigen Brüder in Algasing zwei unterschiedliche Wohnangebote an. Zum einen können Menschen mit geistiger Behinderung in gemeinschaftlichen Wohnformen leben. Zum anderen erlaubt das Ambulant Begleitete Wohnen (ABW) ein Wohntraining mit Assistenzleistungen in Anspruch zu nehmen. So können Menschen mit Behinderungen eine weitestgehend selbstbestimmte und eigenverantwortliche Lebensführung erlangen. Dabei stehen für die fachlich versierten Mitarbeitenden sowie die Fachdienste die Unterstützungs- und Assistenzwünsche der Klientinnen und Klienten stets im Vordergrund. Aber auch die Zusammenarbeit mit Eltern, Angehörigen und rechtlich Betreuenden ist ein wichtiger Baustein.

Durch die Lage des Standortes in einem verkehrsberuhigten Bereich können auch Menschen, die sich im Straßenverkehr unsicher bewegen, ein hohes Maß an Selbstständigkeit erreichen. Zu den Nachbarn wird ein enger und herzlicher Kontakt gepflegt.

Als Leitbild und Markenzeichen leben die Barmherzigen Brüder eine besondere Gastfreundschaft, die sich an dem christlichen Menschenbild und dem Evangelium der Barmherzigkeit orientiert. Sie richtet sich an alle, besonders an Kranke, Notleidende und Menschen mit Behinderung. Ihnen wird im besonderen Maß Aufgeschlossenheit, Zuwendung, Anteilnahme, Einfühlsamkeit und fortwährende Hilfsbereitschaft zuteil. Neben ihrer Ordensphilosophie berücksichtigen die Barmherzigen Brüder auch gesellschaftspolitische und fachliche Entwicklungen.

Mitarbeitende können sich persönlich und fachlich weiterentwickeln. Grundsätze der Zusammenarbeit sind ein kommunikativer, transparenter Führungsstil, eine respektvolle und verantwortungsvolle Kommunikation und eine klare Organisationsstruktur. Zusätzlich sind den Barmherzigen Brüdern Familienfreundlichkeit, Arbeitssicherheit, Gesundheitsmanagement und eine angemessene Vergütung wichtig.

TAGWERK

Netzwerk für regionale Bio-Lebensmittel

Die TAGWERK Genossenschaft entsteht 1984 als Gemeinschaft von engagierten Verbrauchern, Erzeugern und Händlern bis 100 Kilometer um Erding. Sie produzieren und vermarkten regionale, biologisch zertifizierte Lebensmittel. Das Netzwerk verbindet die Liebe zur gesunden Natur und ein solidarisches Bewusstsein. Ziel ist es, die ökologische Landwirtschaft zu fördern, um die schöne Heimat für weitere Generationen zu erhalten.

Dafür schafft TAGWERK Anreize für Landwirte, ihren Beruf umweltschonend über weitere Generationen hinweg auszüuben und sensibilisiert gleichzeitig das Bewusstsein der Verbraucher für die Zusammenhänge. Mittlerweile engagieren sich rund 100 Erzeuger und viele regionale Verarbeitungsbetriebe. Dazu zählen Getreide-Landwirte, Imker, Gemüsegärtner, Bäcker, Käser, die TAGWERK Bio Metzgerei und viele weitere. Die regionalen Bio-Produkte finden sich in den TAGWERK Läden sowie im ausgesuchten Naturkostfachhandel.

Zusätzlich setzt sich der TAGWERK Förderverein politisch und gesellschaftlich für eine nachhaltige, ökologische und regionale Landwirtschaft ein. Mit einem Genossenschaftsanteil oder einer Vereinsmitgliedschaft kann jeder den ökologisch-regionalen Gedanken fördern.

Stadler Transporte

Qualität und Zuverlässigkeit seit 1989

Das Familienunternehmen Stadler Transporte befindet sich im südöstlichen Teil des Landkreises Erding in der ehemaligen Gemeinde Schiltern, die bis 1972 Teil des Landkreises Wasserburg war. In den 1970er- und 1980er-Jahren betreibt die Familie neben der Landwirtschaft bis 1991 einen Raufutterhandel.

1989 beginnt zusätzlich mit dem ersten Tanklastzug der Transport von Deponiesickerwasser. Dazu kommt auch die Vermarktung von Klärschlamm in der Landwirtschaft. Diese beiden Bereiche weiten sich dann auf den südbayerischen Raum aus. In dieser Zeit wird der Firmensitz in Thal bei Schiltern in der heutigen Stadt Dorfen ausgebaut. Zu dem Anwesen gehört auch die völlig neu errichtete Andrebauernkapelle, die 1994 eingeweiht wird.

Ab den 2000er-Jahren spezialisiert sich Stadler Transporte weiter. Im Bereich der Flüssigkeitstransporte kommen Abwässer aus dem Bereich der Lebensmittelverarbeitung, Industrieabwässer sowie auch Gärresttransporte aus Biogasanlagen und Gülletransporte aus landwirtschaftlichen Betrieben hinzu. Außerdem ist der Familienbetrieb bei der Verwertung von entwässerten Schlämmen sowie im Transportgeschäft mit Tiefladern in Süddeutschland und Österreich aktiv.

WR Weber-Reisen

Reisen, vielfältige Erlebnisse, unvergessliche Momente

Das Familienunternehmen Weber-Reisen besteht seit 1929. Seitdem plant, organisiert und führt die Firma Reisen mit Leidenschaft durch – mittlerweile in dritter Generation. Seit fast 60 Jahren ist der Reisespezialist im Landkreis Erding ansässig. Von der Erfahrung durch die lange Firmengeschichte profitiert jeder Gast.

1929 im Gründungsjahr galt die Eröffnung eines Verkehrs mit Omnibussen noch als Pionierleistung. Georg Weber begann als einer der ersten in Oberbayern, einen fahrplanmäßigen Linienverkehr mit einem Omnibus. Schon Mitte der Dreißigerjahre wurde mit Ausflugs-Fahrten in die bayerischen und österreichischen Berge begonnen. Der Start zum internationalen Reiseverkehr war 1960. Gardasee, Rom, Wien, Paris, Lourdes und die Schweiz waren von den reisebegeisterten Kunden die bevorzugten Ziele.

Inzwischen ist ganz Europa von Nord nach Süd und von Ost nach West das Ziel der Weber-Reisebusse. Rund-, Erlebnis-, Kur- und Erholungsreisen sind die umfangreiche Palette des Angebotes. Seit vielen Jahren werden auch sogenannte Kombinations-Reisen angeboten. Der Vorteil ist, dass längere An- oder Rückreisen per Flugzeug bzw. per Bahn kombiniert werden und somit ein Teil der längeren Fahrt-Etappen entfallen. Tagestouren und Wanderfahrten dürfen auch nicht fehlen. Gute Planung, schöne Hotels und Reisebusse der neuesten 4- und 5-Sterne-Generation versprechen ein angenehmes und sicheres Reisen.

Nicht nur Busreisen, auch Flug-, Schiffs- und Flusskreuzfahrten werden mit großem Erfolg – auch in Zusammenarbeit mit namhaften Partnern – seit vielen Jahren angeboten und veranstaltet.

Ganz besonders wird Wert auf Sicherheit, Qualität und Service gelegt. Eine innovative Busreise ist heute ein wichtiger Beitrag zum Klimaschutz. Der Reisebus zählt nach wie vor zu den absolut sichersten

und umweltfreundlichsten Verkehrsmitteln. Geblieben ist die Leidenschaft, immer zukunftsorientiert neue Ziele zu entdecken.

„Seit 2021 sind wir auch ein zertifiziertes klimaneutrales Unternehmen, da die Treibhausgasemissionen ausgeglichen werden."

Neben den beliebten Busreisezielen in Europa – hier auf einer Fahrt durch Südtirol – waren und sind die Weber-Reisegruppen schon weltweit unterwegs: Von Neuseeland bis Alaska, von Südafrika bis China und von Vietnam bis Panama und Costa Rica sind vielen Reisegästen bestimmt unvergessliche Momente in Erinnerung.

Firmenzentrale: Von hier aus leitet der Mittelständler die Bereiche Neubauinstallation, Altbausanierung, Kundendienst, Badregisterbau, Solar- und Biomasseanlagen.

Steinbeisser

Vom Brunnenbauer zum namenhaften Installationsbetrieb

Die Erfolgsgeschichte des Unternehmens beginnt bereits im Jahr 1886, als Valentin Steinbeisser einen Betrieb für Brunnen- und Wasserleitungsbau in Dorfen gründete. Es war eine innovative Zeit, als Städte und Haushalte allmählich an eine zentrale Trinkwasserversorgung angeschlossen wurden. So lag der Schwerpunkt der damaligen Tätigkeit im Brunnen- und Wasserleitungs- und Widderbau. Valentin Steinbeisser baute artesische Brunnen bis zu einer Tiefe von 100 Metern, wie ein altes Foto im damaligen Bachmayer'schen Brauereigarten zwischen der Schäfflergasse und der Erdinger Straße belegt.

Georg Steinbeisser sen. – anerkannter Installateurmeister

Weil ihm der Betrieb als Wasserversorger, quasi in die Wiege gelegt wurde, übernahm Georg Steinbeisser 1917 die Leitung der Firma. Steinbeisser baute unter anderem die Wasserleitung von Erding nach Langengeisling. In der Folge wandte er sich mehr und mehr der Wasserinstallation zu. Als anerkannter, wie kompetenter Installationsmeister war ihm die Qualität seiner Arbeit stets ein be-

sonderes Anliegen. Eine Reihe von namhaften Architekten und Bauherren bekräftigten dies. Dass sein erfolgreich aufgebautes Werk schließlich auch in dritter Generation durch den Junior fortgeführt und zu noch größerer Blüte als Familienbetrieb mit weitreichender Kompetenz ausgebaut wurde, erfreute den Senior mit besonderem Stolz.

Georg Steinbeisser jun. – erfolgreicher Unternehmer und Visionär

Georg Steinbeisser jun. trat nach dem Studium für Allgemeinen Maschinenbau und abgelegter Diplomprüfung an der TU in München 1956 in die Firma ein und gründete 1958 die KG. Mit einem versierten, ständig erweiterten Team eröffnete Steinbeisser 1963 eine Zweigstelle in München. Zunächst übernahm Georg Steinbeisser jun. 1972 allein die Firma. Der Weg zu einem fundierten, wie erfolgreichen Betrieb mit weitreichender Kompetenz war nicht immer einfach. 1978 wurde die Firma in eine GmbH & Co. umgewandelt. Schon Anfang der Siebziger Jahre nahm der familiengeführte Betrieb einen steilen Aufstieg.

Auf dem Neubausektor hat sich Steinbeisser mit einem stets erweiterten, hochqualifizierten Team vor allem im Münchner Raum sowohl bei privaten wie öffentlichen Auftraggebern einen guten Namen gemacht. Zahlreiche Hochhäuser (Arabellapark, Hotels und Siedlungen), Wohn- und Geschäftsbauten und nicht zuletzt die Modernisierung und Erweiterung der Clubanlagen des FC Bayern haben haustechnische Anlagen von Steinbeisser, bei denen eine Reihe von Ingenieuren und Technikern stets für modernes technisches Know-how

Nachfolger Georg Steinbeisser sen. übernahm 1917 die Leitung der Firma.

1972 übernahm Dipl.-Ing. Georg Steinbeisser jun. die Firma und präsentierte sich als erfolgreicher Unternehmer und Visionär.

sorgten. Durch das wachsende große Auftragspensum konnte die Firma zwischenzeitlich bis zu 150 Mitarbeiter beschäftigen. Angeschlossen wurde dem Unternehmen ein Kunden- und Wartungsdienst, bei dem geschulte Monteure, die selbst erstellten Anlagen betreuten.

In der Altbaumodernisierung übernahm Steinbeisser mit jahrzehntelanger Erfahrung als eines der ersten Unternehmen die Herausforderungen der Modernisierung mit den Prämissen: Vermeidung unzumutbarer Lärmbelästigung sowie kurze Montagezeiten. Viele Kollegen-Firmen arbeiten mit den

Gründer Valentin Steinbeisser bringt mit seinen artesischen Brunnen die Innovation Trinkwasser in Städte und Haushalte.

von Steinbeisser selbst entwickelten Patenten, gefertigten Zubehörs und Lösungen für eine kostengünstige Modernisierung. In eigenen Werkshallen in Dorfen werden komplette Montageeinheiten, wie beispielsweise Verteilerstationen, Installationsregister und Rohrstrangeinheiten vorgefertigt. In der Schwesterfirma GS-Isotherm GmbH wurden vorisolierte Fernleitungsrohre hergestellt und im In- und Ausland verkauft. Die industrielle Fertigung von verschiedenem Branchenzubehör rundet das Lieferprogramm ab.

Schließlich reichte die fachliche Kompetenz der Firma mit der international tätigen Firma Radmer-Hinterecker aus München sogar nach Bagdad und Tripolis, wo Steinbeisser-Teams von 1980 bis 1984 Sanitär- und Lüftungsanlagen für die Paläste von Saddam Hussein und Mohammed Gaddafi fertigten. Aus gesundheitlichen Gründen musste Georg Steinbeisser die Firma schweren Herzens an den Schwager RA Michael Bayerl und Rolf Dechamps veräußern.

Im Oktober 2000 übernahmen Rolf Dechamps und Johann Wendl die Steinbeisser & Co. KG unter der neuen Firmierung Steinbeisser Service Team GmbH & Co. Johann Wendl leitet den mittelständischen Betrieb seit 2008 als allein geschäftsführender Gesellschafter mit den Sektoren Neubauinstallation, Altbausanierung, Kundendienst, Badregisterbau, Solar- und Biomasseanlagen.

Durch die Ausbildung von Lehrlingen in den Gewerken Heizung und Sanitär konnte sich Steinbeisser einen festen Nachwuchs an jungen Monteuren bzw. Meistern verschaffen.

Die Ausbildung ebnet den Weg zu einer schönen Karriere. Steinbeisser ist durch den hervorragenden Einsatz der Monteure stark in der Neuinstallation (Referenzen: Krankenhäuser, Ärztehäuser, Bürogebäude). Altbausanierung wird zum Teil aus einer Hand angeboten. Für Kundendienst und Wartungen sind speziell geschulte Kundendienstmonteure unterwegs. Der Registerbau nach Maßanfertigung kann in der eigenen Werkstatt produziert werden.

WILM Entsorgung – Recycling

Fachgerechte Abfallentsorgung schützt die Umwelt

Mittlerweile sind die Weichen von WILM weiter Richtung Zukunft gestellt. Sohn Tobias Kräutler als dritte Generation des Familienunternehmens ist bereits in leitender Position eingebunden.

Mit dem Spruch „zu gut für die Tonne" wird für mehr Bewusstsein an der Abfalltonne geworben. Denn heutzutage ist längst nicht alles Restmüll, was in Haushalt oder Betrieb nicht mehr gebraucht wird. Mittlerweile gibt es einen dynamischen Markt für Abfallwirtschaft. Denn pro Kopf und Jahr werden in Bayern stattliche 326 Kilo Wertstoffe aus Sammlung und Sortierung zur stofflichen und biologischen Verwertung erfasst. Diesen Wandel in der Abfallwirtschaft gestaltet das Familienunternehmen WILM Entsorgung – Recycling aktiv mit. Dafür tauscht es sich beispielsweise eng mit Partnern und Betreibern von Verwertungsanlagen aus, um neue Entwicklungen und Synergieeffekte zu erkennen.

WILM ist ein Entsorgungsfachbetrieb und erfüllt damit die gesetzlichen Anforderungen, für das Einsammeln und Befördern von Abfällen. Der Gesetzgeber erlaubt dies ausschließlich besonders qualifizierten Betrieben, die definierte Voraussetzungen laufend erfüllen. Die Einhaltung der Vorschriften wird bei WILM alljährlich kontrolliert und mit einem Zertifikat bestätigt. Die Überprüfung nimmt unter anderem Sicherheit, Zuverlässigkeit, lückenlose Dienstanweisungen und regelmäßige Schulungen exakt unter die Lupe.

Nur so kann eine haushaltsnahe Rest- und Biomüllerfassung auch als Dienst für die Umwelt stattfinden. Zu diesen regelmäßigen Sammeltouren kommen noch Papier und Gewerbemüll hinzu. Darüber hinaus gehört ins Dienstleistungsspektrum von WILM der Containerdienst. Abtransportiert werden unter anderem Baumischmüll, sauberer oder verunreinigter Bauschutt, Grünabfälle, behandeltes und unbehandeltes Holz, künstliche Mineralfasern, Rigips oder Styropor. WILM entsorgt bzw. vermarktet diese Materialien zuverlässig und fachgerecht. Am Stammsitz in Dorfen können auch Abfälle direkt angeliefert werden. Eisen, Glasflaschen sowie Papier, Pappe und Kartonagen werden kostenlos angenommen. Für andere Abfalllieferungen fallen Gebühren an.

Dieses zeitgemäße Angebot des Entsorgungsfachbetriebes veranschaulicht, wie sich die Abfallwirtschaft in den letzten Jahrzehnten gewandelt hat. Noch Ende der 1980er Jahre landet ein Großteil des Abfalls auf Deponien, die Müllberge

Das erste Müllauto des
Unternehmens war ein Tatra

wachsen sprichwörtlich in den Himmel. Einen Kurswechsel läutet 1991 die erste deutsche Verpackungsverordnung ein.

Auch die Müllabfuhr selbst ist ein wichtiger Teil der Abfallwirtschaft und für jede Stadt und jede Gemeinde eine wesentliche Dienstleistung. Ihre Bedeutung wird oftmals erst dann sichtbar, wenn sie eben nicht im gewohnten Takt funktioniert. Das Familienunternehmen WILM ist durchaus stolz darauf, dass es seit sechs Jahrzehnten mindestens einmal die Woche bei seinen Kunden vorbeikommt.

Auch diese Touren haben sich deutlich verändert. Heute gehören Abfallsammelfahrzeuge mit eingebauter Presse sowie automatischen Hebe- und Kippvorrichtungen zum alltäglichen Straßenbild. Zusätzlich setzt WILM Schritt für Schritt die neuesten Fahrzeuggenerationen ein. Sie vermindern deutlich den Schadstoffausstoß und reduzieren zugleich erheblich die Lärmbelastung.

Weil Abfallentsorgung mehr ist, als die eigentliche Müllabfuhr, berät das fachkundige WILM-Team auch etwa in Sachen Kosten und Umwelt. Bürger und Gewerbebetriebe werden über die Möglichkeiten von Abfallvermeidung und Verwertung informiert.

GESCHICHTE

Der Start des Familienunternehmens findet sich im Jahr 1960. Unternehmer Anton Wilm und dessen Gattin Therese gründen das gleichnamige Unternehmen. Zunächst werden rund 80 Restmülltonnen im Landkreis Erding und der Gemeinde Kirchheim geleert. Das war für die Mitarbeiter ein echter Knochenjob. Die Mülltonnen aus Metall sind schwer und haben noch keine Räder. Sie müssen per Hand in das erste und einzige Abfuhrauto, ein Tatra, geleert werden. Aus der WILM-Firmenchronik ist bekannt, dass das keineswegs gefahrlos war. In den Haushalten wird meist noch mit Kohle geheizt, die Asche landet oftmals noch mit Restglut in der Tonne. Mehr als einmal geht im Müllwagen wieder das Feuer an.

Über die Jahre wächst der Betrieb, 1982 beginnt der Bau des zentralen Betriebshofes am Gewerbering in Dorfen. Es entstehen eine eigene Lkw-Werkstatt, Garagen und Sozialräume für die operativ tätigen Mitarbeiter. Dann übernehmen Tochter Beate und Ehemann Karl Heinz Kräutler im Zuge eines Generationswechsels im Jahr 1996 das Geschäft.

Sie erweitern vier Jahre später das Betriebsgelände um ein Nachbargrundstück. Dort findet sich heute das moderne Bürogebäude sowie die großzügige Werk- und Verladehalle mit gut 1200 Quadratmetern. Denn der Fuhrpark wird größer und größer und umfasst heute 21 Fahrzeuge. Damit können die 34 operativen Mitarbeiter ein breites Leistungsspektrum abdecken.

BERGLERN

Geteilt von Rot und Silber; oben eine silberne heraldische Rose, unten ein grüner Dreiberg.

Der Namensbestandteil „Berg" der Gemeinde Berglern findet sich als grüner Dreiberg im Wappen wieder. Die stilisierte, silberne Rose in der oberen roten Schildhälfte verdeutlicht ortsgeschichtliche Bezüge. Die Rose ist aus dem Wappen der Grafen von Moosburg entlehnt. Sie hatten im Mittelalter nicht unbeträchtlichen Grundbesitz in Berglern, durften Recht sprechen und Steuern, der sogenannte Zehent, erheben. Das Wappen für Berglern zeigt nur eine silberne Rose. Dadurch unterscheidet es sich vom alten Wappen der Stadt Moosburg in Landkreis Freising mit drei Rosen in Silber und Rot des Grafengeschlechts.

FLÄCHE ALT: 19,89 km²	**FLÄCHE NEU:** 19,89 km²
EW 1972: 1041	**EW 2021:** 3044
ERSTE ERWÄHNUNG: 793	

Landschaftliche Besonderheit mit buschbestandenen Weiden

Durch die sehr zentrale Lage ist unsere Gemeinde ein sehr beliebter Wohnort. Seit Anfang der 1990er-Jahre hat sich die Einwohnerzahl in Berglern mehr als verdoppelt. Nach München sind es rund 45 km, nach Landshut knapp 30 km und nach Freising knapp 20 km. Die zentralen Orte in der unmittelbaren Nachbarschaft sind die Kreisstadt Erding und der Markt Wartenberg als Sitz der Verwaltungsgemeinschaft. Darüber hinaus ist die Nähe zur Autobahn A92 und zum Flughafen München auch für Gewerbebetriebe sehr attraktiv.

St. Andreas in Niederlern

Vermutlich leitet sich der Name Berglern von „laren" ab. Der Begriff bezeichnet eine landschaftliche Eigenart von buschbestandenen Weiden. Die Wortverbindung mit „Berg-" ergibt sich aus der leichten Hügellage. Sie sorgt verbunden mit dem fruchtbaren Lößboden Berglern seit alters her für eine gewisse Sonderstellung in der Landschaft.

Funde aus der Steinzeit deuten auf eine frühe Besiedelung hin. Das belegt insbesondere der erst 1952 östlich der Pfarrkirche aufgefundene Urnenfelderfriedhof. Die erste urkundliche Erwähnung bezieht sich auf einen Grundstückstausch von Bischof Atto von Freising (783 bis 793). Im Jahr 1993 fanden zahlreiche Feierlichkeiten anlässlich der 1200-jährigen Wiederkehr der ersten urkundlichen Erwähnung statt.

Die weithin sichtbare Pfarrkirche St. Peter und Paul erbaut der Erdinger Baumeister Lethner Mitte des 18. Jahrhunderts. In der Kirche befinden sich wertvolle Plastiken und als Fresken gestaltete Kreuzwegstationen, die in dieser Form einmalig sind. Die Filialkirche St. Andreas in Niederlern wurde am 1698 geweiht und gilt als Juwel früherer Baukunst. Beide Kirchen wurden in den achtziger Jahren mit einem Millionenaufwand von Grund auf restauriert.

Anton Scherer
Erster Bürgermeister

Pfarrkirche St. Peter und Paul

BOCKHORN

In Rot über einem silbernen Horn mit goldenen Beschlägen ein silberner Wellenbalken.

Aus dem bis zur Gebietsreform geltenden Wappen der mit Bockhorn zusammengelegten früheren Gemeinde Grünbach wurde das silberne Horn übernommen als Hinweis auf das im Mittelalter dort ansässige Adelsgeschlecht der Kraft von Grünbach, während die frühere Gemeinde Bockhorn in Anlehnung an ihr ebenfalls gegenstandslos gewordenes Gemeindewappen durch den Wellenbalken als Flusssymbol für die Strogen, die durch das Gemeindegebiet fließt, repräsentiert wird.

FLÄCHE ALT:	46,24 km²	FLÄCHE NEU:	47,15 km²
EW 1972:	2263	**EW 2021:**	4347
Bockhorn	679		
Eschlbach	342		
Grünbach	313		
Salmannskirchen	929		
ERSTE ERWÄHNUNG:	926		

Mehr als 1200 Jahre jung

Die erste urkundliche Erwähnung der Ortschaft Bockhorn war im Jahr 926 als Paccarun-Bockhorn. Der Ortsteil Grünbach feierte bereits 2016 sein 1200-jähriges Bestehen.

Die politische Gemeinde Bockhorn ist im Zuge der Gebietsreform 1972 aus den früher eigenständigen Gemeinden Bockhorn, Eschlbach, Grünbach und Salmannskirchen entstanden. Ein Teil der Gemarkung Matzbach kam 1978 noch hinzu.

Der Ortskern Bockhorn mit Schule, altem Rathaus, der Pfarrkirche, neuem Rathaus und Dorfladen auf einer Postkarte

Bockhorn liegt zentral im Landkreis und spiegelt auch dessen Landschaft wider: fruchtbare Ebenen im Westen, Hügelland im Osten.

Die Entwicklung der Gemeinde Bockhorn wurde maßgeblich durch die Nähe zur Großen Kreisstadt Erding sowie zum Verkehrsflughafen Franz Josef Strauß beeinflusst. Die Gemeinde wuchs kontinuierlich, gesteuert durch eine moderate Ausweisung von Bauland. Trotz des Rückgangs der kleinstrukturierten Nahversorgung sowie der landwirtschaftlichen Betriebe konnte die Gemeinde ihren dörflichen Charakter behalten. Wirtschaftlich hat sich nach dem Zusammenschluss die Gemeinde mit vielen einheimischen Gewerbebetrieben sowie der Ausweisung von zwei Gewerbegebieten gut entwickelt.

Bockhorn verfügt über zwei Kinderhäuser und einen Naturkindergarten, eine Grundschule mit offener Ganztagsschule, Turnhalle mit Freisportanlagen sowie Sportplätze in Grünbach und Kirchasch. Den Ortskern bilden das Rathaus, die Pfarrkirche und das Geschäftshaus.

Aktuell sind im Gemeinderat (16 Mitglieder) die Freie Wählergemeinschaft, die CSU, Bürgerlisten Kirchasch und Grünbach sowie die AfD vertreten.

Gesellschaftlich, sportlich und kulturell bieten die ca. 50 Vereine der Gemeinde ein abwechslungsreiches Programm über das ganze Jahr hinweg. Es ist für jeden Geschmack etwas geboten mit Theateraufführungen, Konzerten und vielen anderen Festen, die seit vielen Jahren Tradition haben. Der Golfplatz in Grünbach ist überregional bekannt.

Lorenz Angermaier
Erster Bürgermeister

Das alte Rathaus, Sitz der Gemeinde bis 2002

BUCH A. BUCHRAIN

In Schwarz eine obere rechte goldene Vierung, darin ein schwarzer Stierkopf, und ein aus der Ecke der Vierung wachsender silberner Buchenzweig mit drei Blättern, bewinkelt von zwei goldenen Bucheckern an silbernen Stielen.

Buch am Buchrain war im Hochmittelalter Sitz eines Adelsgeschlechtes. Das Wappen dieser bis ins 14. Jahrhundert nachweisbaren Familie wurde in veränderter Form der Gestaltung des Gemeindewappens zugrunde gelegt. Im 16. Jahrhundert wurde Moritz von Sandizell, ein Pfarrer von Buch, zum Bischof von Freising gewählt. Der Stierkopf ist dem Wappen der Familie Sandizell entnommen; er erinnert gleichzeitig auch an die landwirtschaftliche Struktur der Gemeinde. Die Buchenblätter „reden" für den Ortsnamen.

FLÄCHE ALT: 22,75 km²		**FLÄCHE NEU:** 23 km²	
EW 1972:	842	**EW 2021:**	1701
ERSTE ERWÄHNUNG:	776		

Mittelpunkt für 15 Gemeindeteile

Das Leben in unserer Gemeinde Buch a. Buchrain wird durch Gemeinschaftssinn, Brauchtum und Glaube mit Arbeitseifer und Freude am Feiern geprägt.

Bereits vor der Gebietsreform war unsere Schule von der Schulreform 1968 betroffen und wurde unfreiwillig geschlossen, dafür ist der Schulverband Pastetten gegründet worden. Die ehemalige Schule wurde im Jahre 1995 zu einem Gemeindehaus mit Mehrzweckräumen, Sitzungssaal, ein Standesamtszimmer und Büro für den Bürgermeister umgebaut. Der größte Einschnitt war 1978, die Gründung der Verwaltungsgemeinschaft Forstern – Buch a. Buchrain – Pastetten. Zwei Jahre später mündete sie in die Verwaltungsgemeinschaft Pastetten und Buch a. Buchrain mit Sitz in Pastetten.

Dadurch verengte sich der Handlungsspielraum der Gemeinde, die im 8. Jahrhundert in Freisinger Urkunden im Jahre 776 erstmals erwähnt wurde und über eine der ältesten Pfarreien im Landkreis verfügt.

Mit Baulandausweisungen reagierte die Gemeinde auf Wünsche der Einheimischen, einen der 15 Gemeindeteile im Gemeindegebiet zum Lebensmittelpunkt zu machen. Seit dem Autobahnanschluss Pastetten 2012 besteht eine gute Verkehrsanbindung nach München. Für ein attraktives Gemeindeleben entstehen Zug um Zug die Kindertagesstätte, die Kinderkrippe und der Naturkindergarten. Der Bauhof wird zur Kläranlage verlegt, die wiederum im Jahre 2011 erweitert und saniert wurde. Die Aufrechterhaltung der eigenen Trinkwasserversorgung ist ein vordringliches Ziel der Gemeinde Buch. Die Sanierungen der Versorgungsleitungen war in den vergangenen Jahren eine wichtige Aufgabe der Gemeinde. Auf Grundlage eines Gewässerentwicklungskonzeptes wurde in den vergangenen Jahren der Bach „Hammerbach" renaturiert und Hochwasserrückhalteflächen geschaffen.

Der Breitbandausbau erschließt bereits einen Großteil der Außenbereiche. Im Zuge der Baulandausweisung „Am Haidfeld I", startete die Gemeinde Buch im Jahre 2020 ein großes Projekt mit dem Kommunalen Wohnungsbau, wo Wohnraum für einheimische Bürger geschaffen wird zu günstigen Mietpreisen. In dem gleichen Baugebiet wird das neue Feuerwehrhaus errichtet. Das wachsende Vereinsleben ist mit 18 Vereinen breit aufgestellt, hier können sich die Vereine seit dem Ausbau des Sport- und Freizeitgeländes im Jahre 2017 über die guten Bedingungen freuen.

Darüber hinaus werden Ortsbild und -charakter kontinuierlich weiterentwickelt. Mit einem Gemeindeentwicklungskonzept möchte die Gemeinde allen Bürgerinnen und Bürgern die Möglichkeit geben, hier mitzuwirken.

Zu den Sehenswürdigkeiten gehört vor allem die Barockkirche St. Martin Buch a. Buchrain, es lohnt sich auch ein Blick auf den denkmalgeschützten „Getreidestadel" in Hammersdorf.

Ferdinand Geisberger
Erster Bürgermeister

Maibaum in Buch a. Buchrain

Gemeindehaus Buch a. Buchrain   Bild: Ferdinand Geisberger

Pfarrkirche St. Martin

EITTING

Im Wellenschnitt schräglinks geteilt von Rot und Gold; oben die wachsende Krümme eines Bischofsstabes, unten ein schwarzer Eberkopf.

Durch die Gemarkung zieht der Kanal der Mittleren Isar, dessen Energie im Kraftwerk Eitting genutzt wird. Dieses markante Kennzeichen der Gemeinde wird im Wappen durch das heraldische Symbol für den Wasserlauf, den sogenannten Wellenschnitt dargestellt. Die Ortsgeschichte ist geprägt durch die Hofmark Eitting des Hochstifts bzw. Domkapitels Freising. Daran erinnern im Wappen der Bischofsstab als Hinweis auf Freising sowie die Freisinger Farben mit Schwarz, Gold und Rot und die Wappenfigur der Ebersbeck, der Eberkopf.

FLÄCHE ALT:	35,63 km²	**FLÄCHE NEU:**	35,63 km²
EW 1972:	1293	**EW 2021:**	3074
ERSTE ERWÄHNUNG:	750		

Das Kraftwerk unter den Gemeinden

Unsere Gemeinde Eitting mit ihren vier Ortsteilen, Eitting, Reisen, Gaden und Eittingermoos, ist eine landwirtschaftlich geprägte Gemeinde mit traditionellem, aber auch modernem Charakter. Der Hauptort Eitting wird geprägt durch seine gute Erschließung mit Kinderkrippe, Kindergarten, Grundschule, Metzgerei, Bäckerei, Brauerei, vier Gastronomien und zahlreichen Pensionen und Hotels.

Im Mittelalter diente Eitting den Freisinger Bischöfen als Hofmark, aber auch für die Torfgewinnung war unsere Gemeinde ein wichtiger Standort.

Grundschule in Eitting

Projekte wie der Bau des Mittleren Isarkanals und des Kraftwerkes in Eitting in den 1920er-Jahren oder der Bau der Startbahnen des Großflughafens München in den 1980er-Jahren sorgten für massiven Flächenverbrauch.

Aber auch der Bau der Flutmulde 1987/90 sowie die Errichtung der Kreisstraße ED 19 1993 schützen uns bis heute noch massiv vor Hochwasser und schafften eine perfekte Ortsumgehung.

Mittlerweile zählt unser Eitting zu den zuzugreichsten Gemeinden, es ist aber auch für die Ansiedlung von Gewerbebetrieben durch den hervorragenden Anschluss an die Autobahnen A92 und A94 sehr interessant geworden.

Durch unsere sehr engagierten Vereine gibt es ein aktives und attraktives Dorfleben, das für viele Bürgerinnen und Bürger eine Bereicherung ist.

In Eitting ist es schön und das sieht man auch an den zahlreichen Bewerbungen, die für unser neues Baugebiet in Gaden-Mitte eingegangen sind.

Auch für die Zukunft sind wir gut aufgestellt und freuen uns, wenn sich viele im schönen Eitting wohl fühlen.

Reinhard Huber
Erster Bürgermeister

Abwasserzweckverband Erdinger Moos (AZV)

Moderne Technik. Sauberes Wasser

Der AZV wird seit dem 1. Mai 2014 vom Oberbürgermeister der Großen Kreisstadt Erding, Max Gotz, als Verbandsvorsitzendem geführt.

Verwaltungsgebäude

Neben der Gewinnung von sauberem Trinkwasser stellt auch die Reinigung der Abwässer eine wichtige Aufgabe zum Schutz des Ökosystems Wasser dar. Der Abwasserzweckverband Erdinger Moos (AZV) ist ein leistungsstarker Dienstleister mit modernster Abwasser- und Umwelttechnik. 1976 erfolgte die Gründung des Abwasserzweckverbandes. Damit konnte eine umweltgerechte, wirtschaftlich organisierte und bürgerfreundliche Abwasserbeseitigung gemeindeübergreifend in Angriff genommen werden.

Dem AZV gehören neben der Großen Kreisstadt Erding die Gemeinden Berglern, Eitting, Forstern, Forstinning, Hohenlinden, Moosinning, Neuching, Oberding, Ottenhofen, Pastetten und Wörth sowie die Flughafen München GmbH an. Darüber hinaus besteht ein Einleitungsvertrag mit der Marktgemeinde Markt Schwaben. Durch die zentrale Abwasserbeseitigung im Verbandsklärwerk in Eitting hat sich die Abwasserqualität der früher stark belasteten Vorfluter Sempt, Fehlbach, Schwillach und weiterer zahlreicher Gewässer wesentlich verbessert.

Verlässlicher Arbeitgeber und Ausbilder

Für Bau und Betrieb der Anlagen sowie zur Abwicklung sämtlicher Verwaltungsaufgaben beschäftigt der AZV 80 fachkundige und motivierte Mitarbeiterinnen und Mitarbeiter unterschiedlichster Berufsgruppen. Die Vielfalt reicht von Fachhandwerkern, Ingenieuren und Laboranten im technischen Bereich bis zu Verwaltungsfachkräften, Betriebswirten und Juristen in der Verwaltung. Für den eigenen Nachwuchs bildet der AZV kontinuierlich sowohl in gewerblich-technischen Berufen als auch im Verwaltungsbereich aus. Das Unternehmen ist in die Abteilungen Verwaltung, Technik und Anlagenbetrieb untergliedert, die jeweils durch Ass.jur Alexandra Melzer, Dipl.-Ing (FH) Wolfgang Strube und Dipl.-Ing (FH) Wolfgang Pfanzelt geleitet werden.

Geschäftsleiter Josef Schmittner und stellvertretende Geschäftsleiterin Alexandra Melzer

Leistungsstarkes Kommunalunternehmen

Mit hochwertiger Infrastruktur, innovativer Technik und einem fachkompetenten Team präsentiert sich der AZV Erdinger Moos als ein leistungsstarkes Kommunalunternehmen. Es gehört aufgrund seiner Größe zu den bedeutendsten Abwasserentsorgern in Bayern. Dazu trägt die Besonderheit bei, dass sämtliche Abwässer aus dem Gebiet des Münchner Flughafens, einschließlich des für die Flugzeugenteisung anfallenden Abwassers, im Verbandsklärwerk gereinigt werden. Seit der Gründung wurde in die Anlagentechnik über eine Viertel Milliarde Euro investiert. Zugleich liegen die Abwassergebühren mit 1,38 Euro je Kubikmeter Schmutzwasser weit unter dem bayerischen Durchschnitt.

Das Verbandsklärwerk

Das im Jahre 1984 in Betrieb genommene Klärwerk ist im Sommerbetrieb für das Abwasser von 200 000 Einwohnergleichwerten ausgelegt. Dieser Begriff der Wasserwirtschaft bezeichnet die durchschnittliche Schmutzfracht pro Einwohner – Industrieabwässer werden auf Einwohnerwerte umgerechnet. Im Winterbetrieb liegt die Reinigungsleistung aufgrund des zusätzlich anfallenden Abwassers aus der Flugzeugenteisung bei rechnerisch 335 000 Einwohnergleichwerten. Jährlich werden ca. 11 Millionen Kubikmeter Abwasser gereinigt und in den Mittleren Isarkanal abgeleitet. Pro Jahr fallen rund 9000 Tonnen entwässerter Klärschlamm an. Hieraus wird Klärgas gewonnen, aus dem wiederum im Blockheizkraftwerk Strom und Wärme erzeugt wird. Durch diese regenerativ erzeugte Energie wird am Standort Eitting über 95 Prozent des Wärmebedarfs und ca. 75 Prozent des Strombedarfs gedeckt. Damit deckt die Abwärme der Gasmotoren nahezu den gesamten Wärmebedarf von Klärwerk und Verwaltungsgebäude.

Das Kanalnetz

Zur Abwasserableitung betreibt der AZV ein fast 400 Kilometer langes Kanalnetz. Es beinhaltet 54 Pumpstationen sowie 17 Regenrückhaltebecken. Die 90 000 Einwohner im Einzugsgebiet sind über ca. 16 000 Grundstücksanschlüsse an das Kanalnetz angeschlossen. Die Kanäle werden mit dem betriebseigenen TV-Fahrzeug fortlaufend inspiziert. Durch modernste Technik können Störungen zeitnah beseitigt und Schäden zuverlässig erkannt und klassifiziert werden. Für die Kanalreinigung wird ein modernes Spülfahrzeug mit Wasserrückgewinnung eingesetzt.

Das Kanalnetz ist größtenteils ein unterirdisches Bauwerk und wird im Normalfall kaum öffentlich wahrgenommen. Trotzdem ist es ein unverzichtbarer Teil der öffentlichen Infrastruktur, damit die Abwässer der Haushalte und der Betriebe ordnungsgemäß und umweltschonend zum Klärwerk gelangen.

Engagierte Vereine halten Traditionen aufrecht. Bild: Robin Bauersachs

Eittinger Fischerbräu

Bierspezialitäten vom Lande

Zu Recht ist die Brauerei Eittinger Fischerbräu auf die stattliche Tradition als Familienbetrieb stolz. Albert Fischer kaufte 1932 die kleine Hausbrauerei in Eitting und legte damit trotz mancher Widrigkeiten den Grundstein für eine Erfolgsgeschichte. Sein Neffe Oskar Vincenti übernahm 1957 die Brauerei. Christoph Vincenti übernahm 1990 den Betrieb und baute die neue Abfüllung und Logistikhalle in der Gadener Straße auf.

Das Erfolgsrezept der Brauerfamilie und ihres gesamten Teams ist von Anfang an gleich geblieben. Im Mittelpunkt steht das Herzblut, um gute Biere zu brauen. Dazu gehört auch zeitgemäße Technik, der Anspruch handwerklicher Herstellung bleibt aber gleichzeitig gewahrt.

Jahrzehntelange Brauerfahrung und eine von Generation zu Generation weitergereichte Rezeptur machen Eittinger Hell, Urtyp Dunkel, das Kellerbier Albert, die Fischer Weisse sowie verschiedene Saisonbiere des Familienbetriebs Eittinger Fischerbräu zu einem wohlschmeckenden Schluck Heimat. Es lässt sich gut im traditionsreichen Bräustüberl, aber auch daheim genießen

Tobias Vincenti, Braumeister in vierter Generation interpretiert bayrische Tradition und moderne Braukunst in seiner Braumanufaktur T.V. Bier neu.

FINSING

In Silber ein mit drei silbernen heraldischen Rosen mit goldenen Butzen belegter roter Schrägbalken, begleitet oben von einem roten Widderhorn, unten von einem grünen Seeblatt.

In Finsing war das Kloster Tegernsee – wohl seit dem 8. Jahrhundert – begütert. Die Beziehungen zum Kloster spielten in der Ortsgeschichte bis Anfang des 19. Jahrhunderts eine wichtige Rolle. Daneben sind für die historische Entwicklung die Adelsgeschlechter der Finsinger von Finsing im 14. und 15. Jahrhundert und der Widerspacher von 1471 bis 1663 von Bedeutung. Diese drei Entwicklungslinien stellt das Gemeindewappen dar: der Schrägbalken mit den drei Rosen ist dem Finsinger Wappen, das Widderhorn dem der Widerspacher, das Seeblatt dem alten Klosterwappen von Tegernsee entnommen.

FLÄCHE ALT: 23,16 km²	**FLÄCHE NEU:**	23,16 km²	
EW 1972:	2180	**EW 2021:**	4984
ERSTE ERWÄHNUNG:	804		

Daheim auf der Finsinger Alm

Die 1970er-Jahre prägen Bau und Erweiterung großer Infrastrukturmaßnahmen. Dazu gehören die Gasverteilerstationen mit Gashochdruckleitungen in der Finsinger Au, das Umspannwerk Neufinsing mit Hoch- und Höchstspannungsleitungen sowie die Kläranlage für den Raum München-Ost mit den erforderlichen Schmutzwasserkanälen.

In den 1980er-Jahren liegt das Hauptaugenmerk der Gemeinde Finsing auf einer moderaten Entwicklung mit kleineren Baugebieten, dem Bau des neuen Rathauses und des Feuerwehrgerätehauses in Eicherloh sowie auf dem Bürgerhaus im ehemaligen Schulhaus Eicherloh.

Bild: Antonia re · Haunolder

Kraftwerk am Isarkanal Foto: Franz X. Peischl

Im nächsten Jahrzehnt werden mehrere größere Baugebiete überwiegend im Einheimischenmodell ausgewiesen. Das verursacht in der Geschichte Finsings den stärksten Einwohnerzuwachs. Schule, Kindergarten und Feuerwehrhaus Finsing mussten daher erweitert bzw. neu gebaut werden.

Die Gemeinde Finsing beschäftigt sich im ersten 2000er-Jahrzehnt ausführlich mit dem Grundstücksverkauf im neuen Gewerbegebiet. Dabei soll unbedingt ein Nahversorger zur Deckung des örtlichen Bedarfs der Bevölkerung angesiedelt werden, was allerdings nicht gelingt. Dafür nutzt Finsing 2008 die einzigartige Chance, in der Ortsmitte Neufinsing ein 1,6 ha großes Grundstück mit ehemaligen Mitarbeiterwohnungen des Wasserkraftwerks zu erwerben.

Dieses Grundstück wird in den letzten 10 Jahren mit Pflegeheim, Lebensmittelmarkt, Ärztehaus, Apotheke, weitere Ladengeschäfte und Wohnungen entwickelt. Darüber hinaus entstehen der Friedhof Neufinsing mit Aussegnungshalle, der Kindergarten St. Georg und die Sporthalle neu. Außerdem wird die Schule energetische saniert und erweitert sowie die Breitbandversorgung mit 1 Gbit-Glasfaser flächendeckend ausgebaut.

Max Kressirer
Erster Bürgermeister

Gebietsreform – der Sonderfall Finsing

Die Gemeinde Finsing ist im Jahr 1972 von einer Gebietsreform des Landkreises Erding noch nicht betroffen. Erst durch die Gemeindegebietsreform 1978 wird die Verwaltungsgemeinschaft Oberneuching mit Sitz in Oberneuching gegründet, der die Gemeinden Finsing, Neuching und Ottenhofen angehören.

Die Gemeinde Finsing wollte generell selbstständig bleiben und hatte sich schon die Jahre vorher gegen eine Verwaltungsgemeinschaft (VG) ausgesprochen. Allerdings hätte man – zwar mit Widerwillen – eine VG mit Sitz in Finsing gerade noch akzeptiert.

Die Gemeinden Neuching und Ottenhofen haben sich aber für einen Sitz in Oberneuching ausgesprochen, daher musste Finsing zum 1. Mai 1978 seine Verwaltung nach Oberneuching ausgliedern.

Ein Normenkontrollantrag der Gemeinde Finsing gegen die Rechtsverordnung der Regierung von Oberbayern zur Eingliederung in die VG Oberneuching wurde vom Bayerischen Verwaltungsgerichtshof abgewiesen.

Von Beginn an aber versuchte Finsing – hier vor allem der CSU-Ortsverband Finsing und der damalige 1. Bürgermeister Peter Buchmann samt Gemeinderat – durch politischen Druck aus der Verwaltungsgemeinschaft auszuscheiden und wieder selbstständig zu werden.

1979 kam es tatsächlich zu einer Nachreform, durch die Finsing zu Jahresbeginn 1980 aus der VG Oberneuching entlassen und wieder selbstständig

wurde. Zum Dank für die wiedererlangte Selbstständigkeit pilgerten 26 Finsinger Bürger zum Wallfahrtsort Altötting.

FORSTERN

In Gold ein grüner Pfahl, beiderseits eine bewurzelte grüne Tanne, der Pfahl belegt mit einem wachsenden goldenen Abtstab, der im Fuß mit einem silbernen Zahnrad überlegt ist.

Die Anfänge des Ortes sind mit der ehemaligen Benediktinerabtei Ebersberg eng verknüpft. Trotz der üblichen Zersplitterung der Grundherrschaft im späten Mittelalter bleibt ab 1595 das in ein Jesuitenkolleg umgewandelte Klosters Ebersberg dominierend. Auf diese grundherrlichen Beziehungen nimmt der Abtstab im Gemeindewappen Bezug. Die Bäume im Wappen illustrieren den Ortsnamen „bei den Leuten am Forst". Die damals in der Gemeinde ansässige Großindustrie wird mit dem Zahnrad in das Gemeindewappen aufgenommen.

FLÄCHE ALT: 15,38 km²	FLÄCHE NEU: 15,38 km²
EW 1972: 1681	EW 2021: 3955
ERSTE ERWÄHNUNG: 1065	

Lebendige Gemeinschaft mit 53 Nationen

Die Gemeinde Forstern liegt im südlichen Landkreis Erding und grenzt unmittelbar an Ebersberg. Das im Jahr 1818 gebildete Gemeindegebiet umfasst 18 Ortschaften, Weiler und Einöden. Das westliche Gemeindegebiet befindet sich in der auslaufenden flachen Münchner Schotterebene. Im Osten geht das Gemeindegebiet in ein landschaftlich ansprechendes bewaldetes Hügelland über.

Kirche in Tading

Mit den Eicher Traktorenwerken erlebt Forstern bis in die 1970er-Jahre ein kleines „Wirtschaftswunder" und wird über die Grenzen von Deutschland hinaus bekannt. Ohne die Traktorenfabrik der Gebrüder Eicher wäre die Bevölkerungs- und Siedlungsentwicklung deutlich langsamer verlaufen. Ende der 1980er-Jahre schafft die Gemeinde am nordwestlichen Ortsrand von Forstern ein weiteres Gewerbegebiet vornehmlich für einheimische Gewerbetreibende. So prägen heute mittelständische Handwerksbetriebe und Einzelhandel die Gemeinde Forstern.

Hofläden, Direktvermarkter, Urlaub auf dem Bauernhof und Alpakawanderungen greifen auch in Forstern den Trend nach regional erzeugten Lebensmitteln und Dienstleistungen auf. Mit dem Erwerb größerer Grundstücksflächen am südlichen Ortsrand Anfang der 1990er und einem großen Baugebiet in Karlsdorf kann vor allem Einheimischen Bauland zur Verfügung gestellt werden.

Mit zwei Kinderhäusern, einem katholischen Kindergarten, dem Hort und der Grund- und Mittelschule bietet Forstern vor allem jungen Familien eine attraktive Heimat. Forstern ist eine bunte Gemeinde, in der Menschen aus 53 Nationen gemeinsam leben. Egal ob in gesellschaftlichen, kulturellen oder sportlichen Bereichen schaffen zahlreiche engagierte Vereine für all diese Bürgerinnen und Bürger eine lebendige Gemeinschaft.

Rainer Streu
Erster Bürgermeister

Rathaus Forstern

Feuerwehrhaus Forstern

123

FRAUNBERG

Unter silbernem Schildhaupt, darin schräg gekreuzt ein blaues Schwert und ein blauer Pfeil, gespalten; vorne gespalten von Blau und Weiß mit einer heraldischen Lilie in verwechselten Farben; hinten in Rot ein steigendes gezäumtes silbernes Pferd.

Das Gemeindewappen enthält Hinweise auf die ehemals selbstständigen Gemeinden Reichenkirchen, Fraunberg und Thalheim. Pfeil und Schwert im Schildhaupt sind dem früheren Wappen von Reichenkirchen entnommen, während die Lilie als Mariensymbol auf die bekannte Wallfahrtskirche in Thalheim hinweist. Fraunberg gehörte seit dem 13. Jahrhundert einem der ältesten Adelsgeschlechter Altbayerns, den Fraunbergern zu Fraunberg. Ihrem Wappen entstammt das gezäumte silberne Pferd auf rotem Grund.

FLÄCHE ALT:	42,36 km²	FLÄCHE NEU:	42,36 km²

EW 1972:	2171	EW 2020:	3973
Fraunberg	486		
Reichenkirchen	790		
Thalheim	895		

ERSTE ERWÄHNUNG:	1144

Trotz Reform
uneingeschränkt selbstständig

Der Fusionsprozess der ehemaligen Gemeinden Fraunberg, Reichenkirchen und Maria Thalheim wird 1972 angestoßen und erst 1980 endgültig abgeschlossen. Mit dem freiwilligen Zusammenschluss ist die Gemeinde Fraunberg bis 1978 selbstständig, wird aber dann in die Verwaltungsgemeinschaft Wartenberg zwangseingegliedert. 1980 erlangt man die uneingeschränkte Selbstständigkeit wieder. An dieser „Großgemeinde Fraunberg" haben die drei Bürgermeister Lambert Bart (Maria Thalheim),

Felix Mayr (Reichenkirchen) und Leonhard Fischer (Fraunberg) sowie Kreisrat Dr. Egon Lechner großen Anteil.

Der Leitgedanke „Heimat gestalten und Verantwortung übernehmen!" prägt seitdem die Arbeit der Bürgermeister Lambert Bart (1974 bis 1996) und Hans Wiesmaier (seit 1996) mit ihren jeweiligen Gemeindegremien. Der Weg zu einer modernen Gemeinde wird zielstrebig verfolgt, ohne dabei den ländlichen Charakter mit seinen Wurzeln aufs Spiel zu setzen.

Die Entwicklung der Gemeinde wird ständig evaluiert. Das führt zu Auszeichnungen und Preise, wie „Gütesiegel – Nachhaltige Bürgerkommune Bayern", „Bundesweiter Sieger des Wettbewerbs `Kerniges Dorf´" oder als „Zukunftswerkstatt Kommunen" des Bundesfamilienministeriums.

Der 2003 gegründete Gemeindeentwicklungsverein spricht weite Bevölkerungskreise an und bindet sie ein. Dies bezeugen Zukunftswerkstätten und Arbeitsgruppen, beispielsweise zum Dorfentwicklungsprozess in Maria Thalheim, Grucking oder Reichenkirchen. Kürzlich riefen engagierte Jugendliche eine Projektgruppe für Nachhaltigkeit und Klimaschutz ins Leben. Bilden weiterhin Zusammenhalt und aktives Mittun die Grundlagen unseres Gemeindelebens, brauchen wir keine Angst vor der Zukunft haben.

Hans Wiesmaier
Erster Bürgermeister

Die Wallfahrtskirche Mariä Himmelfahrt in Maria Thalheim

HOHENPOLDING

Über silbernem Schildfuß, darin zwei grüne Seeblätter an gekreuzten Stielen, in Blau nebeneinander eine silberne heraldische Lilie mit einer goldenen Krone anstelle des Bundes und ein silbernes Kreuz, dessen senkrechter Balken von einer goldenen Krone überdeckt wird.

Die wohl schon im 8. Jahrhundert gegründete Kirche von Hohenpolding trägt heute das Patrozinium „Mariä Heimsuchung". Darauf weisen im Gemeindewappen Lilie und Krone als Mariensymbole hin. Das Kreuz mit Krone steht für die Kirche der Gemeinde Sulding (Patrozinium „Kreuzerhöhung St. Helena"). Die beiden Seeblätter im Schildfuß des Wappens erinnern an das Kloster Frauenchiemsee, das als Grundherr für die Geschichte des Gemeindegebiets von Bedeutung war. Die grüne Farbgebung soll die vorwiegend landwirtschaftliche Struktur der Gemeinde symbolisieren.

FLÄCHE ALT: 27,42 km²		FLÄCHE NEU: 27,42 km²	
EW 1972:	1136	**EW 2021:**	1647
Hohenpolding	577		
Sulding	559		
ERSTE ERWÄHNUNG:		998	

Heimat des „Apfelpfarrers" Korbinian Aigner

Im äußeren Nordosten vom Landkreis Erding befindet sich die Gemeinde Hohenpolding oder wie die Einheimischen und Holzländer sagen „Boiding". Als Juwel barocker Baukunst prägt die wunderschöne Pfarrkirche Mariä Heimsuchung das Ortsbild. Gleich unterhalb der Kirche steht bayerntypisch ein schönes Gasthaus mit Fremdenzimmer, Biergarten und außergewöhnlicher Küche. Auch die Filialkirchen in Amelgering und Sulding sowie viele kleine und größere Kapellen sind einen Besuch wert. Die hügelige Landschaft mit mehr als 50 Kilometer Gemeindestraßen sowie viele Feld- und Waldwege laden zum Wandern oder Radfahren ein.

Hohenpolding bietet neben seinen zahlreichen Vereinen auch Kindergarten, Grundschule, Bäcker und Lebensmittelgeschäft. Senioren finden mit dem Aloisium im Zentrum von Hohenpolding beste Versorgung.

Der über die Landesgrenzen hinaus bekannteste Gemeindebürger ist der „Apfelpfarrer" auf dem „Boidinger Hof" geborene Korbinian Aigner. Er gründet 1908 den Obst- und Gartenbau Verein, der bis heute besteht. Seine Apfel- und Birnenzucht sowie seine detailgetreuen handgemalten Bilder sind einzigartig und finden weltweit Aufmerksamkeit. Leider finden sich im Ort keine Werkspuren mehr von ihm. Daher benennt die Gemeinde 2022 das neue Gemeinschaftshaus „Korbinian Aigner Haus" und pflanzt einen Korbinian-Apfelbaum.

Im Rahmen der Gebietsreform werden 1972 die beiden Gemeinden Sulding und Hohenpolding zur größten und weitläufigsten Holzlandgemeinden zusammengelegt. Seit 1978 bilden Hohenpolding, Kirchberg, Steinkirchen und Inning a.Holz eine Verwaltungsgemeinschaft.

Hohenpolding bewahrt und erhält seinen lieblich ländlichen Charme. Einen zum Ortsbild passender Siedlungsbau bindet junge Familien oder schafft ihnen eine neue Heimat.

Alfons Beilhack
Erster Bürgermeister

INNING A.HOLZ

Über einem von Silber und Grün ge-spaltenen Dreiberg gespalten von Rot und Silber; vorne übereinander drei silberne Widderhörner, hinten eine wachsende grüne Tanne.

Die drei Widderhörner sind dem Wappen der im Gemeindegebiet einst mit Grundbe-sitz vertretenen adeligen Familie Schnedt (Schnöd) entnommen. Sigmund Schnedt ist 1597 als Inhaber des Sitzes Inning nachweis-bar. Seine Nachfahren üben unter anderem das Steuerrecht aus. Die grüne Tanne und der Dreiberg im Schildfuß versinnbildlichen die Lage Innings am Holz in einem ausgespro-chenen Holz- und Hügelland.

FLÄCHE ALT: 11,83 km²	FLÄCHE NEU: 11,83 km²
EW 1972: 790	EW 2021: 1621

„Gemeinsam viel bewegen" prägt die Gemeinde

In den 70er-Jahren beginnt in Inning a.Holz die Ausweisung von Wohnge-bieten und damit der Startschuss zu einem bemerkenswerten Wachstum. Bis dahin ein kleines Dorf mit wenig eigener Infrastruktur, entwickelt sich die Gemeinde rasant weiter und verfügt heute über zwei Gewerbegebiete und gesunde Mittelstandbetriebe, einen Kindergarten und eine Krippe, eine Grundschule mit sehr gutem ganztägigen Betreuungsangebot, ein moder-nes Feuerwehrhaus, ein Bürgerhaus und die Sicherung der Grundversor-gung durch einen Bäcker und einen Metzger.

Bild: Norbert Senser

Bild: Norbert Senser

Die Bevölkerung der Gemeinde Inning a.Holz ist seit der Gebietsreform um mehr als 100 Prozent gewachsen, obwohl sie von der Reform nicht betroffen war. Das bedeutete eine große gesellschaftliche und infrastrukturelle Herausforderung, die die kleine Gemeinde hervorragend gemeistert hat. Nach wie vor verfügt Inning a.Holz über ein lebendiges Vereinsleben, das durch das Engagement der Ehrenamtlichen getreu dem Motto „Gemeinsam viel bewegen" das Gemeindeleben bereichert. Traditionsbewusstsein und Aufgeschlossenheit, Zusammengehörigkeitsgefühl und Offenheit zeichnen die Dorfgemeinschaft aus.

Durch den Beitritt zur Verwaltungsgemeinschaft Steinkirchen im Jahr 1978 hat es die Gemeinde geschafft, sich trotz ihrer nach wie vor geringen Größe ihre Eigenständigkeit zu bewahren und die gestiegenen Anforderungen durch eine intensive interkommunale Zusammenarbeit mit ihren Nachbarn zu meistern.

Das hügelige Holzland, die ruhige Lage und die vielen Freizeitwege laden zu ausgiebigen Spaziergängen und Radtouren ein und sichern durch ihren hohen Naherholungswert die Lebensqualität der Bürgerinnen und Bürger.

Biergarten in Inning a.Holz   *Bild: Helmut Körbl*

Michaela Mühlen
Erste Bürgermeisterin

ISEN

In Blau eine rot gekleidete, golden gekrönte Meerjungfrau, die mit den Händen die beiden Fischschwänze emporhält.

Mit Wirkung vom 1.4.1971 schlossen sich die Gemeinden Isen, Westach, Schnaupping, damals noch zum Landkreis Wasserburg gehörend, zusammen. Mit der Auflösung des Landkreises Wasserburg zum 1.7.1972 kam der Markt Isen zum Landkreis Erding. Zum 1.5.1978 fusionierte die Gemeinde Mittbach mit Isen. Mit Ausnahme des Marktes Isen führten die anderen früher selbstständigen Gemeinden kein eigenes Wappen.

FLÄCHE ALT: 32,12 km²	FLÄCHE NEU: 43,78 km²	
EW 1970: Isen: Mittbach: Schnaupping: Westach:	3734 1800 686 445 803	**EW 2021:** 5784
ERSTE ERWÄHNUNG:	747 (1434 Markterhebung)	

Blick auf die Pfarrkirche Sankt Zeno
Foto: Michael Feuerer

Eine Perle des Landkreises

Der Markt Isen ist eine liebens- und lebenswerte Gemeinde, die sich in den letzten 50 Jahren durch gesundes Wachstum zum wichtigen Wirtschaftsstandort im Landkreis Erding entwickelt hat. Die tiefgreifenden Veränderungen in der Gebietsstruktur begannen 1971 mit dem Zusammenschluss der Gemeinden Westach, Schnaupping und Isen und wurden 1972 mit dem Anschluss an den Landkreis Erding fortgeführt. Damit startete ein wichtiges Kapitel in der Erfolgsgeschichte des Ortes.

Im Gemeindegebiet leben heute etwa 5800 Menschen, zirka 2500 mehr als noch 1972. Im Gemeindegebiet selbst haben sich viele Unternehmen vom kleinen Handwerksbetrieb bis hin zum Mittelstand angesiedelt.

Durch den nahen Anschluss an die Autobahn A94 hat die Attraktivität Isens als Wohn- und Lebensort weiter zugenommen.

Vor allem die Lage im ländlichen Raum mit viel Natur und Erholungsmöglichkeiten zieht die Menschen an. Um dem ungebrochenen Zuzug Rechnung zu tragen, wurde in den letzten Jahren viel neuer Wohnraum geschaffen und ist auch für die Zukunft in Planung. Um besonders Familien ein lebenswertes Umfeld zu bieten, wird die Infrastruktur weiter optimiert. Die 1969 eröffnete Grund- und Mittelschule wird zurzeit grundlegend saniert und erweitert. Weitere Betreuungsplätze für Kinder sind angedacht.

Auch der Freizeitbereich ist in den vergangenen 50 Jahren bestens gediehen. Ein reges Vereinsleben vor allem auf den Gebieten Sport und Kultur gehört ebenso zum Ort wie ein vielschichtiges Angebot der Gastronomie.

So gerüstet ist Isen auf einem guten Weg, seine positive Entwicklung auch in Zukunft fortzusetzen.

Ihre Irmgard Hibler
Erste Bürgermeisterin

Rathaus Markt Isen
Foto: Michael Feuerer

Pemmering (vorne) und Mittbach (hinten)

Von Siegfried Fischer, Altbürgermeister Markt Isen

Der Markt Isen und die ehemaligen Gemeinden Westach, Schnaupping und Mittbach in der Gebietsreform

Der Markt Isen war bei der großen bayerischen Gebietsreform ab 1971 nicht nur mit der Landkreisreform befasst, sondern auch mit den Eingemeindungen seiner damals selbstständigen Nachbargemeinden Schnaupping, Westach und Mittbach, und im Mai 1971 zudem mit einem Wechsel im Bürgermeisteramt von Ernst Hallwachs zu Hans Kotlenga. Für den Markt Isen kann deswegen die Landkreisreform ohne die Gemeindereform nicht betrachtet werden.

Die Eingemeindung der Gemeinden Schnaupping und Westach ab 1. April 1971 in den Markt Isen unter dem Isener Bürgermeister Ernst Hallwachs war bereits im Januar 1971 einvernehmlich beschlossene Sache. Die Mittbacher unter ihrem Bürgermeister Josef Lanzl hingegen sträubten sich. Sie waren zur Fusion mit dem Markt Isen nicht bereit.

Auch bei der Landkreisreform waren die vier Gemeinden offensichtlich nicht ganz einer Meinung, denn im Anhörungsverfahren zu den Reformvorschlägen der bayerischen Staatsregierung sahen sie unterschiedlichen Handlungsbedarf.

Die Reform sah vor, zum 1. Juli 1972 den Landkreis Wasserburg/Inn aufzulösen und dabei auch den Markt Isen, nun bereits mit Westach und Schnaupping, sowie die bis dato noch selbstständige Gemeinde Mittbach dem Landkreis Erding zuzuschlagen. „Auskreisung" und „Einkreisung" nannte man es damals im Verwaltungsdeutsch.

Die Gemeinde Mittbach lehnte die Auflösung des Landkreises Wasserburg kompromisslos ab und lieferte im Beschluss auch gleich die Begründung: „Der Gemeinderat Mittbach lehnt die Aufteilung ab, weil er nur für die uneingeschmälerte Erhaltung des Landkreises Wasserburg stimmt", so das Gemeindeprotokoll. Die Gemeinde Schnaupping hingegen hatte laut Protokoll gar „keine Ursache, eine Anhörung zu beantragen". Die Gemeinde Westach lehnte eine Aufteilung des Landkreises Wasserburg einfach ab. Die einen also versuchten mit ihrem Beschluss der Ablehnung gleichzeitig der ungeliebten Eingliederung nach Isen zu entgehen, die beiden anderen legten ihr Schicksal in die Hände des Marktes Isen, sie waren de facto ja schon eingemeindet.

Der Markt Isen wiederum suchte Hilfe im politischen Dialog: Der neue Bürgermeister Hans Kotlenga wurde am 3. August 1971 beauftragt, mit Josef Bauer, dem Landrat des Landkreises Wasserburg, einen „Erörterungs- und Aufklärungstermin zur Gebietsreform" zu vereinbaren. Sie erhofften sich Unterstützung von ihm, sieben Tage später war er schon da. Die Erwartungen hat er nicht erfüllt. Denn im Sitzungsprotokoll vom 10. August 1971 heißt es enttäuscht: „Der zur Sitzung geladene Landrat hielt vor allem über die Leistungen des Landkreises Wasserburg ein ausführliches Referat". Die Diskussion war damit erstickt. Der Landrat selbst stand übrigens für die anstehenden Kommunalwahlen 1972 gar nicht mehr zur Verfügung.

Somit waren nun wirklich alle Bemühungen des Marktes Isen um den Erhalt des Landkreises Wasserburg gescheitert. Zum letzten Schwur kam es im Oktober 1971. Da hat der Marktgemeinderat beschlossen: „Der Gemeinderat betrachtet es als unzumutbar, eine so schwerwiegende Entscheidung, wie sie die Eingliederung des Landkreises Wasserburg in einen anderen Landkreis vorsieht, innerhalb weniger Tage zu treffen und lehnt daher mit 14:3 Stimmen jegliche Stellungnahme zu den Vorschlägen der Bayer. Staatsregierung ab".

Verbittert hat also der Markt Isen, im Bewusstsein der Unvermeidlichkeit der staatlichen Entscheidung, lediglich noch seinen Unmut über den zu kurz angesetzten Anhörungstermin kundgetan.

*Hans Kotlenga
1971 bis 1978*

Damit war die Sache für den Markt Isen gelaufen. Die Durchführung der Landkreisreform beschloss der Landtag schließlich am 9. November 1971. Als Konsequenz hat der Isener Bürgermeister Hans Kotlenga am 26. November 1971 seinen Austritt aus der CSU erklärt und quasi als Protestnote wurde vom Isener Marktgemeinderat im Dezember 1971 noch der Beitritt zum Fremdenverkehrs-Zweckverband Wasserburg beschlossen. Allerdings hatten mittlerweile vier weitere Gemeinderäte die Seiten gewechselt, denn dieser Beschluss wurde nur noch mit 9:7 befürwortet.

Am 27. Dezember 1971 trat schließlich die „Verordnung über die Neugliederung Bayerns in Landkreise und kreisfreie Städte" in Kraft.

Wie sehr die Gebietsreform die Gemeinderäte und Kommunen damals beschäftigt hat, bezeugen die zahlreichen Eintragungen zu diesem Thema in den Sitzungsprotokollen. Letztendlich muss man aber sagen, dass es ein echtes Mitspracherecht der Gemeinden nie gegeben hat.

In der „Niederlage" jedenfalls sah man sich in Isen bereits nach neuen Optionen um. Im März 1972 wurde beschlossen, Gespräche mit der Gemeinde Lengdorf über eine Fusion zu führen, „damit bei möglichem vorzeitigen Zusammenschluss höhere Schlüsselzuweisungen erreicht werden können", verrät das Sitzungsprotokoll.

Der Annäherungsversuch zur Heirat des Geldes wegen war in Lengdorf jedoch schnell durchschaut. Den Isener Brautwerbern, unter ihnen der nachmalige Schulamtsdirektor Claus Langheinrich, wurde empört die kalte Schulter gezeigt.

Somit wurde nun am 1. Juli 1972 der Markt Isen kreisangehörige Gemeinde des Landkreises Erding. Die Gemeinde Mittbach hatte sich der Eingemeindung noch immer widersetzt und war jetzt ebenfalls selbstständige Gemeinde des neu geordneten Landkreises Erding.

Die Landkreisreform war damit abgeschlossen. Die Gemeindegebietsreform lief indes weiter, aber Mittbach war immer noch nicht eingemeindet. Erst am 10. Dezember 1975, einundzwanzig Tage vor Torschluss und dreieinhalb Jahre nach dem 1. Juli 1972 haben die Mittbacher Gemeinderäte endgültig vor dem Druck der Regierung von

www.seeholzer.luftaufnahmen.de

Burgrain

CSU-Bürgermeister Hans Kotlenga aus Isen nimmt in der Wasserburger Zeitung am 18. Februar 1972 Stellung zu den Gründen die ihn zum Austritt aus der CSU veranlassten!

Brief an die Lokalredaktion
Stellungnahme zum Austritt aus der CSU

In einem Leserbrief vom 18. Februar 1972 in der Wasserburger Zeitung bekräftigt Bürgermeister Hans Kotlenga noch einmal seine Meinung, dass die Entscheidung gegen den Landkreis Wasserburg nur der Lobbyarbeit von Landtagsabgeordneten aus Mühldorf und Ebersberg zuzuschreiben ist.

Markt Isen 10. August 1971: „Der Gemeinderat betrachtet es als unzumutbar, eine so schwerwiegende Entscheidung, wie sie die Eingliederung des Landkreises Wasserburg in einen anderen Landkreis vorsieht, innerhalb weniger Tage zu treffen und lehnt daher mit 14:3 Stimmen jegliche Stellungnahme zu den Vorschlägen der Bayer. Staatsregierung ab".

Die Bevölkerung weiß von Anfang an, dass „alles eine ausgmachte Sach' ist".

Oberbayern kapituliert. Bei einer Sitzung im Gasthaus Scherer wurde der ernüchternde Schluss gezogen: „Die Regierung hat den Zusammenschluss Mittbach – Isen längst vollzogen und die Gemeinde Mittbach wird sich „freiwillig" verkaufen lassen müssen".

Um diesen Beschluss zu verstehen, muss man wissen, dass am 31. Dezember 1975 die Zuschlagsfrist für die Regierungszuschüsse von 80 DM pro Einwohner für freiwillige Gemeindezusammenschlüsse abgelaufen wäre. Auf dieses „Kopfgeld" wollte man in Mittbach dann doch nicht verzichten. Denn auch die Gemeinde Mittbach hatte Geldsorgen, aber immerhin einen prominenten Tröster: „Landratsstellvertreter Dr. Hans Zehetmair befasste sich mit den finanziellen Sorgen der Gemeinde" heißt es im Protokoll zur Bürgerversammlung von 1977. Vielleicht hat der stellvertretende Landrat und spätere bayerische Kultusminister auch gleich ein paar praktische Tipps gegeben. Jedenfalls haben die schlauen Mittbacher noch schnell alle ihre Straßen geteert, bevor sie sich am 1. Mai 1978 mit samt ihrer Schulden „freiwillig" nach Isen eingemeinden ließen.

Damit erst war der Markt Isen komplett. Er hatte nun 3796 Einwohner und etwa 80 Ortsteile. Doch das war noch nicht das Ende.

Statt der 1972 angestrebten Fusion mit der Gemeinde Lengdorf kam es nun zur amtlich angeordneten Verwaltungsgemeinschaft Isen – Lengdorf. Statt Heirat also eine Bedarfsgemeinschaft. Die Beziehung

scheiterte schon nach 20 Monaten und wurde zum 1. Januar 1980 durch den neuen bayerischen Ministerpräsidenten Franz Josef Strauß wieder geschieden.

Erst jetzt, neun Jahre nach den ersten Gemeinderatsbeschlüssen und siebeneinhalb Jahre nach dem 1. Juli 1972 war für den Markt Isen die bayerische Gebietsreform endgültig abgeschlossen.

Die Bevölkerung übrigens sah die Reformen weit gelassener als die Mandatsträger. Sie wusste von Anfang an, dass „alles eine ausgmachte Sach' ist".

Liebe Leserinnen und Leser, bei meinen Gratulationsbesuchen als Bürgermeister habe ich so manches Gespräch mit Zeuginnen und Zeugen dieser Zeit geführt und mir ihre Geschichte angehört. In den letzten Tagen beim Schreiben dieser Zeilen und Stöbern in alten Akten wurde mir noch einmal bewusst, wie schwer, weil unabsehbar, die Entscheidungen für die damals Verantwortlichen zu treffen waren. Heute sind wir klüger. Wir leben in einem Landkreis, von dem wir mittlerweile ein wesentlicher Teil sind, in dem wir uns wohlfühlen und dem wir uns zugehörig fühlen. Gleichwohl bleiben wir dem Alt-Landkreis Wasserburg/Inn in liebevoller Erinnerung verbunden.

KIRCHBERG

In Blau rechts ein wachsender silberner Kirchturm mit goldener Zwiebelhaube, links schräg gekreuzt ein goldener Schlüssel und ein gestürztes silbernes Schwert mit goldenem Griff.

Die Gemeinde Kirchberg, zu der sechs Dörfer, zwölf Weiler und acht Einöden gehören, liegt im sogenannten Holzland. Drei Kirchen im Gemeindegebiet haben den charakteristischen Zwiebelturm. Der Kirchturm ist zugleich das redende Bild für den Gemeindenamen. Die bereits 1315 bezeugte Kirche im Gemeindeteil Kirchberg ist den Aposteln Petrus und Paulus geweiht. Als Hinweis finden sich die Attribute der beiden Apostel, Schlüssel und Schwert. Seit dem hohen Mittelalter gehörte Kirchberg zum herzoglichen Landgericht Erding, daran erinnern die Wappenfarben Silber und Blau.

FLÄCHE ALT:	17,06 km²	**FLÄCHE NEU:**	17,06 km²
EW 1972:	755	**EW 2021:**	1164
ERSTE ERWÄHNUNG:	818		

Bild: Markus Klein

Heimat mit Herz im Holzland

Im Rahmen der Kommunalreform stand im Erdinger Holzland eine großräumige Gemeindeneubildung zur Debatte. Letztendlich konnte sich die Gemeinde Kirchberg, die einwohnermäßig kleinste Kommune des Landkreises, ihre politische Eigenständigkeit und Identität erhalten. Nach dem Motto „so klein wie möglich, so groß wie nötig" erfolgte 1978 mit den Nachbargemeinden Hohenpolding, Inning a.Holz und Steinkirchen die Gründung einer Verwaltungsgemeinschaft mit Sitz in Steinkirchen.

In den letzten 50 Jahren entwickelten sich in der Gemeinde Kirchberg, 818 erstmals urkundlich erwähnt, viele klein- und mittelständische Unternehmen und Familienbetriebe in Handwerk, Dienstleistung, Handel und Finanzwirtschaft. Die Einwohnerzahl stieg in einem verträglichen Maße. Eine lebendige Vereinslandschaft mit über 20 Vereinen und Gruppierungen fungiert als soziales, kulturelles und sportliches Rückgrat der Gemeinde und sorgt für Zusammenhalt, Solidarität und Integration.

Vom Naturkindergarten, über die Grundschule Schröding mit Mittagsbetreuung, bis hin zum Seniorenheim Aloisium und der First Responder-Gruppe übernimmt die Gemeinde Kirchberg für alle Bürgergenerationen Verantwortung und erfreut mit vielseitigen Lebens-, Arbeits-, Erholungs- und Naturräumen.

Kirchbergs abwechslungsreiche Landschaft lädt mit seinen sanft geschwungenen Hügelketten und Tälern mit Bachläufen zu ausgiebigen Spaziergängen, Rad- und Entdeckertouren ein. Zu den Sehenswürdigkeiten gehören unter anderem das Heimatmuseum in Thal und die rund 110 Jahre alte Lindenallee.

Ein Kirchberger oder eine Kirchbergerin zu sein, bezeichnet nicht nur eine Herkunft. Es ist gleichbedeutend mit einem Gefühl für die Heimat – eine Heimat mit Herz im Holzland.

Dieter Neumaier
Erster Bürgermeister

Heimatmuseum Thal Bild: Robin Bauersachs

Kapelle Maria in Thal Bild: Manfred Obermaier

Ortsteil Schröding Bild: Markus Klein

Haus in Burgharting

Fraunberger Versorgungstechnik

Eine findige Handwerkergeschichte

Die Geschichte der Fraunberger Versorgungstechnik beginnt mit einer findigen Idee. Hermann Fraunberger, von Haus aus Uhrmacher in Burgharting, installierte nach dem Ende des zweiten Weltkrieges in seinem Geschäftshaus eine Zentralheizung mit Warmwasseraufbereitung. Dabei stand für den begabten Tüftler zunächst die Selbsthilfe im Mittelpunkt. Als Wärmequelle diente der holzbefeuerte Heizungsherd in der Küche. Heizkörper aus Gusseisen und ein genieteter Warmwasserboiler kamen aus Kriegsschutt der Stadt München zum Einsatz.

Betrieb in Froschbach 2015

Hermann Fraunberger   Paul Fraunberger sen.   Paul Fraunberger jun.

Uhrmacher Fraunberger registrierte auch das große Interesse der Bevölkerung am Warmwasserbad. Kurzerhand installierte er zwei Badestuben in seinem Keller. Damit betrieb er eine öffentliche Badeanstalt. Aus diesen Anfängen entwickelte sich der Geschäftszweig des Zentralheizungsbaus. Dieser Betrieb wurde 1949 zum Gewerbe angemeldet.

Sohn Paul Fraunberger machte seine Meisterprüfung im Jahr 1957 in diesem Handwerk und übernahm den jungen Betrieb. Er etablierte die Firma als soliden Handwerksbetrieb und machte ihn über die Landkreisgrenzen hinaus bekannt. Über 20 Jahre später übernahm Paul Fraunberger jun. nach seiner Ausbildung zum Versorgungsingenieur in dritter Generation den Betrieb. 1995 errichtete er im benachbarten Froschbach ein komplett neues Betriebsgebäude. Bereits fünf Jahre später beschäftigte die Firma rund 30 Mitarbeiter.

Mitarbeiter 1990

Die Firmenbilanz kann sich sehen lassen. Gut 100 Lehrlinge wurden in den Jahren im Betrieb fachlich fundiert ausgebildet. In all den Jahren fanden mehr als hundert Mitarbeiter bei Fraunberger Versorgungstechnik hier über die Zeit einen sicheren Arbeitsplatz. Darunter fanden sich auch mehrere Beschäftigte, die ihre Laufbahn als Azubis begannen und bis zu ihrem Ruhestand dem Familienbetrieb treu geblieben sind. Sie schätzten den Arbeitsplatz vor Ort als Basis und solide Lebensgrundlage für sich und ihre Familien.

Der Betrieb präsentierte sich kontinuierlich als moderne und innovative Fachfirma. Fraunberger Versorgungstechnik baute sich mit zufriedenen Kunden ein positives Image auf. Allerdings konnte Versorgungs-Ingenieur Paul Fraunberger für seinen Familienbetrieb keinen Nachfolger finden. Altersbedingt musste er sich aus dem Geschäft zurückziehen und die Geschichte des findigen Handwerkerbetriebes beenden. Eine Reihe von Mitarbeitern und diverse Betriebseinrichtungen wurden 2020 an die Firma Niedermaier Haustechnik in Hohenpolding übertragen.

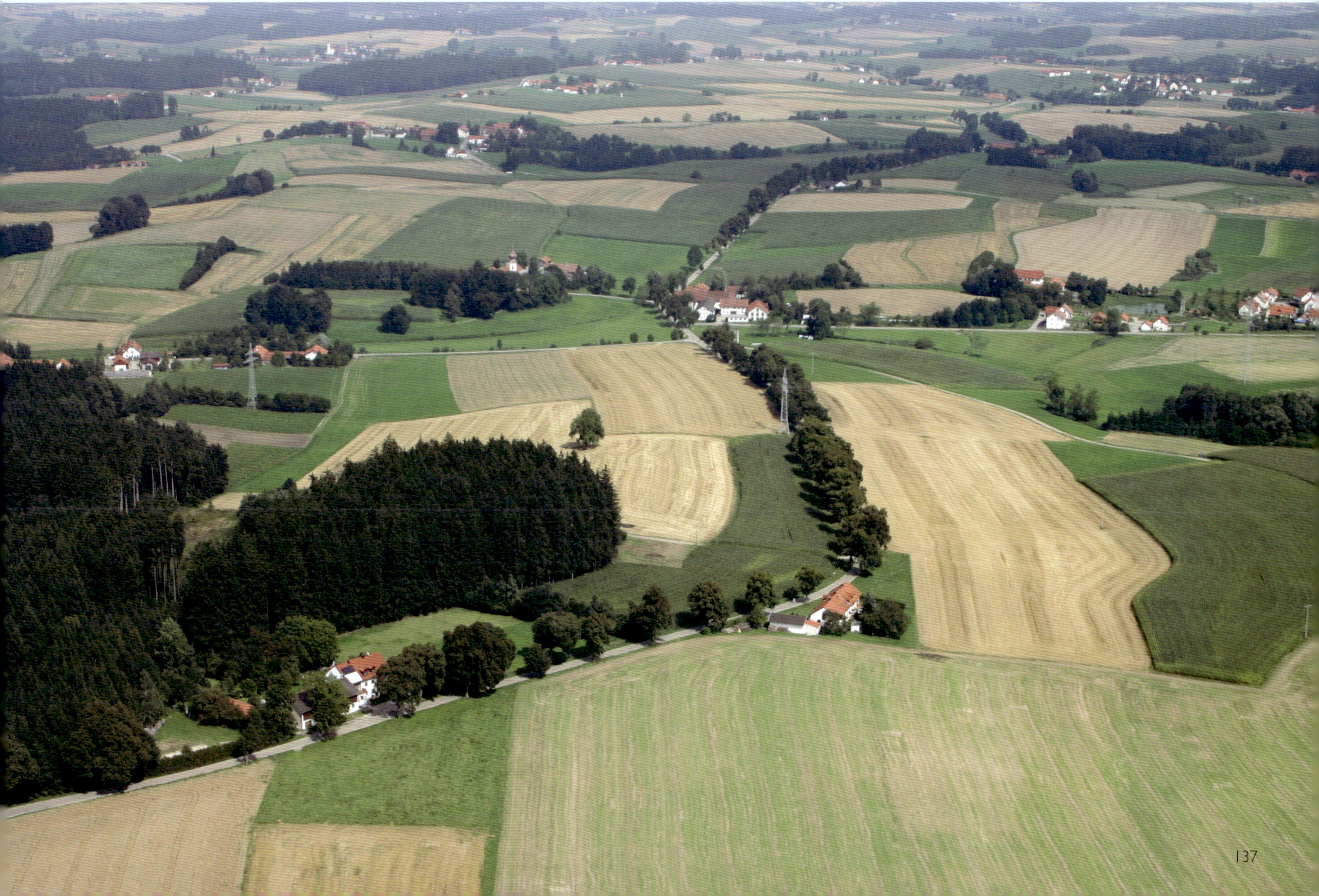

LANGENPREISING

Gespalten; vorne in Rot eine silberne Zinnenmauer, hinten in Blau sechs, in drei Reihen paarweise gestellte goldene heraldische Lilien.

Langenpreising ist der älteste Stammsitz der Grafen von Preysing, die sich dort urkundlich seit dem 11. Jahrhundert nachweisen lassen. Durch eine Schenkung im 10. Jahrhundert kam die Kirche von Langenpreising in den Besitz des Stiftes Obermünster in Regensburg und das Kloster übte bis zur Säkularisation dort das Präsentationsrecht aus. Diesen Gegebenheiten trägt das Gemeindewappen durch die Verbindung des Preysingschen Stammwappens (in Rot eine silberne Zinnenmauer) mit dem aus heraldischen Gründen und wegen Erhöhung der guten Erkennbarkeit des Schildinhalts im Dienstsiegel etwas geminderten Wappen des Stiftes Obermünster (in Blau 9 goldene heraldische Lilien) Rechnung.

FLÄCHE ALT: 27,50 km²		**FLÄCHE NEU:** 27,50 km²	
EW 1972:	1587	**EW 2020:**	2879
ERSTE ERWÄHNUNG:	767		

Einer der ältesten Orte in Bayern

Freundlich und aufgeschlossen, so bietet sich unsere Gemeinde dem Beschauer, der dabei aber kaum ahnen wird, dass Langenpreising für sich den Ruhm in Anspruch nehmen kann, neben Regensburg und Augsburg zu den ältesten Orten in Bayern zu gehören.

In einer Schenkungsurkunde vom 1. Oktober 767 übergibt Ano seinen väterlichen Besitz: in pago quae dicitur Prisingas. Ebenfalls zur Zeit Bischofs Arbeo, am 13. Dezember 782, schenkt Fater ein Bethaus in villa publica Prisingas an Freising.

Kirche St. Martin

Peterskirche mit Martinskirche

Um 790 überlassen der Priester Tarchanat und sein Bruder Heribert ihr Eigentum der Kirche „in loco nuncupante Prisinga". Aus dem Geschlecht der Prisonen ist (nach J. Sturm) das spätere Grafengeschlecht der Preysinger entstanden. Ursprünglich nannte sich unser Ort nur Preysing, 1318 heißt er erstmals Langenpreising, womit seine beträchtliche Größe gemeint ist, nicht die Länge.

Naturgemäß musste unsere Heimat in allen Not- und Kriegszeiten der bayerischen Lande schwer leiden. Die Kriege der Neuzeit, besonders aber die beiden großen Weltkriege, verschonten unser Land, doch musste die Gemeinde einen hohen Zoll an Blut und Leben ihrer Söhne zahlen. Nach dem Zweiten Weltkrieg, besonders nach 1948 nahm auch Langenpreising im Rahmen der allgemeinen Wirtschaftskonjunktur die Entwicklung zu einem wohlständigen Gemeinwesen.

Insbesondere durch die Gebietsreform des Landkreises Erding hat sich die Gemeinde in den letzten Jahrzehnten bezüglich Infrastruktur und Wirtschaft zu einem beliebten Wohnort für viele Bürgerinnen und Bürger entwickelt.

Ihr Josef Straßer
Erster Bürgermeister

Aufgabengebiete der Kampfmittelräumung:
- Historische Vorerkundung
- Beratung von Auftraggebern (Bauherren) im Vorfeld von Baumaßnahmen
- Testfeld-, Bohrloch- und Flächensondierung zur Erkundung von Störfeldern im Boden
- Baubegleitende Kampfmittelräumung

EMC Kampfmittelbeseitigungs GmbH / EOD Academy

Erfahrene Spezialisten für Sicherheit

Auf Grund der Kampfhandlungen zweier Weltkriege gibt es immer wieder Kampfmittelfunde, unabhängig von Art, Sorte und Verwendungszweck der Munition. Sie beeinträchtigen sehr oft Baumaßnahmen und durch eventuelle Sicherheitsradien auch das öffentliche Leben. Dies begründet weiterhin einen großen Bedarf an fachkundigem Personal für die dadurch entstehenden Aufgaben der Kampfmittelbeseitigung (Aufsuchen, Freilegen, Bergen, Transport und Beseitigung). Dieser Herausforderung stellt sich die EMC Kampfmittelbeseitigungs GmbH. Die Aufgabenstellung der Kampfmittelbeseitigung ist es, die Gefährdung durch vorhandene Kampfmittel zu minimieren bzw. auszuschließen.

Ein Team aus gut ausgebildeten Truppführern (gem. § 20 SprengG) stellt sich dieser Aufgabe tagtäglich. Darunter befinden sich ehemalige Bundeswehrfeuerwerker mit EOD-Ausbildung (Explosive Ordnance Disposal) für konventionelle und chemische Kampfmittel. Auf Grund der wachsenden Anforderungen an das Personal, wurde 2017 die EOD Academsy gegründet. Das Ausbildungsteam verfügt über nationale und internationale sowie militärische Erfahrungen auf dem Gebiet der Kampfmittelbeseitigung.

Durch die Verwendung von modernen Ausbildungsmitteln (AOTM Advanced Ordnance Teaching Materials) kann die Funktionsweise von unterschiedlicher Munition anhand von Kunststoffmodellen erklärt werden. Für diese Art der Ausbildung stehen VR-Brillen zur virtuellen Darstellung zur Verfügung. Durch die Zusammenarbeit mit der TU München wurde eine Möglichkeit der virtuellen Realitätsdarstellung in Bezug auf das Auffinden von Kampfmitteln entwickelt; somit können Erkundung bis hin zur Beseitigung von Kampfmitteln in verschiedenen Szenarien dargestellt und geübt werden.

AOTM

GESCHICHTE

- 2002 Gründung des EMC Engineering Management Centers in Langenpreising
- 2004 Gründung der EMC Kampfmittelbeseitigungs GmbH
- 2006 Einrichtung eines Regionalbüros in Potsdam
- 2008 Einrichtung der Hauptgeschäftsstelle in Langenpreising, der Grundstein für eine kontinuierliche Vergrößerung des Unternehmens war gelegt
- 2017 Gründung der EOD Academy, erste staatlich anerkannte Ausbildungsstätte für Kampfmittelbeseitigung in Bayern

Geschäftsstelle in Langenpreising

EOD Academy

Metzgerei Haslacher

Einer der zehn besten Handwerksmetzger in Bayern

„Stolz samma!" In Langenpreising ist noch immer die Freude über die Verleihung des Staatsehrenpreises 2019 für das bayerische Metzgerhandwerk groß. Zumal damit auch die Anerkennung für das eigene Selbstverständnis einhergeht. Die Metzgerei Haslacher profiliert sich mit hochwertigen Rohstoffen aus heimischer Region sowie Wurst- und Fleischwaren nach traditionellen und regionaltypischen Rezepturen gegenüber industrieller Produktion. Das ist für die Familienmetzgerei das Erfolgsrezept. Immerhin sind in den letzten zehn Jahren fast ein Drittel der Metzger- und Bäckerfachbetrieben vom Markt verschwunden.

Mit seinen Firmengrundsätzen löst Anton Haslacher sein Qualitätsversprechen an seine Kunden ein. Dazu gehört es, sich voll und ganz der Heimat und der Region zu verschreiben. Zugleich erfüllt die Metzgerei kulinarische Wünsche der Kunden, aber auch Spaß und Freude beim Einkaufen. Gleichzeitig fordert dieser hohe Anspruch an das eigene Sortiment auch mehr Verständnis von Kunden ein. Weil frische Lebensmittel empfindlich sind, können und müssen empfindliche Frischeartikel auch einmal ausgehen. Diese Verbrauchererfahrung ist angesichts permanent gefüllter Regale in den Supermärkten verloren gegangen.

Historisch begründet Metzger Tobias Haslacher 1814 mit der Heirat der Metzgerswitwe Franziska Denk die Firmentradition in Langenpreising. Der heutige Familienspross in sechster Generation, Anton Haslacher jun., erlernt in Moosburg das Metzgerhandwerk und wird 1991 Metzgermeister. Seitdem werden Schweine, Rinder und Kälber aus der Region vom Metzgermeister Haslacher selbst geschlachtet und verarbeitet. Heute ist die Traditionsmetzgerei Haslacher der größte Arbeitgeber in Langenpreising.

(v. l.:) Landesinnungsmeister Konrad Ammon, Anton Haslacher und die Präsidentin des Bayerischen Landtags MdL, Ilse Aigner,

Fotos: Gerhard Rovan

Metzger Anton Haslacher geht für seine Kunden mit der Zeit. Der Traditionsbetrieb ermöglicht es mit seiner „Hasi-App" für Smartphones, zu Haus auf dem Sofa oder unterwegs immer informiert zu bleiben und rund um die Uhr bequem vorzubestellen. So finden sich wöchentlich alle Angebote und Menüs der heißen Theke. Produkte, Brotzeit oder Tagesmenü lassen sich mit ein paar Klicks auswählen, in den Warenkorb legen und absenden. Fleisch, Wurst und Menüs sind in der Regel nach einer Stunde Vorlaufzeit in der Filiale abholbereit. Zusätzlich ist kontaktloses Bezahlen vor Ort, auch ab Abholfenster möglich und die Bestellung per App wird dem persönlichen Treuekonto gutgeschrieben.

LENGDORF

Durch einen goldenen Wellenbalken schräg geteilt von Rot und Schwarz; oben ein silberner Becher, unten eine silberne Salzkufe.

Die Gemeinde Lengdorf wurde zum 1. Mai 1978 mit Teilen der Gemeinde Matzbach zu einer neuen Gemeinde zusammengelegt. Die neue Gemeinde erhielt ebenfalls den Namen Lengdorf. Die alte Gemeinde Lengdorf hatte bereits am 14. April 1967 vom Bayer. Staatsministerium des Innern die Zustimmung zur Annahme eines Wappens erhalten. Dieses Wappen ist durch die Zusammenlegung der Gemeinden untergegangen. Die Gemeinde Lengdorf stellte darauf den Antrag auf Zustimmung zur Annahme eines Wappens in der vor der Gebietsreform geführten Form.

FLÄCHE ALT:	18,00 km²	FLÄCHE NEU:	33,94 km²
EW 1972:	2045	**EW 2021:**	2900
Lengdorf	1282		
Matzbach	763		
ERSTE ERWÄHNUNG:	1090		

Durch Gebietsreform zur Einheit zusammengewachsen

Die Gebietsreform der 1970er-Jahre bedeutete für die Gemeinde Matzbach das Ende. 1972 hatte Matzbach 732 Einwohner bei einer Gesamtfläche von 1785 ha und gehörte damit zu den kleineren Landgemeinden. Der Gemeinderat entschied sich einstimmig für den Zusammenschluss mit der Gemeinde Lengdorf, mit der Matzbach viele gewachsene Verbindungen in kirchlichen, schulischen und wirtschaftlichen Bereichen hatte. Die Einheitsgemeinde sollte den Namen Lengdorf tragen und auch das Wappen wurde übernommen. Überraschend und enttäuschend zugleich kam die Forderung der Regierung von Oberbayern, dass die neue Einheitsgemeinde mit Isen eine Verwaltungsgemeinschaft bilden müsse, was zum 1. Mai 1978 auch geschah. Doch nach 20 Monaten glückte die Rückkehr in die Selbstständigkeit.

Auf 40 Jahre erfolgreiche kommunale Tätigkeit kann die Einheitsgemeinde Lengdorf nun zurückschauen: Kindergarten und Krippe, Abwasserentsorgung, Bau der Schule mit Turnhalle, neues Rathaus, Feuerwehrhäuser in Matzbach und Lengdorf. 2021 hat Lengdorf 2900 Einwohner und eine Fläche von 34 km^2.

Die gegenwärtigen wichtigsten Planungen sind die Erweiterung des Kindergartens, der Breitbandausbau und die Versorgung des Ortes mit regionaler Wärme.

Lengdorf und Matzbach sind zu einer wirklichen Einheit zusammengewachsen mit einem aktiven Gemeinde- und Vereinsleben. Sehenswert ist die Pfarrkirche St. Peter mit den schmiedeeisernen Kreuzen am Kriegerdenkmal. Die reizvolle Landschaft um Lengdorf lädt Spaziergänger, Wanderer und Radfahrer herzlich ein.

Ihre Michèle Forstmaier
Erste Bürgermeisterin

Bild: Stefan Angenend

*Erdarbeiten für eine
Wohnanlage mit Tiefgarage*

Sigl Alois Bagger- und Fuhrbetrieb

Vom Minibagger bis zum Kettenbagger für verschiedenste Ansprüche

Die Eheleute Alois und Therese Sigl kaufen im Jahr 1963 das Anwesen in Lengdorf am Bahnweg 1 und machen damit den ersten Schritt für den eigenen Betrieb. Damals steht dort ein Wohngebäude mit einer kleinen Landmaschinenwerkstatt. Anfangs sind noch zwei Mitarbeiter in der Werkstatt beschäftigt. Zu dieser Zeit kann man in diesem Betrieb Landmaschinen, di-

verse Kleingeräte wie zum Beispiel Motorsäge aber auch Fahrräder oder sogar ein Moped kaufen. Als zusätzlichen Service übernimmt die Firma auch Reparaturen oder fährt für die Kunden die Traktoren beim TÜV vor.

Der Sohn Alois jun. schließt seine Ausbildung zum Landmaschinenmechaniker erfolgreich ab und arbeitet dann als zweite Generation im elterlichen Betrieb mit. Mit dem Erwerb des ersten gebrauchten Mobilbaggers wird 1986 der erste Grundstock für den Baggerbetrieb Sigl Alois aus Lengdorf geschaffen. Der ursprüngliche Landmaschinenbetrieb wird nach und nach zurückgefahren und dafür der Baggerbetrieb durch Vater und Sohn Sigl über die Jahren Schritt für Schritt vergrößert.

Der Baggerfuhrpark wird im Laufe der Jahre kontinuierlich durch zusätzliche Baumaschinen erweitert, um den wachsenden Ansprüchen der Kunden optimal gerecht zu werden. Deshalb kommt 1996 der erste 3-Achser-Lkw hinzu, um so die Baustellen selbst beliefern zu können. Entsprechend erhöht sich stetig der qualifizierte und erfahrene Mitarbeiterstamm, die ersten beiden Baggerfahrer sind bis heute bereits über 30 Jahre im Betrieb angestellt. Zusätzlich springen bei Bedarf bewährte Aushilfskräfte mit ein.

Alois Sigl junior und seine Ehefrau Gerlinde übernehmen von der Gründergeneration 2001 den Bagger- und Fuhrbetrieb und führen ihn bis heute fort. Von den vier Kindern der dritten Generation sind die beiden Kinder Andrea und Martin bereits fest im Betrieb involviert und bringen frische Energie für die weitere Zukunft mit.

Das ursprüngliche Anwesen wird in den letzten Jahren zu klein, so dass der Stammsitz 2011 innerorts ins Gewerbegebiet Lengdorf verlagert wird. Von hier aus bietet der Bagger- und Fuhrbetrieb Alois Sigl für Privat- und Gewerbe die verschiedensten Abbruch-, Erd- und Entwässerungsarbeiten an. Damit ist er schon seit über 35 Jahren im Landkreis Erding, den umliegenden Landkreisen sowie im Raum München aktiv.

Abbruch altes Rathaus der Gemeinde Lengdorf im Jahr 2021

Der leistungsfähige Fuhr- und Maschinenpark ermöglicht es dem Familienbetrieb, verschiedenste Aufträge zu erfüllen. Dafür stehen vom Minibagger bis hin zum Kettenbagger sowie weitere Lkw-Modelle bereit. Diese Vielfalt ermöglicht eine angemessene und wirtschaftliche Bearbeitung der verschiedensten Kundenansprüche.

Landwirtschaftliche Nutzflächen wie hier bei Lengdorf prägen den Landkreises Erding. Laut des Amts für Ernährung, Landwirtschaft und Forsten Ebersberg-Erding (AELF) werden 2021 im Landkreis 58 944 Hektar Fläche landwirtschaftlich genutzt.

MOOSINNING

In Blau gekreuzt ein silberner Schlüssel und ein silberner Palmzweig.

Ein silberner Schlüssel und ein silberner Palmzweig verweisen auf die frühere Verbindung zum Regensburger Kloster St. Emmeram. Sie gehören einer alten Klostertradition zufolge dem Patron der Abtei, dem heiligen Wolfgang. Moosinning war Propstei des Klosters und als dessen Besitz erstmals 1031 urkundlich erwähnt. Für das gemeindliche Wappen wurden Schlüssel und Palmzweig gekreuzt wiedergegeben. Außerdem wurden für die farbliche Gestaltung statt der Stiftsfarben Weiß und Rot die Farben Weiß und Blau gewählt. Sie spielen zugleich an die territoriale Zugehörigkeit zu Bayern an.

FLÄCHE ALT: 34,55 km²		**FLÄCHE NEU:** 39,95 km²	
EW 1972:	3129	**EW 2021:**	6311
ERSTE ERWÄHNUNG:	1031		

Aufstieg durch Reform zum Kleinzentrum

Im Zuge der Gemeindegebietsreform in Bayern war 1972 die Frage der Zusammenlegung von Gemeinden oder die Bildung von Verwaltungsgemeinschaften akut geworden. Gedacht war an eine Zusammenlegung von Moosinning mit Neuching und Finsing oder aber auch die Bildung einer Verwaltungsgemeinschaft, deren Sitz noch nicht festgelegt war. Beide Lösungen wurden von den beteiligten Gemeinden abgelehnt. Moosinning blieb selbstständig und damit als einzige Gemeinde des Landkreises Erding von der Reform unberührt. Schließlich wurde die Gemeinde Moosinning am 6. August 1976 zum Kleinzentrum bestimmt.

Gemeindeweiher

Pestkapelle

Wasserturm

Die Gemeinde Moosinning besteht aus den Ortsteilen Moosinning, Eichenried, Eching, Stammham, Kempfing, Zengermoos, Riexing, Schnabelmoos, Eder am Holz, Sollnberg und Burgholz.

Rückblickend auf die letzten 50 Jahre wurde die Gemeinde Moosinning von einem tiefgreifenden Strukturwandel erfasst, beeinflusst durch die Nähe zur Landeshauptstadt München und zum Flughafen. Aus einer landwirtschaftlich strukturierten Gemeinde entwickelte sich eine im Rahmen der zentralörtlichen Gliederung als Kleinzentrum eingestufte Wohngemeinde. Das wird dadurch deutlich, dass 2020 nur mehr 69 landwirtschaftliche Betriebe existierten, während die Gemeinde 1971 noch 204 Landwirte im Haupt- oder Nebenberuf hatte.

Dementsprechend stieg und steigt weiterhin die Einwohnerzahl. Mit einer anspruchsvollen Infrastruktur schafften und schaffen wir für unsere Bürgerinnen und Bürger gute Wohn- und Lebensqualitäten, die durch rege Vereinsaktivitäten das Zusammengehörigkeitsgefühl ergänzen.

Ihr Georg Nagler
Erster Bürgermeister

NEUCHING

Gespalten von Gold und Rot; vorne eine blaue Gugel, hinten ein schräglinks gestelltes silbernes Haumesser.

Für das Wappen der aus den Gemeinden Oberneuching und Niederneuching zusammengelegten neuen Gemeinde Neuching wurden Motive aus den früheren Gemeindewappen verwendet. Für Oberneuching weist die blaue Gugel auf das alte, 1695 im Mannesstamm erloschene und örtlich bedeutende Grundherrengeschlecht der Neuchinger von Oberneuching hin. Für Niederneuching steht das silberne Haumesser als überliefertes Wappensymbol eines eigenen Ortsadelsgeschlechtes aus dem Mittelalter.

FLÄCHE ALT:	19,66 km²	FLÄCHE NEU:	19,68 km²
EW 1972:	1227	**EW 2021:**	2708
Niederneuching	509		
Oberneuching	718		
ERSTE ERWÄHNUNG:	771		

Vorreiter bei Gemeindegebietsreform

Schon bevor es zur geplanten Landkreisgebietsreform 1972 kommt, sprechen sich die beiden damals noch eigenständigen Gemeinden Nieder- und Oberneuching für eine eigene Gebietsreform aus. Nach einem knappen Gemeinderatsbeschluss von Niederneuching entscheidet sich 1969 eine Mehrheit aller Wahlberechtigten aus Niederneuching für eine Zusammenlegung beider Gemeinden. Ein Jahr später schließen sich als erste im Landkreis Erding die beiden Schwestergemeinden freiwillig zur Gemeinde Neuching zusammen.

Die neue Gemeinde spricht sich 1973 sowohl gegen eine erneute Aufteilung als auch gegen einen Zusammenschluss mit der Gemeinde Finsing aus. Die Gemeinde Ottenhofen strebt eine Verwaltungsgemeinschaft mit Markt Schwaben an. Die Gemeinde Finsing wünscht sich eine Verwaltungsgemeinschaft mit Pliening und Gelting.

Es ist also beileibe keine „Liebesheirat", als die politischen Neugliederungsüberlegungen 1975 einen vorläufigen Abschluss finden. Demnach soll eine Verwaltungsgemeinschaft in Oberneuching und den Mitgliedsgemeinden Finsing, Neuching und Ottenhofen entstehen.

Nach vielen Diskussionen und weiteren Bürgerbefragungen wird schließlich 1976 durch eine Landtagsentscheidung eine Verwaltungsgemeinschaft Oberneuching mit Sitz in Oberneuching und den Mitgliedsgemeinden Finsing, Neuching und Ottenhofen gebildet und auch umgesetzt. Dagegen wendet sich die Gemeinde Finsing erfolgreich mit einem Normenkontrollantrag, die 1980 aus der VG Oberneuching ausgegliedert und wieder selbstständig wird.

Die attraktive Entwicklung lässt sich nicht nur an der Einwohnerzahl ablesen. Auch die Zahl der Gewerbetreibende hat sich seit der Reform auf fast 350 verzehnfacht.

Thomas Bartl
Erster Bürgermeister

Ortsmitte von Niederneuching um 1960

Ortsmitte von Oberneuching um 1974

Dapperger und Huber Telefon- und Datensysteme

Kommunikations- und Netzwerktechnik ist Vertrauenssache

Die Verbindung zwischen dem Landkreis Erding und dem chilenischen Paranal lässt sich auf einen Namen bringen: Der Spezialist für Kommunikationssysteme Dapperger und Huber aus Neuching bei Erding. Er betreut zum Beispiel den Landkreises Erding und die beiden chilenischen Observatorien in Paranal und La Silla. Sie gehören zum European Southern Observatory (ESO) in Garching, das wiederum in das Knowhow von Dapperger und Huber vertraut.

Das Unternehmen hat sich seit mehr als 20 Jahren das Vertrauen vieler Kunden in Bayern sowie Großkunden in Deutschland, Österreich und der Schweiz erarbeitet. Dazu trägt einerseits eine sehr gute Qualifikation bei. Andererseits reagiert der Betrieb ohne lange Abstimmungsprozesse direkt und schnell auf die individuellen

Kundenbedürfnisse. Das zahlt sich gerade dann für Kunden aus, wenn Störungen und Probleme kurzfristig behoben werden müssen.

Dapperger und Huber bieten Produkte und Dienstleistungen rund um Telefonsysteme, Applikationen für Unified Communications (UC) oder auch Computer-Telefonie-Integration (CTI). Außerdem unterstützt die Firma bei effizienten Cloud-Anwendungen, LAN-Netzwerken und WLAN-Systemen sowie Alarmierungsserver.

Niederneuching 2022

Pension und Eventstadl zum Neuwirt

Feiern und übernachten im Alpenvorland

Die Pension und der heutige Eventstadl zum Neuwirt haben in Oberneuching eine lange Tradition. 1913 kauft die Familie Burgmair die Dorfgaststätte Neuwirt mit dazugehöriger Landwirtschaft. Der Betrieb wird 1921 zusätzlich um eine Metzgerei erweitert. Die dritte Generation richtet den Familienbetrieb in den 1990er Jahren neu aus. Nach einen Brandunglück, der die Stallungen vernichtete, legen sie 1993 den Grundstein für die heutige Pension. Seit 1996 steht ein Saal für Hochzeiten und andere Veranstaltungen bis 220 Personen zur Verfügung.

Heute bietet die Pension zum Neuwirt Platz für über 54 Übernachtungsgäste in Einzel- und Doppelzimmern. Zudem gibt es Apartments zur Kurzzeit- oder Langzeitmiete. Die Nähe zur Messe München, zur Therme Erding oder zum Flughafen machen den Neuwirt zum idealen Ausgangspunkt für Geschäftsreisen und Kurzurlaube, um das oberbayerische Alpenvorland zu entdecken. Zuvor erweitern die Burgmairs in mehreren Schritten ihr Übernachtungsangebot. Zuletzt schafft der Abriss der alten Dorfgaststätte zusätzlichen Platz für neuen Apartments und Fremdenzimmer.

Der Neuwirt im Jahr 1928

Eventstadl

2011 wird der Eventstadl gebaut. Der urige Veranstaltungsort ist ideal für unterschiedliche Feste, wie Hochzeiten, Firmenfeiern oder Geburtstage. Das einzigartige Ambiente mit einer rustikalen Bestuhlung bietet Platz für 25 bis 120 Personen. Die Mischung aus Rustikalität und Gemütlichkeit schafft den Rahmen für gelungene Feiern jeglicher Art. Für Brautpaar und ihre Angehörigen können zudem in der Außenanlage auch freie Trauungen im Hochzeitspavillon durchgeführt werden.

2021 eröffnet Lorenz-Josef Burgmair als Familienspross in vierter Generation eine Showküche im Eventstadl. Dort zelebriert der ausgezeichnete Küchenchef und Inhaber auf Wunsch ein besonderes Live Cooking als weiterer Höhepunkt einer individuellen Feier. Er berät Brautpaare, Jubilare und andere Gäste, um eine Speisekarte ganz nach persönlichen Vorlieben zusammenzustellen. Je nach Anlass kann es im Außenbereich des Eventstadls oder im Hochzeitsgarten beispielsweise Flammkuchen, Canapés oder ein Flying Buffet sein. Menü oder Buffet können je nach Wunsch als ländliche Schmankerl, stilvolles Buffet oder gehobenes Menü kredenzt werden.

Die Showküche kann auch für kleine Events ab zehn Personen genutzt werden. Bei diesen Kochkursen verrät Lorenz-Josef Burgmair seine Profitricks und kreiert gemeinsam mit den Teilnehmern einzigartige Gerichte, die sich auch zu Haus nachkochen lassen.

OBERDING

In Blau ein schräglinks gestelltes silbernes Sensenblatt.

Für das Gemeindewappen wurde ein Sinnbild aus der bäuerlichen Begriffswelt zugrunde gelegt. Diese Wahl rechtfertigen die Gründung der Siedlung durch den ortsnamengebenden Freibauern Deo, die bäuerliche Eigenart der Siedlung, und der vermutete siedlungsgeschichtliche Zusammenhang der Orte Ding und Erding. Die Farben des schlichten Wappens weisen auf die Eigenschaft als herzoglicher Besitz im 8. Jahrhundert und auf die Landeszugehörigkeit hin. Die Jahreszahl 750 über dem oberen Schildrand im gemeindlichen Dienstsiegel ist durch das außergewöhnlich hohe, urkundlich belegte Alter begründet.

FLÄCHE ALT:	62,27 km²	FLÄCHE NEU:	50,06 km²
EW 1972:	3885	**EW 2021:**	6694
Notzing	1348		
Oberding	2537		
ERSTE ERWÄHNUNG:	750		

Flughafengemeinde mit Wohlfühlcharakter

Unsere Gemeinde Oberding ist eine typische, altbayerische Landgemeinde mit langjähriger Geschichte und acht Ortschaften im Erdinger Moos. Dennoch ist unsere Kommune modern und aufstrebend, in Nähe der bayerischen Landeshauptstadt München mit dem Tor zur Welt, dem nachbarlichen Flughafen MUC.

In früheren Jahren war Landwirtschaft, Torfgewinnung und Teeanbau wichtig für das tägliche Leben, später folgte der Isarkanal und auch eine Tuchfabrik. 1978 fand die Gemeindegebietsreform statt und große Teile der ehemaligen Gemeinde Notzing wurden uns zugeordnet. Nur wenige Jahre später siedelte der Großflughafen München mit mehr als 750 ha auf unserem Gemeindegebiet, ein sehr

Aufkirchen

Notzing Foto: Hans Seeholzer

Fußgängerbrücke in Niederding

großer Eingriff in unsere Kommune. Durch die stetige Entwicklung hat sich auch das Ortsbild der Gemeinde verändert und angepasst. Die Ansiedlung von Gewerbe- und Logistikbetrieben, Hotels und auch der Ausbau des Personennahverkehrs zeigen die rasante Entwicklung und den Strukturwandel bei uns.

Trotzdem wollen wir heute als Flughafengemeinde unseren Bürgerinnen und Bürgern einen Wohlfühlcharakter geben und auch Neubürgerinnen die Integration in das bewährte Orts- und Vereinsleben ermöglichen. Zahlreiche Freizeitaktivitäten – größtenteils durch die Vereine gestaltet – ermöglichen dies. Unser heutiger hoher Lebensstandard zeigt, dass es uns gut geht.

Für die nächste Zeit sind wir bestens aufgestellt und gerüstet. Mit Engagement und ganz viel Herzblut arbeiten wir für die Zukunft unserer Gemeinde. Denn nur, wer die Welt gesehen hat und die Heimat kennt, der weiß, was er hat.

Ihr Bernhard Mücke
Erster Bürgermeister

Rathaus

153

Aufkirchen

Von Gerhard Niklaus, Archivpfleger der Gemeinde Oberding und ehemaliger Geschäftsleiter der VG Oberding

Die Verwaltungsgemeinschaft Oberding steht für eine gelungene Gebietsreform

50 Jahre nach der Landkreisgebietsreform lässt sich für die Verwaltungsgemeinschaft Oberding ein positives Fazit ziehen. Die Gebietsreform ist in unserem Bereich als gelungen anzusehen.

Allerdings zeigen sich ein Jahr zuvor die 46 Bürgermeister der Landkreisgemeinden bestürzt über die Pläne des Bayerischen Innenministeriums, den Landkreis Erding aufzulösen und in verschiedene Nachbarlandkreise aufzuteilen. Aus dem Landkreis Erding mit seiner geschlossenen Verwaltungs- und Wirtschaftseinheit erheben die Bürgermeister schärfsten Protest. So bleibt der Landkreis Erding erhalten, der Landkreis Wasserburg wird aufgelöst und Teile dem Landkreis Erding angegliedert.

Naturschutzgebiet Notzingermoos

Notzinger Weiher

Notzinger Schloss

Auch die Diskussion zwischen der Gemeinde Hallbergmoos und der Gemeinde Oberding bezüglich der Zuordnung der Gemeinde oder Gemeindeteile von Notzing hat eine jahrzehntelange Vorgeschichte. Damit verknüpft ist die sich daraus ergebende Landkreiszugehörigkeit zu Freising oder Erding. Sie erreicht einen Höhepunkt kurz vor der Gebietsreform.

Im August 1971 plädiert das Landratsamt Freising für eine Zusammenführung von Hallbergmoos mit Goldach, Oberdingermoos, Brandau und Franzheim. Dieses Ansinnen lehnt der Gemeinderat Oberding ab. Eine Abtrennung irgendwelcher Ortsteile aus dem Gemeindegebiet kommt nicht in Frage. Denn die Ortsteile Franzheim und Oberdingermoos gehören seit Bestehen der Gemeinde zum Gemeindegebiet und die Grundstücke werden überwiegend von Landwirten aus Oberding, Niederding und Schwaig bewirtschaftet. Außerdem sind die genannten Ortsteile verkehrsmäßig gut an das Gemeindegebiet angeschlossen. Zudem soll eine endgültige Entscheidung über den Großflughafen abgewartet werden. Im Übrigen sei das Gebiet mit den Orten Franzheim und Oberdingermoos für die Gemeinde Oberding genauso wichtig, wie für die Gemeinde Hallbergmoos, um die Lebensfähigkeit der Gemeinde zu erhalten.

Die erste Gebietsreform in der Gemeinde Oberding findet bereits 1934 statt. Damals wird der Ortsteil Mariabrunn mit 298 Hektar an die Gemeinde Hallbergmoos angegliedert. Vier Jahre später wird der Ortsteil Siglfing mit 120 Hektar der Stadt Erding zugeschlagen. Außerdem kommt es in der Jahren 1924 bis 1931 und nochmals 1947 bis 1952 zu Bestrebungen, aus den Orten Notzing, Aufkirchen, Kempfing und Stammham eine eigene Gemeinde zu bilden. Die meisten Einwohner der Orte stimmte dem Antrag zu; die Gemeinden Moosinning und Oberding lehnten diesen Antrag jedoch ab. Die Gebietsverluste von Mariabrunn und Siglfing werden erst mit der Gebietsreform 1978 realisiert, die Ortschaften Notzing und Postschwaige (Notzingermoos) werden in das Gemeindegebiet eingegliedert.

Der Weg zur Verwaltungsgemeinschaft Oberding

Der ursprüngliche Vorschlag der Regierung die Gemeinde Eitting in die Gemeinde Oberding oder in die „Moosraingemeinde" einzugliedern ist schnell vom Tisch. Die Gemeinde Eitting, allen voran Bürgermeister Leonhard Zollner, machen sich erfolgreich für den Erhalt von Eitting als selbstständige Gemeinde stark. Diesem Wunsch der Gemeinde Eitting schließt sich auch der Gemeinderat von Oberding an. So wird nach den Wünschen der beiden Gemeinden die Bildung der Verwaltungsgemeinschaft Oberding in die Rechtsverordnung aufgenommen.

Die Leistungsfähigkeit der beiden Gemeinden ist allerdings deutlich unterschiedlich. Oberding ist und war Flughafenstandortgemeinde, Eitting hat mit der Lärmbelästigung ohne wirtschaftlichen Ausgleich zu kämpfen. Als Kompromiss vereinbaren die beiden Gemeinden, dass die Verwaltungsumlage der VG nicht wie üblich nur nach der Einwohnerzahl aufgeteilt wird, sondern auch die Steuerkraft der Gemeinde mitberücksichtigt.

Komplexes Verfahren rund um den Flughafen

Zunächst bringen die Regierungspläne für den Flughafen auch die Bildung einer Gesamtgemeinde Hallbergmoos mit Goldach, Oberding mit Notzing und Eitting ins Gespräch. Als Gemeindename ist Moosrain angedacht. Erst nach dem Bau des Flughafens, so meint man in der Regierung, könne man sich dann nochmals mit einer Gemeindeneugliederung in diesem Raum befassen. Dann könnten Teile der Gemeinde Notzing von Oberding wieder ausgegliedert und Hallbergmoos zugeschlagen werden. Nach Auffassung der Gemeinden Notzing und Hallbergmoos brächte dieser Vorschlag erhebliche Nachteile. Es wären eben zwei Landkreise und zwei Gemeinden betroffen und völlig dem Willen der Bevölkerung zuwiderhandeln. Der Landkreis Erding unterstreicht 1973, dass bei einem Zusammenschluss Goldach mit Hallbergmoos die Zuordnung zum Landkreis Erding unerlässlich ist. Sonst wäre Hallbergmoos durch den Flughafen vom Landkreis Freising abgeschnitten und auf dem kürzesten Weg über die Kreisstraße ED 7 mit Erding verbunden. Es wird auch befürchtet, dass dann das gesamte Flughafengelände zur Stadt Freising kommt. Das hätte zur Folge, dass die übrigen Gemeinden, hier insbesondere Hallbergmoos und Oberding, an den vom Flughafen ausgehenden Belastungen aber nicht an den Steuereinnahmen beteiligt sind.

1975 verständigen sich die Flughafengemeinden Stadt Freising, die Gemeinden Hallbergmoos, Attaching, Marzling und Oberding, dass die derzeitigen Gemeindegrenzen innerhalb des Flughafengeländes nicht geändert werden dürfen. Die Landtagsabgeordneten Otto Wiesheu und Hans Zehetmair einigen sich auf eine Fusion Goldach/Hallbergmoos vor der Flughafenentscheidung und die Landkreisgrenzen innerhalb des Flughafens nicht anzutasten. Diesem Vorhaben stimmt auch Innenminister Bruno Merk zu.

Kirche St. Georg in Oberding

Goldach, Postkarte um 1955, Foto: Georg Reindl, Gemeindearchiv Hallbergmoos

Flughafen im Erdinger Moos Bild: wikipedia

Der damalige Erdinger Landrat Simon Weinhuber versucht mit allen Mitteln, die Gemeinde Hallbergmoos mit Goldach in den Landkreis Erding zu ziehen. Er fordert immer „Erst Flughafenentscheidung dann Fusion, da führt kein Weg vorbei" und verspricht eine Busverbindung nach Erding. Seine Großanzeige wirbt „Bürger von Hallbergmoos-Goldach, entscheidet Euch für den Landkreis Erding". Als weiteres Argument dient die künftige Entwicklung der Gemeinde Hallbergmoos und ihre Baumöglichkeit nach dem Flughafenbau. Wegen möglicher Fluglärmauswirkungen werde sich eine Gemeinde Hallbergmoos nur auf dem Gebiet des Ortes Goldach, also nur im Landkreis Erding, erweitern können.

Bei einer ersten Bürgerbefragung im April 1973 stimmen in Hallbergmoos eindeutige 99 Prozent für die Fusion und 98 Prozent für den Verbleib im Landkreis Freising. In Goldach sprechen sich knapp 71 Prozent für eine Fusion aber nur 33 Prozenz für den Landkreis Erding aus. Bei einer zweiten Befragung der Einwohner von Hallbergmoos, Goldach und Notzingermoos im November 1975 machen mehr als zwei Drittel der Wähler ein Votum für den Landkreis Freising.

Der Gemeinderat Notzing beschließt im Dezember 1973 auf Grund der Bürgerbefragung und dem eindeutigen Wunsch der Bevölkerung, dass die Ortsteile Goldach und Notzingermoos in die Gemeinde Hallbergmoos eingegliedert werden sollen. Darüber hinaus wünscht der Gemeinderat aber auch, dass die neugebildete Gemeinde Hallbergmoos in den Landkreis Erding eingegliedert werden soll.

Die Regierung stimmt teilweise für die vorgeschlagene Gebietsreform. Es sei unzweifelhaft, dass der Ortsteil Goldach mit Hallbergmoos, auf Grund der sehr engen Verflechtung, zusammenzufassen ist. Sollte die vorgeschlagene Einheitsgemeinde dem Landkreis Erding zugeordnet werden, könnte auch der Ortsteil Notzingermoos der Einheitsgemeinde angegliedert werden. Bei einer Zuordnung zum Landkreis Freising sind die Ortsteile Notzing und Notzingermoos in die Gemeinde Oberding einzugliedern, weil eine Herauslösung des Gemeindeteils Notzingermoos aus dem Landkreis Erding zu einem tiefen Einschnitt in das Gebiet des Landkreises führen würde. Das

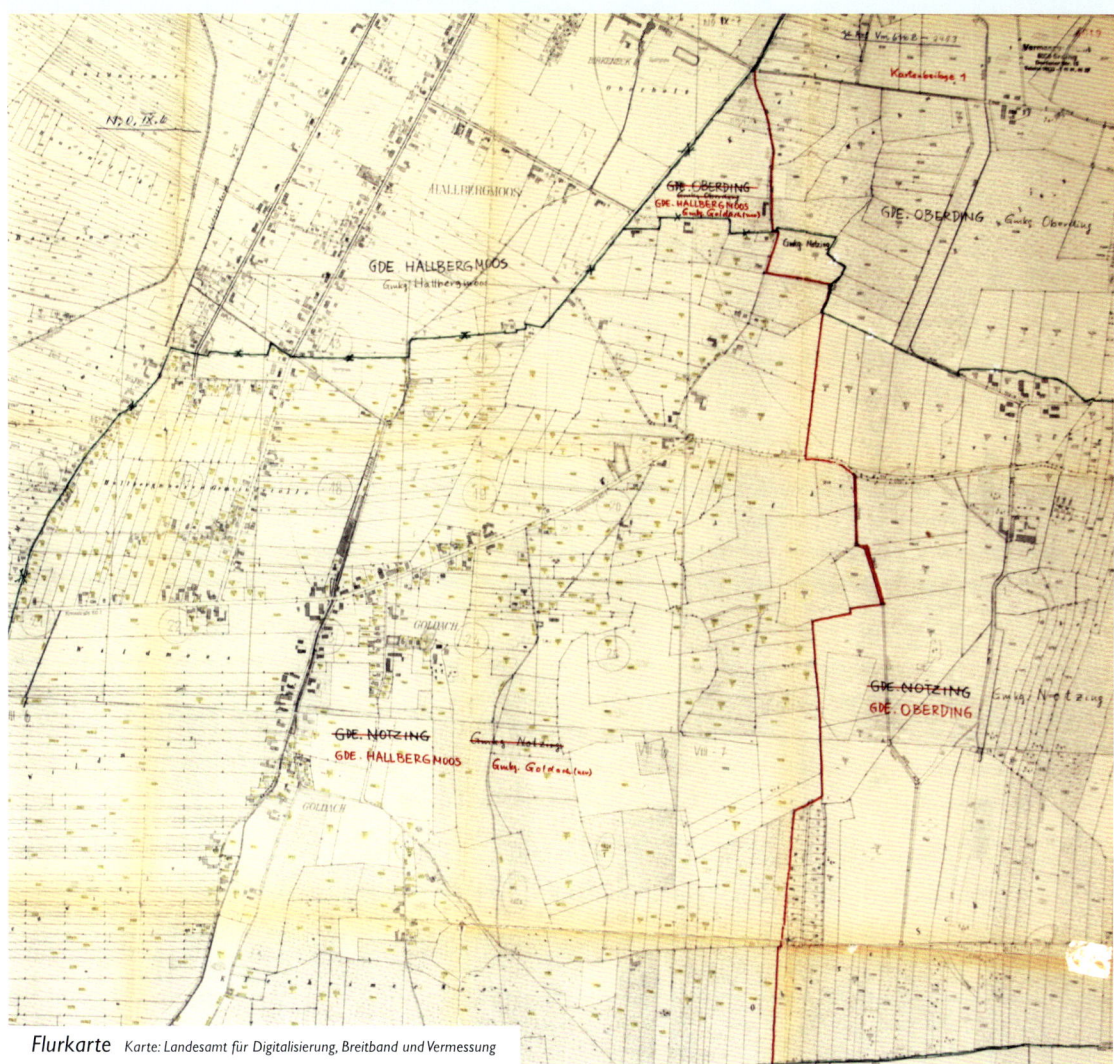

Flurkarte   Karte: Landesamt für Digitalisierung, Breitband und Vermessung

könnte dann neue Abgrenzungsprobleme hervorrufen. Im Bereich von Oberdingermoos schlägt die Gemeinde Oberding eine geringfügige Grenzbereinigung für zwei Anwesen zugunsten der Gemeinde Hallbergmoos vor. Diese Regelung soll im Zusammenlegungsverfahren berücksichtigt werden. Die Gemeinde hat in einem Plan die Aufteilung des Gemeindegebietes von Notzing vorgeschlagen. Dieser Vorschlag wird genauso in die Rechtsverordnung zur Gebietsreform aufgenommen.

Jetzt äugt Oberding nach Notzing

Gemeinderat gibt Stellungnahme zur Gebietsreform — Verwaltung mit Eitting

Oberding — Der Gemeinderat Oberding verabschiedet einstimmig eine von Bürgermeister Schweiger vorgelegte Stellungnahme zur Gebietsreform. Darin wird die Eingemeindung der Ortschaft Notzing und des Ortsteiles Notzingermoos in die Gemeinde Oberding befürwortet und angestrebt. Begründung: Die Entfernung zur Ortschaft Oberding beträgt nur zwei Kilometer, außerdem kann Aufkirchen, zur Gemeinde Oberding gehörend, nur über Notzing erreicht werden. Allein aus geographischen Gründen

wäre eine Eingemeindung, ganz gleich wie man bei Hallbergmoos und Goldach entscheiden mag, sinnvoll und wünschenswert.

Gegen eine Eingemeindung nach Oberding sprechen die einzelnen Entfernungen, die zu groß sind. Es soll daher mit den Eittingern eine Verwaltungsgemeinschaft angestrebt werden. Oberding mit 2580 Einwohnern und Eitting mit 1700 Einwohnern würden zusammen mit Notzing etwa die Richtzahl von 5000 Einwohnern ergeben.

Noch interessanter erschien dem Gemeinderat der zweite Punkt der Tagesordnung. Von der Ausweisung von Baugebieten. Von der Ortsplanungsstelle von Oberbayern war ein Flächennutzungsplan erstellt worden. Bürgermeister Schweiger verlas einige Abschnitte aus der Stellungnahme des Wasserwirtschaftsamtes. Die Gebiete der Gemeinde Oberding im geplanten Flughafengelände und in der Lärmzone I wurden jedoch nicht erwähnt.

Im Bereich der Ortschaft Oberding bestehen gute Aussichten, außer der Baulückenschließung auch Wohn- und Gewerbegebiete auszuweisen, wenn das Abwasser verrechnet werden kann. Weitere Baulandausweisungen bedürfen einer zentralen Abwasserbeseitigungsanlage.

MM ED-A 26.8.73

Will Eitting gemeinsame Verwaltung mit Oberding?

Bürgermeister Schweiger: Erst einmal Sitzung mit beiden Gemeinderäten — Neue Flughafen-Stellungnahme

Oberding — Die Gemeinde Oberding hat eine weitere Stellungnahme zum luftrechtlichen Genehmigungsverfahren abgegeben. Auf der letzten Sitzung sollte eine Beschlußfassung erörtert werden. Der Kauf von Feuerwehrgeräten für 7000 Mark wurde vom Gemeinderat genehmigt. Weiterer Punkt der Sitzung: Eitting will angeblich mit Oberding eine Verwaltungsgemeinschaft eingehen.

Bürgermeister Schweiger hob hervor, daß die Gemeinde Oberding mit der Stellungnahme des geologischen Landesamtes im luftrechtlichen Genehmigungsver-

fahren zufrieden sei. Dieses Gutachten beziehe sich allerdings nur auf das Gelände innerhalb des Flughafenzaunes. Der Gemeinderat fordert daher in einer zusätzlichen Stellungnahme zum Punkt Grundwasserabsenkung, daß es entsprechend erweitert wird, und zwar bis zur Straße ED 7 Notzing—Goldach im Norden bis fünf Kilometer außerhalb des Flughafenbereichs, und im Westen bis zum Isarlauf.

Gemeinderat Steiger, Vorsitzender der Eigentümervereinigung gegen Grundab-

tretung, bezweifelte bei den Ausführungen von Bürgermeister Schweiger die Richtigkeit der staatlichen Gutachten, und brachte zum Ausdruck, daß die vom Wirtschaftsministerium vorgelegten Unterlagen erfahrungsbemäß nicht ausreichend seien.

● Auch Gemeinderat Adolf Adelsperger meinte, die Gemeinde müsse sich vorbehalten, auch neutrale Gutachten zu bestellen. Steiger verlangte, daß der Gemeinderat noch ein weiteres unabhängiges Gutachten erstellen lassen kann, wenn sie mit dem „staatlichen" Gutachten nicht einverstanden sei.

Die Meinungen von Gemeinderat Steiger und von Bürgermeister Schweiger gingen zwar wegen einiger Mißverständnisse etwas auseinander, letztlich einigte man sich jedoch darauf, daß sich die Gemeinde Oberding vorbehält auch zu einem späteren Zeitpunkt Stellungnahmen und Gutachten der Genehmigungsbehörde vorzulegen.

Adelsperger verlangte auch noch, daß die „Schadenverursacher", die Flughafen GmbH, auch für die Planungsschäden haftbar gemacht werden müsse. Er meinte damit die Schäden der Bevölkerung, die wegen der sogenannten Bausperre ihre Grundstücke nicht bebauen dürfen, oder ihre Häuser nicht erneuern können.

Seine Ausführungen erweiterte er dahingehend, daß das Gemeindegebiet vollkommen zerstört werde durch die damit verbundenen Absiedlungen. Man müsse davon der Flughafen GmbH verlangen, daß die Gemeinde Oberding sich im Falle der Verwirklichung des Projektes kostenfrei an die Kläranlage des Flughafens anschließen lasse könne. Außerdem sollte für die Flughafen GmbH die Kosten der Kanalisation aufkommen, die dann erforderlich werden, wenn eben durch die Umsiedlung der

Fortsetzung nächste Seite

Fortsetzung

Will Eitting...

Oberding zur Fusion mit Notzing bereit

Auch Verwaltungsgemeinschaft mit Eitting beschlossene Sache / Landrat Weinhuber: „Lockere Ehe" mit Eitting wegen der Zuschüsse bald eingehen / Bürgerversammlung

Oberding/Goldach — Die Gemeinde Oberding ist bereit, mit der Ortschaft Notzing zu fusionieren und mit der Gemeinde Eitting eine Verwaltungsgemeinschaft einzugehen. Entsprechende Beschlüsse hat der Gemeinderat bereits gefaßt. Dies teilte Oberdings Bürgermeister Franz Schweiger in der Bürgerversammlung in Niederding (der „Regionalanzeiger hat bereits berichtet) mit.

Nach Auffassung Schweigers ist eine Verwaltungsgemeinschaft zwischen Oberding und Eitting besser als eine Fusion, weil in diesem Falle das daraus entstehende neue Gemeindegebiet mit rund 90 Quadratkilometern im Hinblick auf die Bildung der bürgernahe Verwaltung viel zu groß sein würde. Auf einen Termin für die Verwaltungsgemeinschaft habe man sich aber noch nicht einigen können. Landrat Simon Weinhuber richtete an den Gemeinderat Oberding die Bitte, die „lockere Ehe" mit Eitting (Zwischenruf Bürgermeister Schweiger: „Mir san halt a moderne Gemeinde") so bald wie möglich einzugehen, um den Termin für die Gewährung von Zuschüssen nicht zu versäumen.

Als schwierigen Fall bezeichnete Weinhuber eine Fusion zwischen Goldach und Hallbergmoos. „Goldach möchte mit Hallbergmoos zum Landkreis Erding, und Hallbergmoos möchte mit Goldach zum Landkreis Freising", sagte der Landrat. Es bestehe aber — so Weinhuber — wenig Aussicht für eine Gemeindezusammenlegung über Landkreisgrenzen hinweg. Die Klärung dieser Frage hänge auch eng mit der Flughafen-Frage zusammen.

Schweiger bedauerte, daß der Antrag der Gemeinde auf Aufstellung eines Flächennutzungsplans von den Genehmigungsbehörden abgelehnt worden sei mit der Begründung, daß die

bauliche Entwicklung im Hinblick auf die Ziele der Raumordnung und im Zusammenhang mit dem geplanten Großflughafen im Erdinger Moos nicht absehbar sei. Trotzdem sei es der Gemeinde gelungen, in letzter Zeit Baugrund zu erwerben, um diesen den Gemeindebürgern zu „damit nehmbaren Preis anbieten zu können, „damit sie sich nicht fortzieden müssen und sich Fremde in unserer schönen Gemeinde einnisten". Für die Siedlungstätigkeit in der Gemeinde seien auch einige Zugeständnisse von seiten der Behörden erreicht worden. Schweiger: „Ein bisserl was tut sich schon auf dem Bausektor, wenn's auch langsam vorangeht."

Das Gemeindeoberhaupt gab dann noch einen Überblick über die Abwicklung des Haushalts der Gemeinde Oberding (2578 Einwohner, Gesamtfläche 5002 Hektar, sieben Ortsteile) im vergangenen Jahr. So habe man für den Bau der zentralen Wasserversorgung in Oberding 800 000 und für den Neubau der zentralen Wasserversorgung 1,6 Millionen — damit sei 1963 für dieses Projekt insgesamt 5,8 Millionen Mark — ausgegeben. Die Schulden der Gemeinde betrugen am Jahresende 4,3 Millionen Mark, die Rücklagen bezifferten sich auf 125 000 Mark.

Der Etat 1974 hat nach Angaben Schweigers ein Gesamtvolumen von 4,9 Millionen Mark, wobei 2,8 Millionen auf den Verwaltungsetat und 2,1 Millionen Mark auf den Vermögensetat entfallen. Für die Zentralschule müssen in diesem Jahr weitere 527 000 Mark ausgegeben werden. Weitere große Ausgabenposten sind die Wasserversorgung (658 000), die Kreisumlage (240 000) und der Straßenbau (152 000). Die Tilgung von Krediten verschlingt nicht weniger als 244 000 Mark. Mit neuen Investitionen muß die Gemeinde heuer kurz treten, um die begonnenen Maßnahmen finanzieren zu können.

Als „große Sorge" der Gemeinde Oberding bezeichnete Schweiger das Müllproblem. Der vor zwei Jahren in Schweigerloh angelegte Müllplatz sei in nicht bestem Zustand und soll in Zukunft besser beaufsichtigt und gepflegt werden.

Carl Hupfer

In der Rechtsverordnung der Regierung von Oberbayern vom 12. April 1976 wird endgültig die Landkreiszuordnung der neuen Gemeinde Hallbergmoos mit Goldach in den Landkreis Freising und die Zuordnung der Gemeinde Oberding mit den Ortsteilen Notzing und Notzingermoos in den Landkreis Erding abgeschlossen. Damit endet ein jahrelanger Kampf um die Gebietszugehörigkeiten im Westen des Landkreises Erding. Die Gemeinde Hallbergmoos wird Rechtsnachfolgerin der Gemeinde Notzing. Zwischen der Gemeinde Oberding, der Gemeinde Notzing und der Gemeinde Hallbergmoos werden die erforderlichen Vereinbarungen und Verträge über die Sach- und Rechtsfragen nach der Gebietsreform abgeschlossen. Ende April 1978 heißt die Gemeinde Oberding die Bürgerinnen und Bürger von Notzing und Notzingermoos in ihrer neuen Gemeinde willkommen. Das Notzinger Wappen geht damit offiziell unter, es lebt aber auf den Uniformen der Notzinger Feuerwehr weiter.

Eingemeindungsfeier für Notzing und Notzingermoos, 1978

Quelle: Erdinger Anzeiger

Kirche St. Nikolaus in Notzing

Vor- und Nachteile für die Gemeinden

Auch wenn die Verwirklichung, insbesondere die Zusammenlegung der Ortsteile der Gemeinde Notzing sehr lange dauert, ist die Gebietsreform nach Auffassung der Gemeinde Oberding gelungen. Die Gemeinde Oberding pflegt ein gutes Verhältnis zur Nachbargemeinde Hallbergmoos, beide Gemeinden arbeiten bei Bedarf, insbesondere bei Flughafenfragen, überregional eng zusammen.

Die Einwohner der Ortsteile Notzing und Notzingermoos sind in der Gemeinde Oberding gut angekommen. Die Kinder von Notzing haben ja schon vor der Gebietsreform die Schulen in der Gemeinde besucht. Vier gewählte Bürger aus Notzing und Notzingermoos engagieren sich im Gemeinderat von Oberding. Auch die Vereine, wie der Kriegerverein Aufkirchen-Notzing, sind schon immer eng verbunden. Außerdem gehört Notzing seit Gründung der Pfarrei Aufkirchen an.

Die VG Oberding mit den Gemeinden Oberding und Eitting ist als gelungene Verwaltungseinheit anzusehen. In Eitting wird wöchentlich eine Bürgermeistersprechstunde im Rathaus in Eitting abgehalten. Die 14-tägigen Gemeinderatsitzung finden ebenfalls im Rathaus Eitting statt. Besonders freut uns in der Verwaltung, dass die Ansiedlung des Nahversorgers REWE gelungen ist. Mit dieser Ansiedlung hat Eitting nun auch einen guten Gewerbebetrieb, der Steuern zahlt. Denn von der Kläranlage und vom Flughafen fließen leider keine Steuern an die Gemeinde.

Eingemeindungsverfahren und Verwaltung

Bürgermeister Franz Schweiger beeinflusst tatkräftig das Eingemeindungsverfahren aus der Sicht der Gemeinde Oberding und der Notzinger Bürgerschaft. Für Oberding geht es besonders um die Einbeziehung des Ortsteils Notzingermoos und die Beibehaltung von Oberdingermoos in der Gemeinde. In Notzingermoos werden Anfang der 1970er Jahre einige Anwesen aus Franzheim um- und angesiedelt. Im Gemeinderat Oberding werden die Ortsteile Notzing und Notzingermoos hinsichtlich der Infrastrukturmaßnahmen und baulichen Entwicklung ohne Unterschied mit dem Gebiet der „Altgemeinde" eingebunden. Heute kennen wir Notzing und Notzingermoos als Gemeindeteile, als gehören sie schon immer zu Oberding. Dies ist sicher auch ein großes Verdienst von Bürgermeister Schweiger.

Die Bildung der VG Oberding und der notwendige Rathausanbau werden von den beiden Bürgermeistern Schweiger und Leonhard Zollner angeschoben. Durch die Gebietsreform vervielfachen sich die Aufgaben der Verwaltung. Dazu gehören beispielsweise drei Haushalte, die Flughafenverfahren, der Druck auf dem Wohnungsmarkt, die Bauleitplanung in zwei Gemeinden oder auch verstärkte Umzüge durch Wohnungswechsel und Absiedlungen. Die gewachsenen Aufgaben können nur durch die Vergrößerung des Verwaltungspersonals der Gemeinden Eitting und Oberding übernommen werden.

Flughafen München

Attraktives Luftverkehrsdrehkreuz mit 5-Sterne-Qualität

Die 1949 gegründete Flughafen München GmbH (FMG) betreibt den Münchner Flughafen, der am 17. Mai 1992 an seinem heutigen Standort eröffnet wurde. Gesellschafter der FMG sind der Freistaat Bayern mit 51 Prozent, die Bundesrepublik Deutschland mit 26 Prozent und die Landeshauptstadt München mit 23 Prozent. Konzernweit beschäftigt die FMG mit ihren 22 Tochter- und Beteiligungsgesellschaften knapp 10 000 Mitarbeiter. Der Münchner Airport ist die größte Arbeitsstätte in der Region und ein bedeutender Wirtschafts- und Standortfaktor in der gesamten Metropolregion München.

FMG und Lufthansa betreiben gemeinsam das Terminal 2 und das dazugehörige Satellitengebäude. Die modernen Abfertigungseinrichtungen bieten hohe Service- und Qualitätsstandards sowie eine Kapazität für jährlich über 30 Millionen Fluggäste. Inklusive der Einrichtungen im Terminal 1 liegt die Abfertigungskapazität am Flughafen München bei rund 50 Millionen Passagieren. Den Fluggästen steht dabei in beiden Terminals und dem Satelliten auf rund 50 000 Quadratmetern Fläche ein umfangreiches und qualitativ hochwertiges Angebot im Laden-, Gastronomie- und Dienstleistungsbereich zur Auswahl. Zur multifunktionalen Airport-City gehören zudem unter anderem ein Ärzte- und Tagungszentrum, eine eigene Airport-Klinik sowie zwei Hotels auf dem Flughafengelände.

Eine Vielzahl von Luftverkehrsgesellschaften verbindet München mit bis zu 200 Destinationen in aller Welt. Die Bandbreite reicht dabei von innerdeutschen bis zu interkontinentalen Verbindungen bzw. von Low Cost-Airlines bis hin zu Premiumanbietern mit einer jeweils unterschiedlichen Service- und Dienstleistungspalette. Auf der Homepage des Airports finden Interessierte alles Wissenswerte zu Flugverbindungen, Serviceleistungen und kommerziellen Angeboten.

Blick aus ca. 2200 m Höhe von Nordosten auf den Flughafen München

Startender Airbus A321

Pfingstreiseverkehr im Terminal 2

Der Flughafen München gehört zu den Top Ten der verkehrsstärksten europäischen Verkehrsflughäfen. Der Airport bietet attraktive Flugverbindungen zu Zielen in aller Welt. Reisende schätzen die hohe Aufenthaltsqualität und das bequeme Umsteigen am Drehkreuz München. Dies wird auch regelmäßig durch die jährlichen Umfragen des renommierten Londoner Luftfahrtforschungsinstitutes Skytrax bestätigt. 2021 wurde der Münchner Flughafen bereits zum 14. Mal als „bester Airport Europas" ausgezeichnet. Darüber hinaus ist München bereits im Jahr 2015 aufgrund seiner hohen Service- und Aufenthaltsqualität als erster europäischer Flughafen mit dem Prädikat „5-Star-Airport" ausgezeichnet worden.

Hitachi Astemo

Fortschrittliche Mobilitätslösungen für nachhaltige Gesellschaft

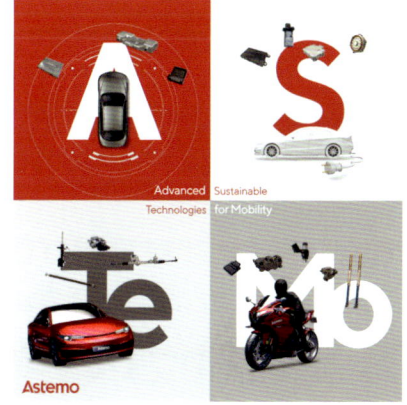

Wer eine Verbindung vom Oberdinger Gemeindeteil Schwaig und dem weltweiten Automobilmarkt sucht, stößt unweigerlich auf die Deutschlandzentrale von Hitachi Astemo. Sie gehört zu dem weltweit tätigen Technologieunternehmen aus dem japanischen Tokio, das Hitachi und Honda gemeinsam geschmiedet haben. Dafür haben sie die Firmen Hitachi Automotive Systems, Keihin, Showa und Nissin in Hitachi Astemo gebündelt.

Damit ist Hitachi Astemo mit insgesamt fast 90 000 Mitarbeitern ein weltweit führender Anbieter von fortschrittlichen Mobilitätslösungen. Zu den Kernbereichen des Konzerns gehören Antriebslösungen für die Elektromobilität, Fahrerassistenzsysteme und automatisiertes Fahren sowie das Segment Zweirad. In diesen Bereichen ist Hitachi Astemo ein weltweit führender Player am Markt. Von Schwaig aus wird das deutsche Geschäft mit seinen 550 Beschäftigten gesteuert.

Hitachi Astemo verfügt über die nötige globale Reichweite, um die nächste Generation von Technologien zu definieren. Diese Gestaltungskraft nutzt das Unternehmen, um einen Beitrag für die sozialen, ökologischen und wirtschaftlichen Ambitionen in der Welt zu leisten. Erklärter Anspruch ist es, der Welt durch ein Angebot an umweltverträglichere Mobilitätslösungen mit erhöhter Sicherheit und Komfort ein Stück besser machen.

So hat sich Hitachi im Jahr 2020 zum Beispiel das Ziel gesetzt, bis zum Geschäftsjahr 2030 an allen Produktions- und Bürostandorten kohlenstoffneutral zu werden. Für Hitachi Astemo bedeutet das, bis 2030 die frühzeitige Klimaneutralität in den Fertigungslinien zu erreichen. Im gleichen Zeitraum sollen auch die CO_2-Emissionen bei der Produktnutzung um die Hälfte reduziert werden. Ein Baustein ist hierbei neben anderen Zertifizierungen auch eine standortabhängige Zertifizierung des Umweltmanagements nach ISO14001.

Im Geschäftsbereich Motorräder ist Hitachi Astemo neuer Weltmarktführer mit fast 50 Prozent Marktanteil in den Produktgruppen FI-THB, Bremssättel, Vorderrad-

gabeln, Rückraddämpfungen und über 65 Prozent Marktanteil bei Vergasern. Das Unternehmen will nachhaltig eine weltweit führende Position im Bereich der Mobilitätslösungen einnehmen, die für Erfolg und Zufriedenheit seiner Kunden auf der ganzen Welt sorgen.

Hitachi Astemo rekrutiert und entwickelt Menschen mit unterschiedlichem Hintergrund, die ihre Fähigkeiten und Erfahrungen einbringen und das Unternehmen noch effektiver machen wollen. Eingestellt werden Fach- und Führungskräfte aus den Bereichen Ingenieurwesen, Vertrieb, Qualität, Einkauf und Finanzen sowie Personal und IT. Gefragt sich ebenso Hochschulabsolventen, die ihre Karriere in einem internationalen Umfeld starten möchten. Studenten können als Werkstudenten oder Praktikanten starten oder ihre Abschlussarbeiten betreuen lassen.

GROUP7

Seit 2006 ein fester Bestandteil des Landkreises Erding

GROUP7 wurde 2006 in Schwaig gegründet und ist heute mit rund 700 Mitarbeitern und neun eigenen Niederlassungen an den wirtschaftlich strategischen Knotenpunkten Deutschlands vertreten.

Intelligente Lösungen für die Bereiche Luftfracht, Seefracht, Bahnverkehre von und nach Asien, Sea-Air- und Landverkehre, sowie individuelle Konzepte für Outsourcing auf dem logistischen Dienstleistungssektor stellen das Leistungsspektrum von GROUP7 dar. Das Unternehmen bietet weltweite Beschaffung und Distribution, maßgeschneiderte Dienstleistungen im Bereich Produktions- und Montagelogistik sowie Fulfillmentservices. Der Fokus liegt hierbei auf höchster Flexibilität und kundenorientierter Prozessabwicklung.

Der Geburtsort und Hauptsitz von GROUP7 ist Schwaig. Der Landkreis Erding ist somit schon immer fester Bestandteil des Unternehmens und auch fest in der GROUP7-DNA verankert.

2021 würdigt der Erdinger Landrat Martin Bayerstorfer persönlich das vorbildliche GROUP7 Umwelt-Engagement. Seit 2012 nimmt GROUP7 am Umwelt- und Klimapakt Bayern teil und möchte in der Region zu einem Vorreiter in Sachen Nachhaltigkeit und Umweltmanagement werden. Beim Bau von Logistikimmobilien achtet GROUP7 auf eine umweltschonende und energieeffiziente Umsetzung. Das Multi-User Center Schwaig wurde von der Deutschen Gesellschaft für Nachhaltiges Bauen – DGNB – mit dem Gold-Zertifikat ausgezeichnet. Durch nachhaltiges Wirtschaften werden wertvolle Ressourcen geschont.

Die Förderung der Jugend in der Region ist GROUP7 ein besonderes Anliegen.

Für ein international agierendes Dienstleistungsunternehmen ist eine gute Infrastruktur unerlässlich. Der Standort in unmittelbarer Nähe zum Flughafen München ist infrastrukturell sehr gut erschlossen und bietet enormes Wachstumspotential.

Die Förderung der Jugend in der Region ist GROUP7 ein besonderes Anliegen. So nehmen Jahr für Jahr immer mehr jungen Menschen die Möglichkeit wahr, in verschiedenen Berufen wie Kaufmann/-frau für Spedition und Logistikdienstleitung, Fachkraft für Lagerlogistik, Kaufmann/-frau für Büromanagement, sowie Fachinformatiker für Anwendungsentwicklung bzw. Systemintegration ihre Ausbildung bei GROUP7 zu absolvieren. Zudem finden sich zwei Duale Studiengänge in den Bereichen BWL mit Schwerpunkt Logistik und Marketing.

Die GROUP7-Dienstleistungen werden individuell für jeden Kunden maßgeschneidert. So wird in den Niederlassungen viel mehr geleistet, als Waren von A nach B zu bewegen: Qualitätskontrollen, Customer Service Center, Produktions- und Montagetätigkeiten, sowie weitere Value Added Services schaffen hochwertige und langfristige Arbeitsplätze für das Herzstück des Landkreises Erding:
die Menschen aus der Region.

OTTENHOFEN

In Silber ein blauer Wellenbalken, darüber eine rote Krone, darunter ein roter Sparren.

Die Geschichte von Ottenhofen wird bis ins 16. Jahrhundert durch die einheimischen Herren von Ottenhofen bestimmt, die 1083 mit Ezzo von Ottenhofen erstmals genannt werden. Verwandt mit den Ottenhofern und ihre Erben sind die Eßwurm, die sich Eßwurm von Ottenhofen nennen. Ein Grabdenkmal in der Kirche von Ottenhofen zeigt das Wappen der im 17. Jahrhundert ausgestorbenen Familie. Im neuen Gemeindewappen findet sich die heraldische Rose des alten Stammwappen der Ottenhofer. Der Drache (Tatzelwurm) mit dem Buchstaben „S" im Rachen ist das redende Wappensymbol der Familie Eßwurm.

FLÄCHE ALT:	10,28 km²	**FLÄCHE NEU:**	10,28 km²
EW 1972:	1104	**EW 2021:**	2026
ERSTE ERWÄHNUNG:	1083		

Seit Gebietsreform mit S-Bahn-Anschluss

Ottenhofen findet 1083 erstmals in einer Schenkungs-Urkunde Erwähnung – zunächst als „Outinhuni" und später als Outinhofen. Die Geschicke Ottenhofens sind eng verbunden mit der Hofmark, dem Schloss Ottenhofen und seinen Besitzern. Das Geschlecht der Ottenhofer hält sich bis 1544. Dann folgen die Eßwurm, die Ahams, die Rivera und die Perusa. Maximilian von Perusa lässt 1760 den heute noch erhaltenen, hübschen Teepavillon bauen. Er zählt zum Besten, was das bayerische Rokoko hervorgebracht hat.

Nach zehn weiteren Besitzern der Hofmark endet die Hofmarkgeschichte, weil der letzte den ganzen Besitz 1952 an die Landessiedlung verkauft. 1954 übernimmt die Gemeinde Ottenhofen das Schlossgebäude mit Hof und Garten und wandelt das Gebäude in Wohnungen um.

Die Gebietsreform 1972 geht an der Gemeinde Ottenhofen spurlos vorbei. Sie gehört allerdings erst seit 1928 zum heutigen Landkreis Erding. Zuvor ist sie Teil des Bezirkes Ebersberg, erst dann wurde sie dem Bezirk Erding angegliedert. 1978 wird Ottenhofen Mitglied der Verwaltungsgemeinschaft Oberneuching. Ein großer Meilenstein ist im Reformjahr der eigene S-Bahn-Anschluss, nachdem genau 100 Jahre zuvor die Eisenbahnstrecke Markt Schwaben – Erding in Betrieb geht.

Seit 1982 liegt ein Flächennutzungsplan vor, der ein erhebliches Wachstum des Hauptortes Ottenhofen vorsieht. Herausforderung ist es jedoch, für die Menschen im Hauptort und der ihm zugeordneten Orte die Qualität des Lebensraums zu erhalten und weiterzuentwickeln.

Aufgrund des moderaten Wachstums der Bevölkerung können vor Ort Schule und Kindergarten noch so eben den Bedarf decken. Mit dem Neubaugebiet, dem gemeindlichen kommunalen Wohnbau und einigen privaten Mehrfamilienhaus-Projekten wird auch die Anpassung der Infrastruktur notwendig. Ein neues Kinderhaus geht zum Kindergartenjahr 2023/24 an den Start.

Nicole Schley
Erste Bürgermeisterin

Der Wichtelwagen des Ottenhofener Waldkindergartens

Die Hasenschule steht jedes Jahr zu Ostern am Dorfbrunnen.

PASTETTEN

Geteilt von Gold und Rot; oben ein rot gekrönter Mohrenkopf, unten eine silberne Zinnenmauer.

Pastetten wird bereits im 10. Jahrhundert in einer Urkunde des Bischofs Abraham von Freising erwähnt. Seit Ende des 15. Jahrhunderts ist Pastetten als Hofmark im Besitz der adeligen Familie Preysing nachweisbar. 1682 verkaufen die Preysing die Hofmark Pastetten mit der dazu gehörenden Hofmark Kopfsburg an das Hochstift Freising. Diese historischen Beziehungen wurden im Wappen durch den Mohrenkopf aus dem Freisinger Bistumswappen und durch die silberne Zinnenmauer aus dem Wappen der Preysing festgehalten.

FLÄCHE ALT: 22,08 km²	**FLÄCHE NEU:** 22,08 km²		
EW 1972: 1429	**EW 2021:** 2966		
ERSTE ERWÄHNUNG: 957			

Wallfahrtskirche und Schwillachtal laden ein

Pastetten, erstmals im Jahr 957 als „Poustetin" erwähnt, war mit seinen 15 Gemeindeteilen von der Gemeindegebietsreform nicht betroffen. Zum Gemeindegebiet gehören Birkeln, Dürnberg, Erlbach, Fendsbach, Harrain, Harthofen, Katterloh, Moosstetten, Oberschwillach, Ötz, Pastetten, Poigenberg, Reithofen, Taing und Zeilern. Der Ortsteil Erlbach gehört zu den ältesten Ortschaften im Landkreis Erding.

1978 entsteht die Verwaltungsgemeinschaft Forstern – Buch – Pastetten, zwei Jahre später die Verwaltungsgemeinschaft Pastetten mit den beiden Mitgliedsgemeinden Buch a. Buchrain – Pastetten. Sie arbeiten zunächst im Erdgeschoss des „Alten Rathaus Pastetten", später im neuen Rathaus.

Der Schulverband von Pastetten und Buch a. Buchrain ist bereits 50 Jahre alt. In den 1970er Jahren nutzen die Wohnortnähe zwischen ca. 180 bis 210 Schülerinnen und Schüler die Grundschule Pastetten. 1994 kommen mit dem Erweiterungsbau vier weitere Klassenzimmer hinzu. Der engagierte Verein „aktive Eltern Pastetten" betreut nachmittags Grundschüler von berufstätigen Eltern. Nach der Sanierung der alten Turnhalle beginnt 2021 der Betrieb der offenen Ganztagsschule.

Neben dem alten Kindergarten Am Feuerwehrhaus gibt es das Kinderhaus Pusteblume. Ein eigener Trinkwasserbrunnen, eine ausgebaute Erdgasversorgung sowie Breitband- und Glasfaserausbau gehören zur modernen Infrastruktur. Das soziale, kulturelle und sportliche Leben spiegelt sich in der wachsenden Zahl der Vereine, zuletzt waren es 22, wider.

Pastettens Wallfahrtskirche in Taing, das Naturerholungsgebiet Schwillachtal und unser Dorfweiher „Schwemm" sind immer einen Besuch wert.

Peter Deischl
Erster Bürgermeister

STEINKIRCHEN

In Silber ein doppelter, gemauerter Spitzbogen, oben eine rote Krone, unten ein schwebender grüner Dreiberg.

Die rote Krone stammt aus dem Freisinger Hochstiftswappen und erinnert so an die historischen Beziehungen der Gemeinde zum Bistum Freising. Der rote Spitzbogen aus Backstein steht als redendes Symbol für den Ortsnamen und weist auf die alte Pfarrkirche hin, die St. Johannes Baptist und Evangelist geweiht ist. Der Dreiberg steht als Symbol für die geografische Lage der Gemeinde im Erdinger Holzland.

FLÄCHE ALT:	15,6 km²	**FLÄCHE NEU:**	18,08 km²
EW 1972:	1068	**EW 2021:**	1365
Hofstarring	165		
Steinkirchen	903		
ERSTE ERWÄHNUNG:	1133		

Landschaftlicher Geheimtipp für Radfahrer

Die Gemeinde Steinkirchen liegt im Zentrum des Erdinger Holzlands. Mit seiner vergleichsweisen überschaubaren Fläche und seinen gut 1300 Einwohnern zählt sie damit zu den kleineren Gemeinden im Landkreis Erding. Dies macht sie aber keineswegs weniger interessant. Die landschaftlich schöne Lage, die vielen kleinen Täler und unzählige Wald- und Flurstraßen sind nicht nur bei den Bürgern geschätzt, sondern auch weit über die Gemeindegrenzen hinaus bei vielen Radfahrern ein Geheimtipp. Die vielen schönen Kirchen und Kapellen wie die Bründl-Kapelle sind immer einen Ausflug wert.

Die „Steinkirchner" sind sehr heimatverbunden und aufgeschlossene Menschen. Ihr Engagement schlägt sich in ganzen 18 Vereinen, vom Sportverein, mehreren Feuerwehr- und Schützenvereinen bis hin zur Holzlandblaskapelle Steinkirchen nieder.

Mit drei aktiven Wirtshäusern, der Diskothek Magic in Hofstarring sowie dem Holzlandvolksfest, dass im Wechsel mit den anderen Holzlandgemeinden alle vier Jahre in Steinkirchen stattfindet, ist auch veranstaltungstechnisch einiges geboten.

Im Zuge der Gebietsreform 1972 wurde die kleinste Landkreisgemeinde Hofstarring, mit einer Größe von circa 250 Hektar und etwa 150 Einwohnern, als eigenständige Gemeinde aufgelöst und an Steinkirchen angegliedert.

Dieser Zusammenschluss löst damals natürlich nicht nur Freude unter den Betroffenen aus. Es dauert teilweise eine ganze Generation bis sich ein „Hofstarringer" freiwillig als „Steinkirchner" geoutet hat.

Im Erdinger Holzland „dahoam" zu sein war und ist seit jeher für jeden kleinen und großen Gemeindebürger ein Privileg und großes Glück.

Hans Schweiger
Bürgermeister

Christkindlmarkt vor dem Rathaus in Steinkirchen

Pfarrhof in Steinkirchen

Johann Angermaier Fuhrunternehmen

Qualität und Termintreue bei verschiedensten Transporten

Johann Angermaier ist 29 Jahre alt, als er 1955 in Eldering, einem Dorf nahe Taufkirchen/Vils, sein gleichnamiges Fuhrunternehmen gründet. Für den Sprung in die Selbstständigkeit investiert er in seinen ersten Lkw-Kipper. Das Geschäft ist dem jungen Unternehmer vertraut, er hat zuvor als Lkw-Fahrer für Betriebe vor Ort seine Erfahrungen in der Branche gesammelt. Wie damals üblich, transportiert er mit seinem Lastwagen einerseits Kies und Sand, andererseits auch Vieh sowie Milchkannen für die damalige Molkerei in Taufkirchen (Vils).

Das Geschäftsfeld ist breit aufgestellt. Es reicht von Stückgut-Transporten, Schwer- und Spezial-Transporten über Tieflader mit 31 Tonnen Nutzlast und Maschinentransporten bis zur Silosparte oder auch Lebensmittel- und andere Sondertransporten.

Johann Angermaier überzeugt die Kundschaft. Drei Jahre später kommt ein zweites Fahrzeug hinzu und zwei Fahrer werden eingestellt. So lassen sich auch Viehtransporte und Baustellenverkehr durchführen. Auf den anhaltend wirtschaftlichen Aufschwung reagiert das Fuhrunternehmen mit einer weiteren Vergrößerung des Lkw-Bestands. Zugleich spezialisiert sich der Betrieb auf Milchsammelwagen und Tankfahrzeuge. Damit können Molkereien in ganz Bayern bedient werden, darunter schon die Privatmolkerei Bauer. In den 1970er-Jahren internationalisiert Johann Angermaier sein Geschäft und beginnt seinen Fernverkehr mit den ersten, isolierten Lebensmitteltankzügen bis nach Italien.

1973 steigt Sohn Hans ins Unternehmen ein. Er absolviert zuvor eine Ausbildung als Kfz-Mechaniker mit Schwerpunkt Lkw. Elf Jahre später entsteht am Stammsitz angesichts des weiteren Wachstums eine neue Fahrzeughalle mit Waschhalle und Lkw-Werkstatt. Damit unterstreicht der Familienbetrieb auch seinen Anspruch, die Qualität seiner Dienstleistungen auch im tadellosen Auftritt von Fahrern und Fahrzeugen widerzuspiegeln.

Nach vierzigjähriger Unternehmensführung übergibt Johann Angermaier 1995 das Fuhrunternehmen in die Hände seines Sohnes. Der erschließt sich weitere Geschäftsfelder und steigt ins Baustoffgeschäft ein. Nun werden auch Trockenmörtel, Putz und Estrich in Silos sowie palettierte Sackware und weitere Baustoffe transportiert. Der Fuhrpark besteht nun aus Spezialfahrzeugen, wie Kranfahrzeuge, Siloaufsteller, Planenfahrzeuge und Tieflader.

Mittlerweile sind die Weichen mit den beiden Söhnen von Hans Angermaier bereits Richtung dritter Generation gestellt, um das Fuhrunternehmen im Familiengeist fortzuführen.

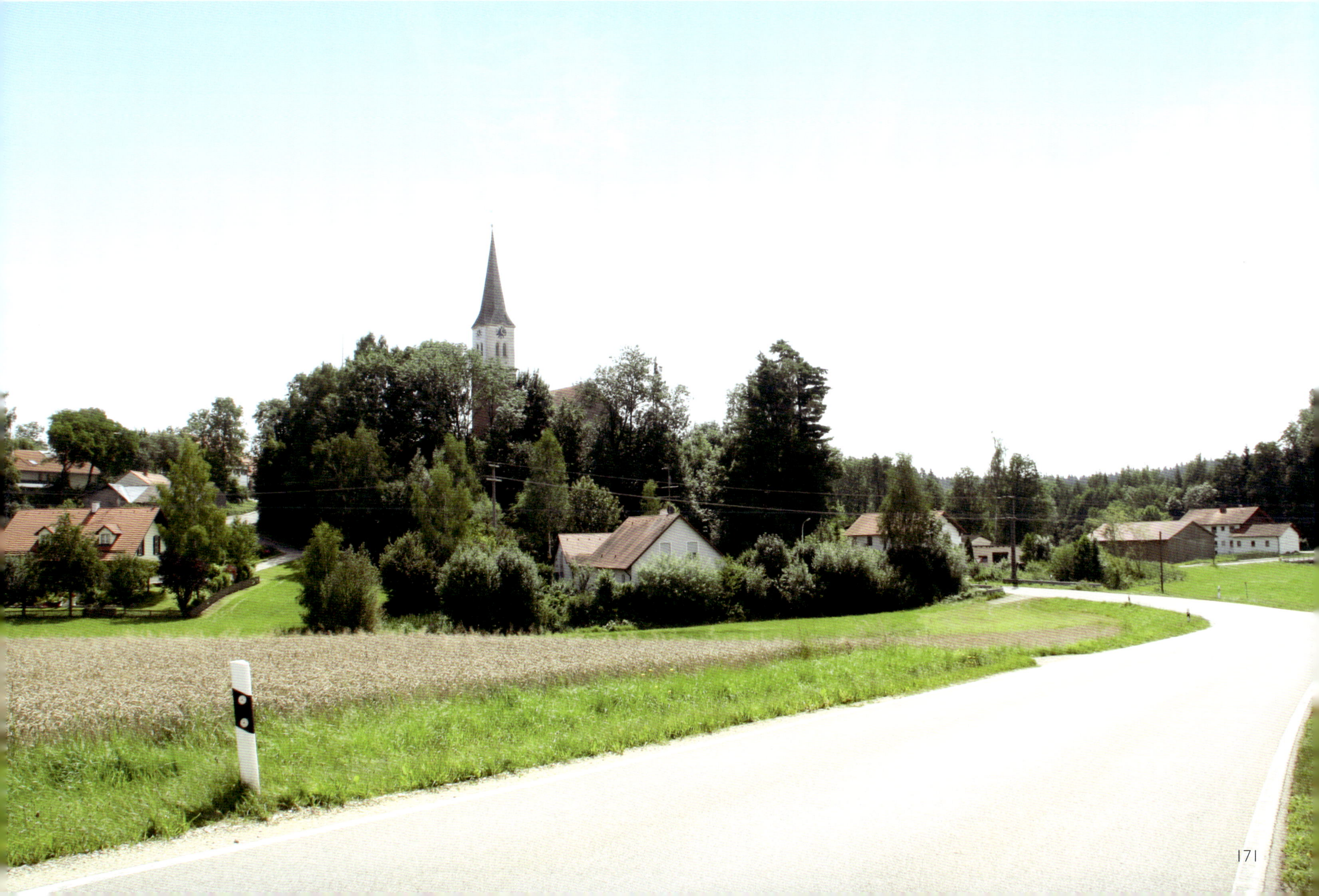

ST. WOLFGANG

Wellenförmig geteilt von Rot und Silber; oben ein silberner Pferderumpf, unten ein schräg gestelltes blaues Beil.

St. Wolfgang war jahrhundertelang Bestandteil der ehemaligen Grafschaft Haag. Darauf weist das in seiner oberen Hälfte wiedergegebene Wappentier der Grafen Fraunberger zu Haag hin. Unmittelbaren Bezug auf den Namen der Gemeinde nimmt das Beil als eines der Attribute des Hl. Wolfgang. Er wird in der Wallfahrtskirche in Erinnerung an eine von ihm im 10. Jahrhundert unter dem Altar der Wolfgangskapelle erweckte Quelle verehrt.

FLÄCHE ALT: 46,33 km²	FLÄCHE NEU: 46,33 km²

EW 1970:	2696	EW 2021:	4730
Gatterberg	212		
Jeßling	421		
Lappach	327		
Pyramoos	262		
Schönbrunn	239		
Sankt Wolfgang	1235		

ERSTE ERWÄHNUNG:	975

Verwirklichte Projekte schaffen Einigkeit

Besucher der Gemeinde betreten uralten Kulturboden, der seit dem Ausgang der Jungsteinzeit besiedelt ist. Hier leben Kelten und Römer, bevor die Bajuwaren um 500 der Landschaft das heutige Gepräge geben. 1180 gerät St. Wolfgang unter die Herrschaft der freien Reichsgrafen von Haag, denen die großen Kirchen der Gemeinde in St. Wolfgang, in Großschwindau, in Lappach, in Pyramoos und in Schönbrunn zu verdanken sind. 1733 erfolgt die Erhebung St. Wolfgangs zur Hofmark.

Die Gemeindegebietsreform von 1971 vollziehen die bis dahin selbstständigen Gemeinden St. Wolfgang, Lappach, Jeßling, Gatterberg, Pyramoos und Schönbrunn freiwillig. Die Landkreisreform und das Ende des Landkreises Wasserburg lehnen damals alle betroffenen Gemeinden vergeblich ab. Die Zeit heilt allerdings die anfängliche

St. Wolfgang

Osterbrunnen

Kirche St. Wolfgang

Enttäuschung. Durch die Weitsicht der damaligen Bürgermeister und Gemeinderäte kann die Einheitsgemeinde St. Wolfgang viele, zuvor als Wunschdenken bezeichnete Projekte, für ihre Bürger verwirklichen.

Nach der Gemeindegebietsreform entstehen als erste gemeinsame Infrastrukturmaßnahmen die Grund- und Teilhauptschule sowie die Kläranlage. In den 1980er Jahren werden mehrere Bau- und Gewerbegebiete entwickelt. Die Feuerwehr Sankt Wolfgang erhält ein neues Gerätehaus, sämtliche Ortsfeuerwehren bekommen zeitgemäße Fahrzeuge.

In den 1990er Jahren stehen Sanierungen und Erweiterungen an. Zusätzlich vervollständigen die Goldachhalle, ein viergruppiger Kindergarten und ein Biomasseheizkraftwerk das kommunale Zentrum. Im nächsten Jahrzehnt ziehen weitere Bau- und Gewerbegebiete interessante Firmen an. Die Bundesautobahn A 94 an der Gemeindegrenze zu Dorfen eröffnet weitere Möglichkeiten für Gewerbegebiete mit hervorragender Anbindung.

Ullrich Gaigl
Erster Bürgermeister

Heute erinnert im „Gasthaus zum Schex" die schwere, spätgotische Balkendecke aus dem späten 16. Jahrhundert mit dem originellen Richterspruch an die niedrige Gerichtsbarkeit der Grafen von Haag in Sankt Wolfgang. Hier in dieser Stube findet die niedere Gerichtsbarkeit statt.

„O Richter richte recht,
Gott ist Herr und du bist Knecht,
gleich wie du Mensch wirst hier richten mich,
so wird Gott auch dort richten Dich"

Gasthaus zum Schex

173

Jakob Schwimmer

Glückliche Fügung

Zum Zeitpunkt der Landkreisgebietsreform 1971/72 war ich in keiner politischen Verantwortung, sozusagen mit 20 Jahren jugendlicher politischer Zaungast. Aber als St. Wolfganger Bürger betraf mich natürlich die Gebietsreform unmittelbar. Warum sollten wir nun Erdinger Landkreisbürger werden, fragte ich mich damals?

Im Jahr 1971 wurden die Pläne der bayerischen Staatsregierung zur angekündigten Landkreisgebietsreform bekannt. In einer Alternative wurde die Auflösung des damaligen Landkreises Wasserburg dargestellt, was natürlich zu erbitterten Protesten führte. Mir unvergessen blieb eine Demonstration mit Traktoren in Isen, unserer Nachbargemeinde, die ebenso von der Auflösung des Wasserburger Landkreises betroffen und nicht glücklich über die geplante Eingliederung in den Landkreis Erding war. Für die meisten Teilnehmer war dies die erste Teilnahme an einer Demo. Entsprechend unsicher wirkte der Auftritt der Demonstranten.

Anton Schneider, ehemaliger stellvertretender Bürgermeister (2008–2014) berichtet über einen politischen Frühschoppen in St. Wolfgang, der im Frühjahr 1972 stattfand und bei dem heftig diskutiert wurde. „In etwa zur gleichen Zeit protestierten die Feuerwehren des nördlichen Landkreises Wasserburg (FFW Isen, FFW Rechtmehring und FFW St. Wolfgang) in Haag, indem sie Wasserleitungen über die Straßen legten. Eine weitere Aktion der nördlichen Landkreisgemeinden war eine organisierte Busfahrt zur Demonstration vor der Bayerischen Staatskanzlei", erinnert sich Schneider weiter.

Beschluss des Gemeinderats von St. Wolfgang

Beschluss des Schönbrunner Gemeinderats

Dennoch kam das Unausweichliche. In der St. Wolfganger Chronik aus dem Jahr 1994 heißt es dazu: „Alle betroffenen Gemeinden lehnten in ihren Stellungnahmen das Ansinnen der Staatsregierung ab. Doch all der Protest half nichts. Am 30. Juni 1972 hörte der Landkreis Wasserburg zu bestehen auf." Der südliche Teil des Landkreises ging in den Landkreis Rosenheim, der westliche in den Landkreis Mühldorf. Die nördlichen Gemeinden St. Wolfgang und Isen kamen zum Landkreis Erding. Was anfangs misstrauisch beäugt wurde, entwickelte sich schnell zum Positiven und war letztendlich eine glückliche Fügung für St. Wolfgang.

Insbesondere der schulische Bereich führte die Bevölkerung sehr zügig zusammen, da der östliche Landkreis das Gymnasium in Dorfen und die Realschule in Taufkirchen erhielt. Für unsere St. Wolfganger Kinder war das ein Gewinn, da der Besuch weiterführender Schulen aufgrund der Wohnortnähe einfacher und angenehmer für sie wurde. Ebenso wurde endlich ein Kindergarten im Rahmen des Umbaus des Gemeindegebäudes 1975 errichtet und drüber hinaus auch ein Schulhaus.

Noch vor der Gemeindezusammenlegung St. Wolfgangs mit den umliegenden Gemeinden Gatterberg, Jeßling, Lappach, Pyramoos und Schönbrunn im Jahr 1971 kam beispielsweise aus der Gemeinde Schönbrunn ein vehementer Einspruch. Aus einem damaligen Beschluss des Schönbrunner Gemeinderats geht eindeutig hervor, dass die Gemeinde nicht vom Wasserburger Landkreis getrennt werden wollte. Darin hieß es: „Schönbrunn möchte unbedingt im Landkreis Wasserburg/Inn bleiben. Der Landkreis Erding wäre für Schönbrunn eine unzumutbare Benachteiligung".

Grundschule

Hinzu kam der Bau von neuen Straßen und Verkehrswegen, wovon die hinzugekommenen Gemeinden stark profitierten. In seiner Rede zum 10-jährigen Jubiläum der Landkreisgebietsreform am 26. Juli 1982 berichtet der damalige Landrat Hans Zehetmair, dass „in den Jahren 1972 bis 1981 insgesamt 3,435 Millionen Mark zum Straßenbau in die neuen Gebietsteile im Landkreis Erding" geflossen sind. „Für Deckenbauarbeiten auf Kreisstraßen hat der Landkreis bisher rund 1,5 Millionen Mark investiert." Weitere Millionenbeträge sind in den Wohnungsbau und dessen Förderung gesteckt worden. Zahlreiche freiwillige Leistungen wie Zuschüsse für die Feuerwehren, Sportvereine oder Kirchenrenovierungen rundeten die Maßnahmen ab. Und werden bis zum heutigen Tag zur Verfügung gestellt.

Zugeschnitten auf den ländlichen Raum wurde nach der Reform auch das Busnetz im Landkreis Erding erweitert und die Anbindung in den Landkreis stetig ausgebaut.

Rathaus der Gemeinde St. Wolfgang: Ab 1975 war im hinteren Gebäudeteil der katholische Kindergarten untergebracht. Im Jahr 1994 erfolgte dann der Neubau eines vierzügigen Kindergartens in der Nähe der Grundschule.

Bedingt durch den Bau des Flughafens München II nahm auch die wirtschaftliche Entwicklung insbesondere im Bereich des Landkreises Erding eine ungemein dynamische Fahrt auf und schuf zahlreiche Arbeitsplätze.

Besonders zu erwähnen ist, dass der Wasserbeschaffungsverband Gatterberg-Gruppe 1972 noch auf Bestreben des Landratsamtes Wasserburg aufgelöst werden sollte. Dies scheiterte zum Glück am Widerstand der Verbandsorgane. Eine Besichtigung der Verbandsanlagen zeigte, dass der Verband einwandfrei geführt wurde und die Anlagen sich in einem einwandfreien Zustand befanden. So konnte 1975 die wasserrechtliche Erlaubnis für die Grundwasserförderung erteilt werden. Die ersten Planungsunterlagen für den Bau einer Kläranlage in St. Wolfgang wurden 1974 im Landratsamt Erding eingereicht und 1977 die wasserrechtliche Erlaubnis für die Einleitung des Kläranlagenwassers in die Goldach gegeben.

Dass die Reform der Landkreise gelang, ist auch der Landwirtschaft zu verdanken. Die landwirtschaftliche Berufsschule in Erding wurde schnell zum Anlaufpunkt für die jungen Landwirte im gesamten Kreis. Denn auch die Gemeinde St. Wolfgang war anfangs eine stark landwirtschaftlich geprägte Gemeinde mit 240 Einöden. Im Laufe der Jahre siedelten sich immer mehr Betriebe an, sodass sich die Steuerkraft auch auf einem guten Niveau einpendelte. Durch die Gewerbeniederlassungen wurden zudem weitere Arbeitsplätze geschaffen. Infolge einer durchdachten Baulandpolitik wuchs die Gemeinde stetig – so waren es 1972 etwa 2700 Einwohner, 1983 rund 2800 und 2020 über 4500.

Für mich als St. Wolfganger steht fest, dass die Landkreisgebietsreform von 1971 und der Gemeindezusammenschluss viele positive Effekte für St. Wolfgang mit sich gebracht haben. Die Gemeinde hat sich zu einer finanzstarken Gebietskörperschaft und einem attraktiven Lebensmittelpunkt entwickelt, in dem Wohnen, Arbeiten und Freizeit harmonieren.

Jakob Schwimmer
MdL a.D., 1. Bürgermeister (1983 bis 2014) und seit 2019 Ehrenbürger von St. Wolfgang

Vor 50 Jahren war nicht nur das Jahr der Gebietsreform im Landkreis. Vor fünf Jahrzehnten startete auch die Erfolgsgeschichte des Garten- und Landschaftsbauers LaFoStra zunächst in Vaterstetten. Der Firmenname LaFoStra steht für Land-, Forst- und Straßendienst und hat sich als Markenzeichen etabliert. Heute lenkt Josef Stierstorfer in zweiter Generation den Familienbetrieb in Großschwindau.

LaFoStra

„Wir nehmen alle Herausforderungen an"

Das Leistungsspektrum hat sich im Lauf der Jahre deutlich verändert. In den Anfangsjahren zählte der Winterdienst in München zum Hauptgeschäft. Ein weiteres Standbein war beispielsweise der Landschaftsbau entlang von Autobahnen. Zu den ersten Großaufträgen sorgt der Bau des Flughafens im Erdinger Moos. Über 15 Jahre war der Fachbetrieb mit der Begrünung und Bepflanzung des riesigen Areals beschäftigt. Willkommener Nebeneffekt: Aus dieser Kompetenz folgte der Auftrag aus Algerien, den dortigen Flughafen zu begrünen. Das ging erst nach einer gründlichen Bodenanalyse, um die richtige Gräsermischung auszuwählen. Ein Landschaftsgärtner muss viel Know-how mitbringen, auch wenn das der Öffentlichkeit nicht immer bewusst ist.

Andere Großprojekte sind unter anderem die Gestaltung des Eisbären-Geheges im Tierpark Hellabrunn in München oder die Bepflanzung der Außenanlage des Saunabereiches der Therme Erding.

Bereits in den Anfangsjahren übernahm LaFoStra das sogenannte Hydroseeding aus Amerika, das sie auch bis heute einsetzt. Dieses Verfahren ermöglicht die maschinelle Begrünung vor allem an schlecht zugänglichen Orten, die durch herkömmliche Methoden nicht begrünt werden können.

Für den Familienbetrieb – mit Tim Stierstorfer ist bereits die dritte Generation an Bord – gilt die Maxime: „Wir nehmen alle Herausforderungen an." Heutzutage ist LaFoStra ein gefragter Experte für Außenbereiche aller Größen rund um Häuser, Wohn- und Industrieanlagen. Bei Bedarf entwickelt der hauseigene Landschaftsarchitekt eine maßgeschneiderte Lösung. Das kann ein eigenes Gartenparadies mit vielfältigen Terrassenanlagen sein oder eine reizvoll begrünten Gewerbeimmobilie mit schattigen Vorplätzen, die schon die Mittagspausen zum motivierenden Kurzurlaub machen.

Im Laufe der Jahre ist die Mannschaft auf 35 Mitarbeiter angewachsen. Seit über 30 Jahren bildet der Betrieb seinen Nachwuchs an jungen Männern und Frauen regelmäßig aus. Auf diese Weise kommt immer wieder frisches Wissen in die Firma und hilft, Trends und Wandel bei der Gestaltung früh zu erkennen. Die langjährige Erfahrung im Bereich der ganzheitlichen Gartengestaltung sorgt mit Kreativität und Know-how für eine fachgerechte und stilsichere Umsetzung der Kundenwünsche.

Numberger Technologies

Ihr Partner für technologisch hochwertige Metallkomponenten

Numberger Technologies aus St. Wolfgang ist der zuverlässige Spezialist, wenn es um effiziente Lösungen für die Bereiche Kläranlagen, Anlagen- und Maschinenbau oder Lebensmittelkomponenten geht. Auch für Sonderkonstruktionen, Einzelteilfertigung und Prototypenbau – bei Bedarf auch als Eilservice – ist der Fertigungsbetrieb der geeignete Partner. Generell finden sich Konzepte für Maschinen, Baugruppen oder auch für räumlich zu integrierende Anlagen.

Darüber hinaus verstehen Entwickler und Ingenieure mit unternehmerischem Denken die individuellen Anforderungen der Kunden. Daher steht Effizienz an oberster Stelle. Konstruktion, Ersatz oder Erweiterung von Kapazitäten soll sich als exzellente Dienstleistung immer für Kunden rechnen. Gleichzeitig realisiert Numberger für seine Kunden eine Kostenersparnis sowohl in der Fertigung als auch im Materialeinkauf.

Aus den Beratungs- und Konstruktionsleistungen entstehen kundenspezifische Lösungen durch zeitgemäße Technologien. In dem modernen Maschinenpark setzt das Unternehmen mit Hochleistungslasern, beim Präzisions-Wasserstrahlschneiden oder mit seiner Edelstahl-, Stahl- und Alu-Schweißerei technologische Akzente.

Verbunden mit der Qualität ist der Anspruch in Sachen Nachhaltigkeit. Auch ohne gesetzliche Verpflichtung oder behördliche Auflagen nimmt der Familienbetrieb aus eigenem Antrieb Notwendiges in Angriff, um die Umweltorientierung kontinuierlich zu verbessern.

Der anhaltende Wachstumskurs von Numberger resultiert aus dem breiten Spektrum an Know-how eines erfahrenen Fachpersonals in seinen jeweiligen Aufgabenbereichen. Damit einher geht die laufende Suche nach fähigen Köpfen, die eine Schlüsselfigur in den unterschiedlichen Teams werden wollen. Sie können Teil eines traditionsreichen Unternehmens werden, das Werte, Menschlichkeit und Fortschritt groß schreibt.

Unternehmerisches Denken, Flexibilität und Qualitätsverständnis ist Numberger praktisch in die Wiege gelegt. Zunächst 1928 als Brauerei gegründet, entwickelt sich über die Jahre aus der Hausschlosserei ein Geschäftsfeld, das weit über die klassische Metallverarbeitung hinausreicht. Auf diese Weise ist Numberger Technologies für seine Kunden ein lösungsorientierter Wegbegleiter und Partner geworden.

Grundei Transport

Europaweit der kompetente und zuverlässige Partner

Es ist 1985 alles andere als eine Selbstverständlichkeit, als Manuela Grundei in St. Wolfgang ihr gleichnamiges Transportunternehmen aus der Taufe hebt. Als tatkräftige Jungunternehmerin setzt sie sich selbst in den Lkw, um zum Beispiel Beton auszuliefern. Die Entscheidung für einen eigenen Betrieb erweist sich als richtig. Die Firma wächst schnell auf fünf Lkws an.

Heute besteht das familiengeführte Unternehmen aus dem Transportunternehmen Manuela Grundei und der Grundei Transport GmbH. Es hat sich bei seinen verschiedensten Kunden einen Namen als kompetenter und zuverlässiger Partner gemacht. Das betrifft beispielsweise das Geschäft mit Beton- und Kiestransporten. Hier liegt ein Fokus speziell auf dem Großraum München. Darüber hinaus sind die Fahrer von Grundei Transport aber auch in ganz Deutschland unterwegs.

Auch deckt das erfahrene Team von Grundei Transporte auch das Transportgeschäft mit Containern ab. Zudem ist das Familienunternehmen auf die fachkundige Beförderung ungefährlicher und gefährlicher Abfallgüter sowie mit Asphalttransporten spezialisiert.

Das Familienunternehmen ist mittlerweile kräftig angewachsen. Grundei Transporte verfügt über einen umfangreichen Fuhrpark mit rund 50 Fahrzeugen. Dazu gehören moderne 4-Achs- und Sattel-Mischer sowie Sattel-Kipper. Auf diese Weise kann das Unternehmen flexibel und mit Termintreue auf die individuellen Wünsche und Anforderungen seiner Kunden eingehen.

Vom Stammsitz in St. Wolfgang aus führen die Touren nicht nur durchs ganze Bundesgebiet. Grundei Transporte ist heute längst auch europaweit unterwegs und erledigt mit der bewährten Zuverlässigkeit die Anforderungen der Kunden.

Die zweite Generation von Grundei Transporte gestaltet bereits mit den Söhnen Bastian und Alexander den weiteren Wachstumskurs als Miteigentümer mit. Auch der jüngste Sohn Ferdinand ist nach seiner Ausbildung bereits an Bord des familiengeführten Unternehmens.

Die Belegschaft ist auf deutlich über 50 Mitarbeiter angewachsen. Um die Kundenwünsche weiter zu bedienen, sucht Grundei Transporte immer wieder weitere motivierte Mitarbeiter insbesondere aus dem deutschsprachigen Raum.

RORO-ROTT Unternehmensgruppe

„Wir machen mehr aus Bauelementen."

Es ist genau dieser hohe Anspruch „Wir machen mehr aus Bauelementen.", der Rudolf und Rosmarie Rott vor über 50 Jahren 1970 dazu bewegte, einen Bauelementehandel zu eröffnen. Damit legten sie in St. Wolfgang den Grundstein für die RORO Erfolgsgeschichte. Heute spiegelt sich diese Vision in einem stolzen Ergebnis wider. Die RORO-ROTT Unternehmensgruppe ist in den Sparten Fenster und Türen sowie Sauna und Spa führend am Markt präsent.

Vom kleinen Familienunternehmen zum Komplettanbieter für Bauelemente aller Materialgruppen ist es allerdings ein langer und beschwerlicher Weg. Das Geschäft startet in einer Garage und einem kleinen Büro. In den Anfängen stehen der Handel mit Dachfenstern und Haustüren sowie die Handelsvertretung für namenhafte Unternehmen im Fokus.

Anfang der 80er-Jahre wird die Idee einer Türe für den Nebeneingang mit eigener Produktion in die Tat umgesetzt. Damals war diese Türe ein absolutes Novum, bis heute wurde allein nur dieses „erstgeborene" Modell über sieben Millionen Mal verkauft!

Sauna mit Ambiente

Heute findet sich unter der Dachmarke RORO ein umfangreiches Produktspektrum, dass sich in vielen Bereichen des privaten und öffentlichen Lebens wiederfindet. Die kontinuierliche Weiterentwicklung der Produkte setzt Trends bei der ästhetischen und individuellen Gestaltung von Wohnräumen. Zusätzlich erleichtern stetige technologische Innovationen den Einsatz der Produkte und verbessern kontinuierlich deren Eigenschaften. Konsequentes Ziel der Firmenstrategie ist es, den immer anspruchsvoller werdenden Gestaltungswünschen für Bau, Architektur und Arbeitsräumen gerecht zu werden und dabei den Endverbrauchern und Verarbeitern die Verarbeitung und Montage stetig zu erleichtern.

Firmensitz 1970

Firmensitz 2018

Investitionsmarathon in St. Wolfgang

1991 beginnt eine Serie an Investitionen, die bis heute andauert. Der Verwaltungs- und Logistikstandort St. Wolfgang wird in mehreren Schritten ausgebaut, ebenso die europäischen Produktionsstandorte. Eine Logistikhalle mit Verladerampen beschleunigt deutlich den Warenfluss. Im Durchschnitt verlassen über 700 Europaletten das RORO-Lager, umgerechnet sind das bis zu 30 komplette Lkw-Ladungen pro Woche. Später wird eine weitere Logistikhalle mit integrierten Kommissionier- und Arbeitsstationen zum Herzstück der logistischen Abläufe. Hier werden die eingetroffenen Produkte aus den eigenen Werken empfängergerecht „verheiratet", verpackt und auf den Weg zum Kunden gebracht.

Später beginnt das nächste Erweiterungsprojekt am Standort St. Wolfgang-Kalkgrub. Die Logistikfläche mit zusätzlichen Verladerampen wächst auf über 35 000 Quadratmeter an, die neue Büro- und Ausstellungsfläche bekommt 1000 Quadratmeter Platz. Die gesamte Produktionsfläche wächst bis 2021 auf über 140 000 Quadratmeter an.

Die engagierte Mitarbeiterfamilie

Das Erfolgsgeheimnis von RORO ist die lebendige, internationale Familie. Immerhin entstehen aus der Gründeridee fünf Werke mit derzeit über 500 Mitarbeitern. Alle Mitarbeiter von jung bis alt legen Hand ans Werk – um die Unternehmensgruppe Rott zukunftsorientiert mitzugestalten. Sie prägen RORO durch ihr Engagement, ihre Kompetenz und Erfahrung sowie ihrer Loyalität. Dafür werden an allen Standorten junge Menschen zu Fachkräften ausgebildet. Zusätzlich fördern die internen Entwicklungsmöglichkeiten ein vertrauensvolles Miteinander – ein weiterer Schlüssel für den RORO-Erfolg seit über 50 Jahren.

Bei internationalen Messen der Branchen Bauindustrie, Bauelemente und Wellness stellt die RORO-ROTT Unternehmensgruppe zahlreiche Innovationen in Technik und Design vor und ist somit kraftvoller Motor in der Weiterentwicklung effizienter Wärmedämmungen und wirksamer Sicherheitskonzepte. Vor allem in Bezug auf Wirtschaftlichkeit und Funktionalität sind die in St. Wolfgang entwickelten Trends nicht nur außergewöhnlicher als andere – sondern zeitlos!

Für die Geschäftspartner aus Bauindustrie und Fachhandelnetz bedeutet das konkret: Sie bekommen genau die Materialien und den Service, um gezielt auf jeden ihrer Kundenwünsche eingehen zu können. Auch der qualitätsbewusste Heimwerker nutzt das große Angebot, um die eigenen vier Wände zu sanieren oder zu verschönern.

Fenster und Türen gehören nach wie vor zum Kerngeschäft des Unternehmens.

Zweite Generation bestimmt Zukunft

Das Gründerpaar Rudolf und Rosmarie Rott hat zunächst allein, später mit den beiden Söhnen Rudi und Stefan, das Unternehmen zu großen Erfolgen geführt. Gemeinsam haben sie RORO erfolgreich auf dem internationalen Markt integriert und sind dabei den wichtigen zentralen Werten treu geblieben: Dynamik, Loyalität, Verantwortungsbewusstsein und Vertrauen. Heute bestimmen die beiden Söhne als Eigentümer die strategischen Leitlinien für die Entwicklung des Unternehmens maßgeblich. Im engen Austausch stellen sie sicher, dass die Vision ihrer Eltern auch für die kommenden Generationen erfolgreich weitergeführt wird.

TAUFKIRCHEN (VILS)

Unter rotem, mit einem silbernen Pfahl belegten Schildhaupt in Blau eine silberne Rundkapelle in romanischen Bauformen.

Vielleicht hat sich die nach Taufkirchen (Vils) benannte Familie um 1200 in zwei Linien gespalten. Bei der Gestaltung des Gemeindewappens löste man das Problem durch die Übernahme des Stammwappens der noch blühenden Freiherren von Fraunberg, die seit mindestens 1337 den Ort Taufkirchen besaßen. Durch die Wappengleichheit mit den Taufkirchern zu Guttenburg mag das Schildhaupt zugleich auf die vermutete Verbindung mit den alten Ortsadeligen unseres Taufkirchens Bezug nehmen. Das wichtigste Schildbild ist aber die 1890 abgebrochene Taufkapelle, die wohl schon im 9. Jahrhundert der Siedlung den Namen gab.

FLÄCHE ALT: 17,11 km²	FLÄCHE NEU: 70,18 km²

EW 1972:	7272	EW 2021:	10 548
Gebensbach	300		
Hofkirchen	637		
Moosen (Vils)	1168		
Taufkirchen (Vils)	4791		
Wambach	376		

ERSTE ERWÄHNUNG:	769

Drittgrößte Gemeinde im Landkreis

Die Lebensqualität von Taufkirchen (Vils) beruht auf einem lebendigen Miteinander der Bevölkerung mit attraktivem Wohnraum sowie Bildung, Freizeit und Kultur. Durch die Gebietsreform entstand mit den ehemaligen Gemeinden Gebensbach, Hofkirchen, Moosen, Wambach und einem Teil der Gemeinde Eibach eine Großgemeinde. Im Gemeindegebiet befinden sich 145 Dörfer, Weiler und Einöden.

In den 1970er-Jahren setzt die Gemeinde eine familienfreundliche Ortsentwicklung mit zahlreichen Wohngebieten erfolgreich um. Sechs Kinderhäuser, eine

Kinderkrippe, ein Mehrgenerationenhaus, Ganztagesbetreuung und Ganztages-klassen, Grund-, Mittel- sowie Realschule bilden heute optimale Voraussetzungen für die Erziehung und Ausbildung. Drei Senioren-Einrichtungen ermöglichen ein breitgefächertes Angebot an Betreuung, Pflege und Beratung.

Die Wohngemeinde Taufkirchen (Vils) ist weitgehend von Handwerk und Land-wirtschaft geprägt. Zugleich beschäftigt der Polstermöbelhersteller himolla vor Ort fast 1100 Mitarbeiter. Mit rund 860 Beschäftigten ist das kbo-Isar-Amper-Kli-nikum Taufkirchen (Vils) der zweitgrößte Arbeitgeber. Dem Fachkrankenhaus für Psychiatrie und Psychotherapie ist außerdem eine Frauenforensik-Abteilung an-gegliedert. Mit neuen Gewerbeflächen und gezielter Wirtschaftsförderung unter-stützt die Kommune die Ansiedlungen und Erweiterungen von Betrieben seit Jahrzehnten.

Im kulturellen und geschichtlichen Mittelpunkt steht das 1263 erstmals urkund-lich erwähnte Wasserschloss. Mehr als 100 Vereine tragen das aktive Freizeit- und Gemeindeleben und sorgen für ein soziales, sportliches und kulturelles Miteinan-der. Seit 1969 ist das Waldbad über die Landkreisgrenzen hinaus sehr beliebt.

Taufkirchen (Vils) bleibt in Bewegung – seiner Tradition bewusst, jung, innovativ, liebens- und lebenswert.

Stefan Haberl
Erster Bürgermeister

Rathaus in Taufkirchen (Vils)

In Taufkirchen (Vils) wurde Josef Martin Bauer geboren, der Autor von „Soweit die Füße tragen". In Anspielung auf diesen Nachkriegsroman steht am Kreisel der nördlichen Ortsausfahrt die Skulptur Ironman.

Waldbad

kbo-Isar-Amper-Klinikum

100 Jahre im Dienst für Taufkirchen und die Regionen Erding und Freising

Eingangsbereich

Mit seiner wohnortnahen Versorgung sichert das kbo-Klinikum Taufkirchen (Vils) die psychiatrische, gerontopsychiatrische und suchtmedizinische Versorgung für die Landkreise Erding, Freising sowie den Flughafen München. Mit knapp 410 Betten und 800 Mitarbeitern versorgt das kbo-Klinikum Patienten und Patientinnen mit ihren individuellen Erkrankungen. Zudem ist das 1998 gegründete Huntington-Zentrum-Süd überregionale Anlaufstelle für Patienten und Patientinnen mit der seltenen Erkrankung Chorea-Huntington. 2011 wurde die Tagesklinik und Ambulanz in Freising eröffnet. Die Klinik für forensische Psychiatrie und Psychotherapie ist in Bayern für die Behandlung von psychiatrisch erkrankten Frauen, die straffällig und verurteilt wurden, zuständig.

Die psychiatrische Grundversorgung umfasst Diagnostik, medikamentöse und Gesprächstherapie sowie die Beratung von Angehörigen. Darüber hinaus wird Psychotherapie einzeln oder in der Gruppe etwa in Form von Arbeits-, Gestaltungs-, Musik-, Sport- und Bewegungstherapie angeboten. Auf dem Gelände der Klinik befindet sich außerdem eine Berufsfachschule für Krankenpflege. Als zweitgrößter Arbeitgeber vor Ort ist die Klinik somit ebenfalls Ausbildungsstätte für viele Berufe, zum Beispiel für Pflegefachfrauen und -männer, Pflegefachhelfer und -helferinnen, Heilerziehungspfleger und -pflegerinnen und bietet darüber hinaus auch Praxissemester für (Fach-) Hochschulen und Köche.

Der Klinik-Standort Taufkirchen (Vils) gehört zu kbo, den Kliniken des Bezirks Oberbayern, mit über 50 Standorten in ganz Oberbayern. Bei kbo arbeiten ca. 7000 Mitarbeiter und Mitarbeiterinnen. Es werden jährlich ca. 110 000 Patienten und Patientinnen behandelt. Mit allen vorhandenen Fachabteilungen ist das kbo-Isar-Amper-Klinikum in Taufkirchen (Vils) ein fester Bestandteil der Gemeinde Taufkirchen (Vils).

2021 feierte das kbo-Isar-Amper-Klinikum in Taufkirchen (Vils) 100-jähriges Bestehen und kann somit auf eine langjährige Geschichte zurückblicken.

BEGINN DER PSYCHIATRIE IN TAUFKIRCHEN (VILS)

Bereits 1921 begann die Geschichte der Psychiatrie in Taufkirchen Gestalt anzunehmen. Nach zweijähriger Umbauphase wurde im Wasserschloss Taufkirchen (Vils) die „Landesarmenanstalt" eröffnet. Die pflegerische Versorgung wurde durch Elisabethinerinnen gewährleistet. Kontinuierlich wurden über die Jahre hinweg weitere Häuser auf dem Gelände des heutigen kbo-Isar-Amper-Klinikums zu Bettenhäusern, Schwesternheim, Verwaltung, Berufsfachschule für Pflege und weiteren Fachabteilungen ausgebaut. Ab 1945 lief die Klinik unter dem Namen „Fürsorgeanstalt des Bezirks Oberbayern", bis 1970 die Umbenennung in „Bezirkskrankenhaus Taufkirchen (Vils)" erfolgte. 2007 wurden alle oberbayerischen Bezirkskrankenhäuser in das Kommunalunternehmen „Kliniken des Bezirks Oberbayern (kbo)" überführt.

Wasserschloss Taufkirchen (Vils)
Das öffentlich zugängliche Schloss ist im Besitz der Gemeinde Taufkirchen. Im Gebäude befinden sich unter anderem eine Übergangs- und Langzeiteinrichtung für psychisch kranke Menschen, aber auch Unterrichtsräume der Kreismusikschule Erding, sowie neben dem Trauungszimmer der Gemeinde Taufkirchen auch weitere öffentlich nutzbare Veranstaltungs- und Mehrzweckräume. Seit 2018 ergänzt Gastronomie das Angebot im Wasserschloss.

Hilger Erdbau und Hilger Günter Transporte

Spezialist für Erdbau, Gebäudeabbruch, Transporte und Containerdienst

Der Fuhrpark 2020 der Hilger Erdbau und Hilger Günter Transporte

Das Firmen-Duo Hilger Erdbau & Hilger Günter Transporte aus Taufkirchen (Vils) ist der erfahrene Spezialist für Erdbau, Gebäudeabbruch, Transporte und Containerdienst. Schließlich endet auch für Gebäude irgendwann einmal die Lebenszeit und ein fachgerechter Abbruch inkl. Entsorgung steht an. Der Familienbetrieb konnte sich in fast 50 Jahren durch beständige Qualität und Zuverlässigkeit einen bekannten Namen aufbauen. Zu den vielfältigen Kunden zählen kleine und große Unternehmen, öffentliche Auftraggeber und Privatpersonen.

Neben langjährigen Erfahrungen bei unterschiedlichsten Aufgaben tragen zuverlässige Mitarbeiter und Partner, ständige Fortbildungen sowie die kurzen Entscheidungswege eines Familienunternehmens zu der Erfolgsgeschichte bei. Diese Kompetenzen ermöglichen individuelle Lösungen für jedes Bauvorhaben und jede Transport-, Verwertungs- und Entsorgungssituation. Dafür können sich die Kunden auf eine qualifizierte Beratung und den Einsatz modernster Geräte verlassen.

Für den reibungslosen Ablauf eines Projekts engagieren sich 20 geschulte und motivierte Mitarbeiterinnen und Mitarbeiter. Sie verfügen über ein breites Allrounder-Know-how und eine große Flexibilität in der Projektausführung. Dies ist unabhängig von der jeweiligen Ausgangslage. Es hilft insbesondere dann, wenn es zu unvorhersehbaren Änderungen auf den Baustellen oder bei den individuellen Wünschen der Kunden kommt.

Nach dem plötzlichen Unfalltod von Günter Hilger übernehmen Ehefrau Gerlinde und Sohn Maximilian die Führung von Hilger Erdbau und Hilger Günter Transporte. Hierzu legt Maximilian Hilger mit 18 Jahren die Unternehmerprüfung ab. Nach den Abschlüssen in den beiden Ausbildungsberufen Mechatroniker für Nutzfahrzeugtechnik und Straßenbauer tritt Maximilian Hilger 2019 erfolgreich in die Fußstapfen seines Vaters.

Aufnahme von 1980: rechts der erste Lkw

STANDBEINE: ERDBAU UND TRANSPORTE

Den Grundstein für das heutige Firmen-Duo Hilger Erdbau und Hilger Günter Transporte legen Herbert und Hildegard Hilger 1976 in Großschaffhausen mit der Gründung ihres Fuhrunternehmens. 1989 kommt der Containerdienst für Privat- und Geschäftskunden neu ins Portfolio. Ein Jahr später steigt mit Sohn Günter ein Mechatroniker für Nutzfahrzeugtechnik in das Familienunternehmen ein. Mit ihm wird das Geschäftsfeld auf Erd- und Tiefbau ausgeweitet und dafür der erste Bagger angeschafft.

Seit 1996 verstärkt Schwiegertochter Gerlinde Hilger die zweite Generation im Unternehmen. Im Jahr 2000 wird das Unternehmen Hilger Günter Transporte als Entsorgungsfachbetrieb zertifiziert und 2006 um eine stationäre Recyclinganlage für Bauschutt und Beton erweitert.

Fürmetz Logistik GmbH

Wir leben Logistik!

V.l.n.r. Hans Fürmetz, Manuela Mooser, Anton Fürmetz senior, Mathilde Fürmetz, Michael Fürmetz, Barbara Fürmetz, Anton Fürmetz junior

Die neue Firmenzentrale der Fürmetz Logistik setzt einen – vorläufigen – Höhepunkt in der Geschichte des Familienunternehmens. Der neue Stammsitz im Gewerbepark Süd von Taufkirchen (Vils) verfügt über eine Fläche von 37 500 Quadratmetern mit Verwaltung, Lager- und Werkstatthallen sowie Außenlager. Hier ist der Ausgangspunkt für 360 Mitarbeiterinnen und Mitarbeiter im Firmenverbund. Und von hier aus wird das Geschäft mit rund 230 Lkws gesteuert. Sie sind in Sachen Baustofftransport und Getränkelogistik unterwegs – die beiden Hauptgeschäftsfelder des Familienunternehmens. Teil des Zukunftskonzeptes ist die eigene Photovoltaik-Anlage, die den gesamten Standort mit grünem Strom versorgt.

Das Großbauprojekt war notwendig, weil der Betrieb mit seinen Kunden stark gewachsen ist. Waren es in den 2000er Jahren rund 50 Lkws, überschritt die Flotte 2020 die 200er Marke. Für das Wachstumstempo wurde die Spedition 2019 als „Bayerns Best 50" mit dem bayerischen Löwen ausgezeichnet.

Auf diesem Erfolg wollen sich die Fürmetz-Brüder Anton jun. und Michael als dritte Generation nicht ausruhen. Vielmehr soll das von den Großeltern 1948 gegründete Transportunternehmen weiter in die Zukunft geführt werden. Dazu gehört auch, dass mittelfristig die Werkstatt auch für externe Nutzfahrzeuge geöffnet wird.

Luftaufnahme des neuen Firmengeländes

Mooshofer's Metallwerkstatt

Individueller Metallbau rund ums Eigenheim

Mooshofer's Metallwerkstatt ist ein Meisterbetrieb, der seit dem Jahr 2000 auf professionellen Stahlbau und Schlosserarbeiten spezialisiert ist. Der mittelständische Betrieb bietet zahlreiche Leistungen rund um das Eigenheim.

Balkonbau

Bei der Anfertigung der Metallprodukte für das Haus der Kunden hält sich Mooshofer's Metallwerkstatt streng an die gewünschten Materialien, Formen und Farben. Türen können zum Beispiel nach individueller Vorstellung bearbeitet werden. Die Metallbauer realisieren Schmiedearbeiten und Schlosserarbeiten, wie zum Beispiel Treppengeländer – auch mit Glas, Balkongeländer, Garagentore, Torantriebe aber auch französische Balkone und Geländer.

Zudem fertigt Mooshofer's Metallwerkstatt zahlreiche Metallprodukte für rund um das eigene Haus an. Gemäß den persönlichen Wünschen entstehen zum Beispiel Überdachungen, Vordächer, Zaunanlagen, Handläufe und Briefkastenanlagen aus Metall. Für die Herstellung der Metallwaren werden beispielsweise Stahl, Edelstahl, wetterfester Corten-Stahl, Aluminium und Kupfer in der Metallwerkstatt eingesetzt.
Eine Vorlage genügt für eine hochwertige Sonderanfertigung.

willkommen daheim!

GERMAN
DESIGN
AWARD
SPECIAL

GESCHICHTE

Carl Hierl (1911–2003) setzte 1948 den Grundstein für himolla und baute die Sattlerei seines Vaters zu einem Industriebetrieb aus. Damals fing der Aufstieg von einem handwerklichen Familienbetrieb zu einem der führenden Polstermöbelhersteller Europas an. Heute ist himolla einer der letzten Vollsortimenter in Deutschland. Von Taufkirchen aus werden Wohnlandschaften, Sofas und Sessel an Handelspartner weltweit exportiert.

himolla Polstermöbel

Tolle Sofas und Lieblingssessel machen das Leben einfach besser

Die ehemalige Sattlerei ist längst keine kleine Werkstatt mehr, sondern einer der größten Polstermöbelhersteller Europas, der international hohes Ansehen genießt.

Seit über 70 Jahren produziert himolla in Taufkirchen (Vils) hochwertige Sitzmöbel mit Leidenschaft, Sachverstand und dem Gewissen, etwas Gutes für die Region zu tun. Mit seinen rund 1000 Arbeitsplätzen am bayerischen Standort zählt der Polstermöbelhersteller zu den größten Arbeitgebern im Landkreis Erding.

Um das handwerkliche Know-how langjähriger Mitarbeiter weiterzugeben, die zum Teil in der dritten Generation bei himolla arbeiten, bildet das Unternehmen selbst aus. Auf diese Weise werden die eigene Firmenkultur, Engagement sowie der Sinn für Perfektion und Qualitätsbewusstsein weitergegeben. Natürlich kommt auch die Polstermöbelproduktion nicht ohne modernste Fertigungstechniken und -maschinen aus. Neben traditionellem Handwerk sorgen diese und die ausgebildeten Fachkräfte für den hohen Qualitätsstandard eines himolla-Möbels.

Design und Komfort

himolla steht für schickes Design. Seine markante Handschrift ist auf den ersten Blick erkennbar. himolla-Möbel zeichnen sich durch höchsten Komfort, technische Raffinessen, vorzügliche Bezugsmaterialien und eine immense Planungsvielfalt aus. Vom Funktionsarmteil bis hin zum motorischen Hightech-Beschlag sind fast keine Grenzen gesetzt.

Qualität und Nachhaltigkeit

himolla-Möbel sind Synonym für geprüfte Sicherheit. In einem eigenen Prüflabor werden alle Komponenten wie Bezüge, elektrische Bauteile, Sitzpolster, Beschläge, Gestelle und nicht bewegliche, tragende Teile auf Herz und Nieren geprüft. Auch in unabhängigen Prüfungen nach RALGZ 430 werden seit über 40 Jahren die Qualität und Langlebigkeit bestätigt. Seit 1998 betreibt himolla ressourcensparendes Umweltmanagement mit EMAS. Ein weiterer Beleg dafür, dass himolla-Produkte in all ihren Bestandteilen umweltgerecht und mit großer Nachhaltigkeit erzeugt werden, ist die Auszeichnung der gesamten Polstermöbelkollektion mit dem Blauen Engel. Dieses Siegel der Bundesregierung ist eine Garantie für emissionsarme Polstermöbelherstellung und dient dem Schutz von Mensch und Umwelt.

Ausgezeichnet

Auch in Sachen Design setzt himolla neue Meilensteine. Seit 2018 wurden mehrere Modelle mehrfach mit dem German Innovation Award und German Design Award ausgezeichnet. Diese werden für besonderes Design und Technik verliehen.

Modernste Technik im Prüflabor (Fotos: himolla)

himolla-Werksgebäude (erbaut 1958 – 1968)

Betriebsausflug 1949

Hierlhaus – die erste himolla-Firmenzentrale

189

WALPERTSKIRCHEN

In Silber ein blauer Wellenbalken, darüber eine rote Krone, darunter ein roter Sparren.

Walpertskirchen wird zum ersten Mal 749 erwähnt. Enge geistliche und grundherrschaftliche Beziehungen bestanden zum Hochstift Freising und zum Kollegiatstift Isen. Die Beziehungen der Gemeinde Walpertskirchen zu Freising werden durch die rote Krone symbolisiert. Diese ist dem Wappen des Freisinger Hochstifts entnommen, das einen rotgekrönten Mohrenkopf zeigt. Der rote Sparren stammt aus dem Wappen der Familie Türndl, die bis in das 16. Jahrhundert einen Edelsitz zu Deuting hatte. Der Wellenbalken weist auf die geografische Lage der Gemeinde im Erdinger Hügelland hin.

FLÄCHE ALT: 18,45 km²	**FLÄCHE NEU:**	18,45 km²	
EW 1972: 1089	**EW 2021:**	2173	
ERSTE ERWÄHNUNG:	749		

Ein Urgestein im Landkreis

Walpertskirchen – landschaftlich geprägt von Hammerbach und Strogen – ist eine liebenswerte Landgemeinde südöstlich der Großen Kreisstadt Erding. Die erste urkundliche Erwähnung datiert aus dem Jahr 749 und damit zählt der Ort zu den ältesten im Landkreis Erding. Die rund 2.150 Einwohner schätzen an ihrer Gemeinde die intakte Infrastruktur und den großen Zusammenhalt unter der Bevölkerung und den vielen Ortsvereinen, die sich in einem hohen Maß mit der Gemeinde identifizieren und für ein lebendiges, kulturelles und gesellschaftliches Miteinander in Walpertskirchen sorgen.

Pfarrkirche St. Erhard

Zeitlich parallel zur Gebietsreform wurde in der Gemeinde eine umfassende Flurbereinigung (1960 bis 1971) durchgeführt und damit wesentliche Voraussetzungen für die Weiterentwicklung der Gemeinde geschaffen. Neben der Neuverteilung der insgesamt 1760 ha Landwirtschaftlicher Fläche und Gesamtinvestitionen von 8 Millionen Mark entstand u.a. ein umfangreiches und leistungsfähiges Straßen- und Wegenetz.

Schon sehr früh hat die Gemeinde in kommunale Einrichtungen investiert. Mit dem Bau eines zweiten Brunnens und der Ausdehnung der Wasserversorgung auch in die umliegenden Ortsteile 1972 sowie der Erweiterung des Kanalnetzes und dem Umbau der Erdfaulbecken in eine biologische Kläranlage mit Scheibentauchkörper 1980 wurden die Voraussetzungen für das weitere Wachstum der Gemeinde geschaffen. Im Zuge der Gemeindegebietsreform hat sich die Gemeinde Walpertskirchen 1978 mit der Nachbargemeine Wörth zur Verwaltungsgemeinschaft Hörlkofen zusammengeschlossen und damit auch die Verwaltungsstruktur an den vielfältigen Aufgaben einer wachsenden Gemeinde ausgerichtet.

Obwohl der ersten Siedlung (Pfarrsiedlung I) in regelmäßigen Abständen weitere Wohngebietsausweisungen folgten, hat die Gemeinde den damit einhergehenden Bevölkerungszuwachs gut verkraftet und stetig an Erhalt und Erneuerung der Infrastruktur gearbeitet. Genannt seien hier Bau des neuen Feuerwehrhauses 1994; Erweiterung der Kläranlage 1995; Schulhauserweiterung 1996; Anschluss an die Wasserversorgung Erding 1998; Dorferneuerung 2008; Kommunaler Wohnungsbau und neuer Bauhof 2021 sowie Fertigstellung des neuen Kindergartens 2022.

Den gesellschaftlichen und kulturellen Höhepunkt in dieser Zeit stellt das Festjahr 1999 anlässlich der 1250-Jahr-Feier von Walpertskirchen mit seinen über das gesamte Jahr verteilten Veranstaltungen sowie einer Festwoche und dem historischen Dorfleben dar.

Ihr Franz Hörmann
Bürgermeister

Der Dorfweiher

Das Grundschulgebäude mit Kunstwerk von Erich Heuschneider

WARTENBERG

In Rot ein geflügelter goldener Drache mit silberner Pfeilzunge und Stachelschwanz.

Erstmals 1514 tritt im Abdruck ein kurz vorher entstandenes Siegel des vermutlich 1290, sicher aber 1329 zum Markt erhobenen Ortes auf. Als Bild zeigt es im ausgekerbten Halbrundschild den Drachen. Zweifellos rührt er von dem Drachenrelief im romanischen Tympanon der St. Nikolauskapelle her. Im 17. und 18. Jahrhundert entfernte man sich von der ursprünglichen Gestaltung, indem der Drache in einen auf grünem Dreiberg stehenden Basilisken mit gekröntem Hahnenkopf und Fledermausflügeln verwandelt wurde. Schließlich erschien in den Dienstsiegeln ein gewöhnlicher Hahn im Schild.

FLÄCHE ALT: 17,86 km²	FLÄCHE NEU:	17,88 km²
EW 1972:	2432	**EW 2021:**	6008
Auerbach	361		
Wartenberg	2071		
ERSTE ERWÄHNUNG:	1116/17		

Foto: wikimedia/Bjoertvedt

Seit Jahrhunderten zentraler Ort und „Kaufmarkt"

Ein historischer Fixpunkt der Markt Wartenberg ist das Jahr 1155. Damals rettet der Wartenberger Otto VI. von Wittelsbach seinen Kaiser Friedrich Barbarossa aus einem Hinterhalt. Dafür belehnt ihn der Kaiser mit dem Herzogtum Bayern. Mit einem Schlag befindet sich Ottos Burg und der Stammsitz Wartenberg im Mittelpunkt der Bayrischen Geschichte. Der Ort jedoch ist bedeutend älter, wie alte Funde belegen. Der Hügel mit Befestigungsanlage bzw. Burg tritt im Jahre 1116/17 in einer Urkunde in Erscheinung.

Die Bezeichnung „Markt" mit ihren Marktrechten wird erstmals 1329 urkundlich erwähnt und danach immer wieder bestätigt. Zu der Zeit besitzt Wartenberg eine eigene Landschranne, also ein Gericht. Es wird sogar von eigenen Wartenberger Maßen und Gewichten berichtet. Über die Jahrhunderte bewahrt sich Wartenberg die Stellung als zentraler Ort und als „Kaufmarkt", wie man eher sagte.

Von der späteren Geschichte Wartenbergs zeugen drei vorhandene Kirchen. Die Friedhofskirche St. Georg, um das Jahr 1516 erbaut, verfügt mit ihrem gotischen Hochaltar über ein Kunstwerk ersten Ranges. Die Pfarrkirche Mariä Geburt, an der 1719 bis 1723 gebaut wird, ist ein Werk des Erdinger Maurermeisters Anton Kogler. Die St. Nikolauskapelle auf dem Nikolaiberg wohl aus dem 13. Jahrhundert zeigt das bekannte Tympanonrelief.

Im beginnenden 20. Jahrhundert zog es viele Künstler an den Markt an der Strogen. Wartenberg wurde zur Künstlerkolonie.

Wartenberg ist der Hauptort des Marktes Wartenberg. Dazu gehören Auerbach mit seinen drei Skisprungschanzen auch für Sommerspringen, Manhartsdorf, Pesenlern, Thenn und der Weiler Hardt. Der Thenner See wird vier Kilometer von Wartenberg entfernt als Badesee genutzt.

Christian Pröbst
Erster Bürgermeister

Rathaus in Wartenberg Foto: wikimedia/AHert

Tympanonrelief an der St. Nikolaus Kapelle
Foto: wikimedia/GFreihalter

Pfarrkirche Mariä Geburt Foto: wikimedia/H.Helmlechner

Klinik Wartenberg

Kompetent. Engagiert. Herzlich.

Die Klinik Wartenberg in der namensgebenden Gemeinde Wartenberg ist die größte Einrichtung für stationäre geriatrische Rehabilitation in Bayern. Darüber hinaus genießt sie einen hervorragenden Ruf in den Bereichen Akutgeriatrie und Palliativmedizin. Über der medizinischen und therapeutischen Fachbetreuung stehen das hohe Qualitätsverständnis und die Herzlichkeit, mit der die engagierten Mitarbeitenden der Klinik allen Patienten begegnen. So wird der Anspruch „kompetent. engagiert. herzlich." mit Leben gefüllt.

1975 beginnt Prof. Dr. med. Hans Selmair damit, das frühere Sanatorium Wartenberg zu einer internistischen Fachklinik auszubauen. Das entspricht seinen ausgewiesenen Spezialgebieten in den Bereichen Innere Medizin und Leberheilkunde. Er entwickelt den Ruf der Klinik zu einer bedeutenden medizinischen Einrichtung, die im Laufe der Jahre ihre Spezialisierung in den Gebieten Geriatrie und Palliativmedizin aufbaut. Nach drei Generationen als medizinisches Familienunternehmen führt heute die Prof. Dr. med. H. Selmair-Stiftung das Krankenhaus.

Unter dem Dach der Geriatrie wird ein breites fachmedizinisches Spektrum angeboten. Die Akutgeriatrie hilft älteren und hochbetagten Menschen, ihre selbstständige Lebensführung trotz akuten und chronischen Erkrankungen fortzuführen.

Die geriatrisch-internistische Notaufnahme nimmt durch Hausärzte oder Rettungsdienste eingewiesene Patienten ohne Voranmeldung auf.

Neben der ärztlich-geriatrischen Behandlung umfasst die Versorgung unter anderem auch aktivierende Pflege, eine Vielzahl an speziellen, therapeutischen Angeboten bis hin zu seelsorgerischer und psychologischer Betreuung sowie Ernährungsberatung.

Die geriatrische Rehabilitation unterstützt ältere und hochbetagte Patienten nach einem Aufenthalt in einem Akutkrankenhaus. Hier sollen Kraft, Beweglichkeit und Lebensqualität wiedererlangt werden, die nach orthopädischen Operationen oder Schlaganfällen oft stark beeinträchtigt sind.

Mit Achtsamkeit und Fürsorge als Teil einer ganzheitlichen Behandlung begegnet die Sparte Palliativmedizin Patienten mit einer voranschreitenden Erkrankung und einer dadurch begrenzten Lebenserwartung. Eine palliativmedizinische Behandlung erfolgt dann, wenn eine Heilung nicht mehr möglich ist. Im Vordergrund stehen das Lindern von Schmerzen und anderen Krankheitsbe-

Der medizinische Gebäudekomplex liegt reizvoll eingebettet in die bewaldeten Hügel am Ortsausgang Richtung Taufkirchen (Vils). Das klinikeigene Wald- und Parkgelände mit stattlichen 30 Hektar ist eine Oase der Ruhe und Erholung. Die Klinik befindet sich bis 2003 in Familienbesitz und geht danach in eine Stiftung über. Seitdem wird sie privatwirtschaftlich als Klinik Wartenberg Professor Dr. Selmair GmbH & Co. KG geführt. Schon mehr als ein Jahrhundert befindet sich die heutige Klinik Wartenberg in der Trägerschaft der Familie Selmair in dritter Generation. Der Ort mit dem Wartenberger Wasser ist durch seine wundersame Heilung bekannt, das spätere Badhaus befindet sich seit 1872 zunächst in Familienbesitz und ist heute Bestandteil des Klinikgebäudes und ebenfalls Teil der Stiftung.

Fassade Bild: Schey

schwerden sowie die psychische und spirituelle Begleitung der Patienten und ihrer Angehörigen.

Durch ihre jahrzehntelange Erfahrung in Diagnostik, Behandlung und gutachterlicher Beurteilung von Lebererkrankungen (insbesondere Virushepatitiden und Folgekrankheiten) verfügt die Klinik Wartenberg in diesem Bereich über einen weiteren Schwerpunkt. Bei entsprechender Indikation werden antivirale Therapien eingeleitet, die später gemeinsam mit den Hausärzten fortgeführt und überwacht werden.

Die Klinik Wartenberg beschäftigt insgesamt mehr als 350 hochmotivierte und qualifizierte Mitarbeiterinnen

Patientenzimmer Bild: Daniel Schvarcz Sweco

und Mitarbeiter. Sie alle leben die Prämisse „kompetent. engagiert. herzlich." Rund dreißig Prozent von ihnen sind in der Pflege tätig. Die anderen Beschäftigten verteilen sich auf medizinisch-technischen und Funktionsdienst, Therapie (Physiotherapie, Ergotherapie, Sprachtherapie), Ärzteschaft und Sozialbereich. Die Klinik hat auch eine eigene Wäscherei und eine hervorragende Küche.

Für individuell verbesserte Arbeitsbedingungen führt die Einrichtung ein in Deutschland einzigartiges Projekt zur Chronobiologie durch. Diese beschäftigt sich mit den genetisch bedingten Schlaftypen, den sogenannten Lerchen und Eulen. Ziel ist eine Bewusstseinsbildung bei den Beschäftigten, um den Zusammenhang von Schlafverhalten einerseits und Gesundheit, Leistungsfähigkeit sowie allgemeinem Wohlbefinden andererseits zu verstehen.

Außerdem wird auf Wunsch der Chronotyp der einzelnen Mitarbeiterinnen und Mitarbeiter bei der Personaleinsatzplanung berücksichtigt. Zusätzlich werden auch verschiedene Parameter einer gesunden Arbeitsumgebung einbezogen. Dazu gehören beispielsweise ausreichend Bewegung im Freien, eine optimierte Ernährung, biodynamische Beleuchtungssysteme am Arbeitsplatz, eine ergonomische Arbeitsumgebung sowie notwendige Hilfsmittel.

Mit einem modernen Erweiterungsbau erhöht sich seit 2021 die Bettenkapazität auf über 200 Betten. Damit entspricht die Klinik Wartenberg der steigenden Nachfrage nach geriatrischer Versorgung. Gleichzeitig erhalten Patienten ihre erstklassige Behandlung in einem modernen Umfeld. Zusätzlich sind zwei neue Personalwohngebäude mit insgesamt 43 Ein- bis Vier-Zimmer-Wohnungen hinzugekommen. Insgesamt verfügt die Klinik damit über 111 Personalwohnungen. Außerdem sorgt nun im Hintergrund eine moderne Heizanlage mit Hackschnitzeln für eine zukunftsorientierte Wärme.

WÖRTH

In Gold ein erhöhter, aufrechter und ein gesenkter, gestürzter blauer Wellensparren, die einen schwebenden, rot gekrönten Mohrenkopf einschließen.

Vom frühen Mittelalter bis zum Beginn des 19. Jahrhunderts waren in Wörth die Bischöfe von Freising begütert; sie hatten beträchtlichen Einfluss auf die gesamte Entwicklung der zur Gemeinde gehörigen Orte. Der Freisinger Mohrenkopf erinnert daran im Gemeindewappen. Der Ortsname Wörth („wasserumspültes Land") wird im Gemeindewappen durch die beiden Wellensparren dargestellt, denen in der Gemeindemarkung die Sempt und die Schwillach entsprechen. Das Bayer. Staatsministerium des Innern stimmte der Annahme des Wappens am 20. Februar 1967 zu.

Wörther Weiher

FLÄCHE ALT:	21,5 km²	FLÄCHE NEU:	21,5 km²
EW 1972:	2457	EW 2021:	4487
ERSTE ERWÄHNUNG:		788	

Von der „Gmoa-Kanzlei" zum Dienstleister

Die Gemeinde Wörth ist eine ländlich strukturierte Kommune, südlich von Erding im Sempt-/Schwillachtal gelegen. Zusammen mit der Nachbargemeinde Walpertskirchen bildet sie die Verwaltungsgemeinschaft Hörlkofen. Die Gemeinde Wörth wurde erstmals im Jahr 788 urkundlich erwähnt und blickt stolz auf eine mehr als 1200-jährige Geschichte zurück. Seit der Gebietsreform hat sich viel getan und entwickelt in der Gemeinde Wörth.

Sonnendorfer Kirche St. Martin mit Störchen
Bild: Clarissa Höschel

Mit dem Aufbau der gemeindlichen Trinkwasserversorgung, dem Anschluss der Abwasserentsorgung an den AZV Erdinger Moos, Straßen- und Wegebau sowie dem Bau von Schule und Kinderbetreuungseinrichtungen wurden wegweisende Projekte umgesetzt, die unsere Gemeinde heute als zukunftsfähige und attraktive Kommune mit moderner Infrastruktur erscheinen lassen.

Die Gemeinde hat schon immer großen Wert darauf gelegt, diese Infrastruktur vorausschauend an sich verändernde Rahmenbedingungen anzupassen und damit die Bedürfnisse in allen Alters- und Lebensbereichen bestmöglich abzudecken.

Einen guten Beitrag zum Arten- und Klimaschutz zu leisten ist der Gemeinde Wörth wichtig und so spielen die Bereiche Energie, Natur und Umwelt eine große Rolle, insbesondere wenn es um gemeindliche Vorhaben geht. Brauchtum, Tradition und Kultur in einem intakten Netz aus Vereinen und Organisationen sowie auch kirchliches Leben sind heute genauso wie früher festes Fundament des Zusammenlebens in den einzelnen Ortsteilen und in unserer ganzen Gemeinde. Aus der Verwaltung, der ehemaligen „Gmoa-Kanzlei", ist ein technikbasierter und weitestgehend digitalisierter Dienstleistungsbetrieb geworden.

Thomas Gneißl
Bürgermeister

Bahnhof Hörlkofen

Rathaus Hörlkofen

Am 1. Mai 1978 schließen sich die Gemeinden Walpertskirchen und Wörth zur Verwaltungsgemeinschaft Hörlkofen zusammen, da der Wörther Gemeindeteil Hörlkofen geografisch günstig zwischen den beiden Gemeindezentren liegt. Den Ortskern bilden das Rathaus der Verwaltungsgemeinschaft und die Kirche St. Bartholomäus. Fußläufig davon entfernt befindet sich der Bahnhof Hörlkofen an der Bahnstrecke München-Mühldorf-Simbach.

GEWO Feinmechanik

Tradition meets Innovation

Das familiengeführte High-Tech Unternehmen GEWO Feinmechanik aus Hörlkofen gehört mit fast 600 Mitarbeitern zu den größten Arbeitgebern der Region. Die hochkomplexen, innovativen Präzisionsteile, die der Spezialist auch unter Reinraumbedingungen selbst entwickelt, konstruiert und fertigt, gehen an namhafte Kunden in die ganze Welt. Beispielsweise in die Halbleiterindustrie, die Luft- und Raumfahrt, die Automobilindustrie sowie die Medizin und Forschung. Zentrales Merkmal der GEWO-High-End-Produkte: Sie sind individuell in erstklassiger Qualität auf ganz spezielle Anforderungen eines Kunden zugeschnitten.

Die Firma GEWO hat sich mit 40 Jahren Expertise kontinuierlich Know-how im Hochpräzisionsbereich aufgebaut und startet dort, wo andere an die Grenzen des Machbaren stoßen. Mit Apparaturen für die Medizintechnik und 3D-High-Speed-Druckern für verschiedenste Industrieapplikationen hat sich das innovative Unternehmen ein neues, zukunftsfähiges Standbein geschaffen.

Mehrfach ausgezeichnet als Top Arbeitgeber, Ausbilder und Trusted Supplier, stellt einer der größten Arbeitgeber und Ausbilder der Region die Weichen auf weiteres Wachstum. Team und Maschinenpark bekommen zusätzlichen Platz, die Expansionspläne zur Standorterweiterung in Hörlkofen laufen auf Hochtouren.

Stefan und Andreas Woitzik
führen das Unternehmen
in zweiter Generation

Papier Karl

Verpackungslösungen mit Know-how und Performance

Robert Karl

Für die Gemeinde Wörth ist es ein nachhaltiger Impuls, als 2006 der Kartonagenhersteller Papier Karl seine Verwaltung und Produktion in die Verwaltungsgemeinde Hörlkofen verlegt. Auf dem Grund einer alten Ziegelei schreibt das Familienunternehmen seine Erfolgsgeschichte als letztes konzernunabhängiges Unternehmen in der Region weiter fort. Als wachsender Kartonagenhersteller und Verpackungsmittelspezialist bietet es vielen Bewohnern im Landkreis einen sicheren Arbeitsplatz. Gleichzeitig ist es erklärte Firmenpolitik, die Gemeinden vor Ort zu unterstützen und lokale Unternehmen partnerschaftlich zu stärken. Das Unternehmen ist mittlerweile lokal sehr gut verwurzelt. Gleichzeitig ist der Standort durch sein internationales Geschäft europaweit strategisch wichtig.

Zunächst gründen 1964 Rudolf und Hertha Karl in München Schwabing einen Handel mit Papier. Sohn Robert Karl übernimmt 1990 den Betrieb und beginnt kurze Zeit später, zusätzlich zum Handel mit Papierware auch Kartons herzustellen. Hierfür kauft er erste Maschinen für die Verarbeitung von Kartons. Mit dem Aufbau der heutigen Produktionsstätte fällt auch der Startschuss zu einer kontinuierlichen Erweiterung. So kommen fast regelmäßig neue Logistikhallen hinzu. Um die Nachfrage entsprechend bedienen zu können, investiert Papier Karl auch in eine moderne Hochgeschwindigkeits-Inline-Verarbeitungsanlage.

Außerdem weitet Robert Karl kurze Zeit später das Geschäftsfeld aus. Das neue Unternehmen Pack Logistik bietet den Kunden ein großes Angebot an Dienstleistungen rund um das Thema Fulfillment Services an. Dabei geht es unter anderem darum, bestellte Waren zusammenzustellen, zu verpacken und zu versenden. Zusätzlich wird die Marke Pack-Haus als Online-Shop gerade für junge Start-ups aus der Taufe gehoben. Per Mausklick lassen sich so eine Vielfalt an Standard- und Spezialverpackungen ordern.

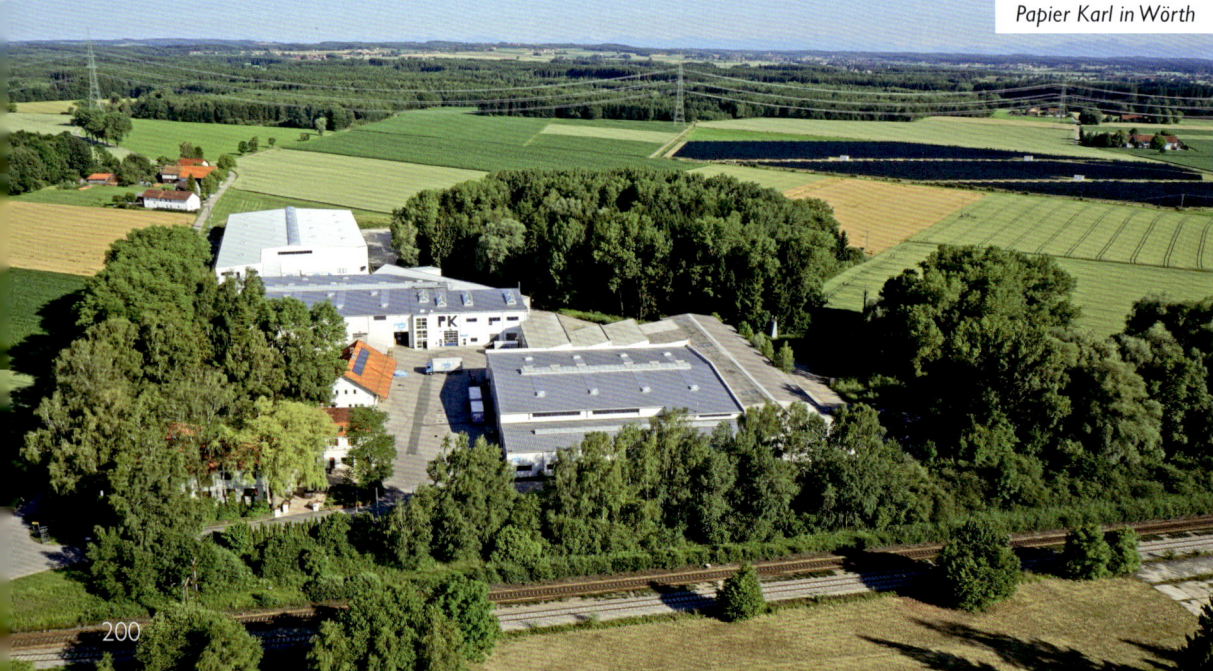

Papier Karl in Wörth

Das Unternehmen Pack-Haus unterstützt den boomenden E-Commerce auch durch viel Flexibilität. Auch unterschiedliche Kartontypen können einfach und bequem online bestellt werden, das Ganze ist auch bei kleineren Stückzahlen inklusive Lieferung möglich. Die am meisten gewünschte Kombination im E-Commerce ist die Verpackung mit selbstklebendem Verschluss und Aufreißfaden, den Papier Karl bedarfsgerecht entwickelt hat.

Zusätzlich findet man auch Luftkissensysteme oder Verpackungschips als Füll- und Polstermaterial. Kartons sind zwar grundsätzlich ein umweltfreundliches Material – Papier Karl ermöglicht es aber seinen Kunden auch, sich mit „grünen" Alternativen in den Bereichen Füll- und Polstermaterial, Klebebänder und Zubehör zu versorgen. Hier stehen Nachhaltigkeit in der Rohstoffproduktion und Entsorgung sowie geschlossene Wiederverwertungskreisläufe im Vordergrund.

Dieses Angebotsspektrum passt genau in die Firmenstrategie. Papier Karl ist ein klimaneutrales Unternehmen und hat sich unter anderem nach dem FSC®-Standard (GFA-COC-005362) zertifizieren lassen, die zum Beispiel den Einsatz der Rohstoffe aus einer nachhaltigen Forstwirtschaft bestätigen. Die Zukunftsorientierung spielt auch im neuen Werk mit über 22 000 Quadratmetern Produktions-, Logistik- und Büroflächen eine Rolle. Zusätzlich kommt hier eine effiziente Energierückgewinnung zum Einsatz. Dadurch ist auch im Winter keine zusätzliche Heizung notwendig. Der Ressourcenverbrauch wird durch Wiederaufbereitung oder Wiederverwendung von Luft, Wasser und Abwärme so stark wie möglich geschont.

Mit der Inbetriebnahme 2021 der neuen Produktionsmaschinen inklusiver eigener Wellpappenanlage und komplett automatisierter Intralogistik stößt das Familienunternehmen die Tür in die Zukunft weit auf. Die hochmoderne Wellpappenanlage ist auf eine Kapazität von 150 Millionen Quadratmetern Wellpappe pro Jahr im Drei-Schicht-Betrieb ausgelegt. Damit lassen sich die unterschiedlichen Wünsche der Kunden bezüglich Produktionsmengen, Lieferzeiten, Kapazitäten oder auch Liefersicherheit optimal erfüllen. Papier Karl erfüllt so auch den eigenen Anspruch, flexibel und serviceorientiert die unterschiedlichen Wünsche der Kunden aus den verschiedensten Branchen zu erfüllen.

Angesichts dieser Entwicklung hat sich die Zahl der Beschäftigten seit Anfang 2020 fast verdoppelt. Trotzdem hält Papier Karl auch weiterhin die Augen nach zusätzlichen Mitarbeiterinnen und Mitarbeitern für den gewerblich-technischen als auch

kaufmännischen Bereich offen. Darüber hinaus werden kontinuierlich junge Frauen und Männer etwa zu Industriekaufleuten, Maschinen- und Anlagenführern, Fachlageristen oder zu Fachkräften für Lagerlogistik ausgebildet.

Sowohl die Beschäftigten als auch große und kleine Geschäftskunden können dabei auf die Werte eines mittelständischen Familienunternehmens vertrauen. Dazu gehören Integrität und Menschlichkeit genauso wie Wirtschaftlichkeit und Verantwortung. Auf diesem Fundament werden der Familienbetrieb langfristig erhalten, bestehende Produktionskapazitäten weiter ausgebaut und zusätzliche, sichere Arbeitsplätze geschaffen.

Beteiligte Firmen und Institutionen

Seite 114

Abwasserzweckverband Erdinger Moos
Am Isarkanal 1
85462 Eitting
www.azv-em.de

Seite 170

Hans Angermaier
Eldering 52
84439 Steinkirchen
www.hans-angermaier.de

Seite 66

Auer Baustoffe GmbH & Co. KG
Dachauer Str. 59
85435 Erding
www.auer-bauzentrum.de

Seite 74

Arbeiterwohlfahrt Kreisverband Erding e.V.
Hofmarkplatz 4
85435 Erding
www.awo-erding.de

Seite 98

Barmherzige Brüder gemeinnützige Behindertenhilfe GmbH
Algasing 1
84405 Dorfen
www.barmherzige-behindertenhilfe.de

Seite 76

Bayerisches Rotes Kreuz, Kreisverband Erding
Wilhelm-Bachmair-Straße 2
85435 Erding
www.brk-erding.de

Seite 71

Bowling Castle
Robert-Bosch-Straße 3
85435 Erding
www.bowling-castle.de

Seite 97

Bräu z' Loh Nikolaus Lohmeier e. K.
Loh 7
84405 Dorfen
www.braeuzloh.de

Seite 73

Caritas-Zentrum Erding
Kirchgasse 7
85435 Erding
www.caritas-erding.de

Seite 150

Dapperger und Huber GmbH
Birkenstraße 22
85467 Neuching
www.ktdh.com

Seite 63

E+C Einkaufszentrum GmbH & Co. KG
Rennweg 43
85435 Erding
www.buero-dr-lechner.de

Seite 117

Eittinger Fischerbräu
St.-Georg-Straße 8
85462 Eitting
www.eittinger.de

Seite 73

Fischer's Wohltätigkeitsstiftung Erding
Haager Straße 40
85435 Erding
www.fischers-wohltaetigkeitsstiftung.de

Seite 62

Karl Empl KG
Büro Dr. Lechner
Rennweg 43
85435 Erding
www.buero-dr-lechner.de

Seite 140

EMC Kampfmittelbeseitigungs GmbH
EOD Academy
Pfarrer-Grzondziel-Str. 6 und 4
85465 Langenpreising
www.eod-academy.de

Seite 64

expert TechnoMarkt Erding
Anton-Huber-Straße 4
85435 Erding
www.expert-technomarkt.de

Seite 160

Flughafen München GmbH
Postfach 23 17 55
85326 München-Flughafen
info@munich-airport.de
www.munich-airport.de

Seite 136

Fraunberger Versorgungstechnik
Froschbach 15
84434 Kirchberg
www.fraunberger.de

Seite 187

Fürmetz Logistik GmbH
Gewerbepark Süd 3
84416 Taufkirchen/Vils
www.fuermetz.net

Seite 70

Privatbrauerei
ERDINGER Weißbräu
Werner Brombach GmbH
Lange Zeile 1 + 3
85435 Erding
https://de.erdinger.de

Seite 199

GEWO Feinmechanik GmbH
Bahnhofstr. 23
85457 Wörth/Hörlkofen
www.gewo.net

Seite 75

Orthopädie Technik Graf GmbH
Am Rätschenbach 2
85435 Erding
www.ot-graf.de

Seite 162

GROUP7 AG
Eschenallee 8
85445 Schwaig (Oberding)
www.group-7.de

Seite 178

Grundei Transport GmbH
Mammersreit 1
84427 St. Wolfgang
www.grundei-transporte.de

Seite 69

Gärtnerei Hagl
Dachauer Straße 60
85435 Erding
www.gaertnerei-hagl.de

Seite 141

Metzgerei Haslacher
Anton Haslacher
Preysingstraße 12
85465 Langenpreising
www.metzgerei-haslacher.de

Seite 80

HEV Heimwerkermarkt GmbH & Co. KG
Josef-Schwankl-Str. 1
85435 Erding
www.hagebaumarkt-muenchen.de

Seite 186

HILGER Erdbau GmbH
Großschaffhausen 1
84416 Taufkirchen
www.hilger-erdbau.de

Seite 188

himolla Polstermöbel GmbH
Landshuter Straße 38
84416 Taufkirchen/Vils
info@himolla.com
www.himolla.com

Seite 161

Hitachi Astemo Europe GmbH
Tecnopark IV
Lohstraße 28
85445 Schwaig-Oberding
www.hitachiastemo.com

Seite 84

Spetec GmbH
Am Kletthamer Feld 15
85435 Erding
www.spetec.de

Seite 59

**Kreis- und Stadtsparkasse
Erding – Dorfen**
Alois-Schieß-Platz 4
85435 Erding
www.spked.de

Seite 86

Stadtwerke Erding GmbH
Am Gries 28
85435 Erding
www.stadtwerke-erding.de

Seite 102

**Steinbeisser Service Team
GmbH & Co. KG**
Gewerbering 11
84405 Dorfen
www.steinbeisser-service.com

Seite 100

TAGWERK Genossenschaft e.G.
Algasing 1
84405 Dorfen
www.tagwerk.net

Seite 100

Stadler Transporte GmbH
Thal bei Schiltern 2
84405 Dorfen
www.transporte-stadler.de

Seite 59

VR-Bank Taufkirchen-Dorfen eG
Landshuter Str. 4
84416 Taufkirchen (Vils)
www.vr-bank-online.de

Seite 59

Raiffeisenbank Erding eG
Bahnhofstr. 38
85435 Erding
www.rberding.de

Seite 59

VR-Bank Erding eG
Zollnerstr. 4
85435 Erding
www.vr-bank-erding.de

Seite 194

Klinik Wartenberg
kompetent. engagiert. herzlich.

**Klinik Wartenberg
Professor Dr. Selmair GmbH & Co. KG**
Badstraße 43
85456 Wartenberg
www.klinik-wartenberg.de

Seite 82

**Wehrwissenschaftliches Institut für
Werk- und Betriebsstoffe (WIWeB)**
Institutsweg 1
85435 Erding
www.bundeswehr.de/wiweb

Seite 104

WILM Entsorgung - Recycling GmbH
Gewerbering 13 + 15
84405 Dorfen
www.wilm-gmbh.de

Seite 80

**Wohnungsbau- und Grundstücks-
gesellschaft im Landkreis Erding m.b.H.**
Haager Straße 40
85435 Erding

Seite 68

**Wolfra
Bayrische Natursaft Kelterei GmbH**
Justus-von-Liebig-Straße 8
85435 Erding
www.wolfra.de

Seite 101

WR Weber-Reisen GmbH
Wendelsteinstraße 1
84405 Dorfen
www.weber-reisen.de

Bisher erschienene Städte-Chroniken

Ansbach
ISBN 978-3-98223-081-8

Bonn
ISBN: 978-3-98223-082-5

Gießen
ISBN: 978-3-98223-084-9

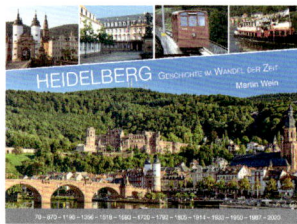

Heidelberg
ISBN: 978-3-98193-405-2

Kirchheim
ISBN: 978-3-98223-085-6

Limburg
ISBN: 978-3-98193-400-7

München
ISBN: 978-3-98193-406-9

Maxvorstadt
ISBN: 978-3-98193-404-5

Schwabing
ISBN: 978-3-98193-407-6

Nördlinger Mess
ISBN: 978-3-98193-408-3

Nürnberg
ISBN: 978-3-87191-344-0

Leben, Arbeiten, Genießen in
Nürnberg
ISBN: 978-3-87191-341-9

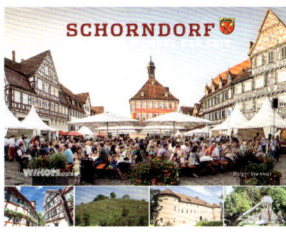

Schorndorf
ISBN: 978-3-98223-084-9

Siegen
ISBN: 978-3-94415-723-8

Sigmaringen
ISBN: 978-3-98193-409-0

Süßen
ISBN: 978-3-98223-080-1

Reutlingen
ISBN: 978-3-98193-403-8

Tübingen
978-3-98223-088-7

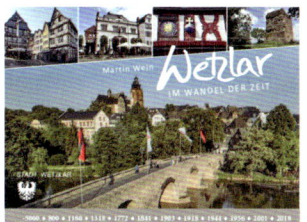

Wetzlar
ISBN: 978-3-98193-402-1

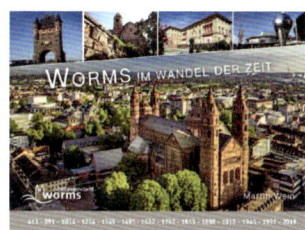

Worms
ISBN: 978-3-98193-401-4

Städte im Wandel der Zeit
Wussten Sie, dass...?

Eichenplatz 2
D-86343 Königsbrunn
www.wikom-media.de

STÄDTE IM WANDEL DER ZEIT
WUSSTEN SIE, DASS...?

Unter dem Motto „Wussten Sie, dass...?" stellen wir Ihnen regelmäßig interessante Themen zum Mithören aus den unterschiedlichen Chroniken unseres Verlags vor.
In unseren Podcast-Episoden behandeln wir Unbekanntes, spannende Anekdoten und werfen einen Blick hinter die Kulissen von Landkreisen, Städten, Unternehmen und Institutionen.

Was haben Christkind, Osterhase und Angler mit dem Bundestag gemeinsam?

In dieser Episode wird ein Familienunternehmen aus Nürnberg vorgestellt, dessen „Klang" vermutlich jeder schon einmal gehört hat.
Ob an Spielzeug, beim Nürnberger Christkind, auf Mittelaltermärkten oder im Bundestag...

Gleich reinhören unter
www.staedtechronik-podcast.de

Podcast für Kommunen

Politik zum Reinhören – Der Podcast für Kommunen

▸ Präsentieren Sie sich und Ihre Gemeinde/Stadt mittels digitaler Technik – mit Ihrem eigenen Podcast!

▸ Einfach auf Knopfdruck Jung und Alt erreichen. Jederzeit und überall hörbar.

▸ Werden Sie zum Trendsetter: Im letzten Jahr gab es einen deutlichen Zuwachs an Podcasts und Podcasthörern.

▸ Teilen Sie per Knopfdruck digitale Inhalte – wir helfen Ihnen dabei!

Wussten Sie, ...

... warum Podcasts so sympathisch sind? Mittels Podcast beginnt ein Dialog mit der Zielgruppe und der kostenfreie Content schafft Vertrauen. Das vermittelt Ihren Hörern ein Gefühl von Authentizität und Sicherheit.

Rufen Sie uns an oder schreiben uns:
Wir schnüren Ihnen das perfekte Podcast-Paket!

Ihr Ansprechpartner: Jochen Müller
Tel.: 0152- 09 46 57 07
j.mueller@wikom-media.de

WIKOMmedia Verlag für Kommunale- und Wirtschaftsmedien GmbH
Blaumeisenstraße 9, 82140 Olching, Tel.: +49 8142 42229 54
E-Mail: info@wikom-media.de, www.wikom-media.de